河南大学经济学学术文库

中国制造业
出口增加值核算及
影响机制研究

郑丹青

著

MEASUREMENT AND INFLUENCE MECHANISM OF
VALUE ADDED EXPORTS IN CHINA'S MANUFACTURING INDUSTRY

社会科学文献出版社
SOCIAL SCIENCES ACADEMIC PRESS (CHINA)

感谢国家社会科学基金青年项目"全球贸易衰退、价值链重构和中国出口价值链升级研究"（项目号：17CJY049）的资助

总　序

　　河南大学经济学科自 1927 年诞生以来，至今已有近 90 年的历史了。一代一代的经济学人在此耕耘、收获。中共早期领导人之一的罗章龙、著名经济学家关梦觉等都在此留下了足迹。

　　新中国成立前夕，曾留学日本的著名老一辈《资本论》研究专家周守正教授从香港辗转来到河南大学，成为新中国河南大学经济学科发展的奠基人。1978 年我国恢复研究生培养制度以后，周先生率先在政治经济学专业招收、培养硕士研究生，并于 1981 年获得首批该专业的硕士学位授予权。1979 年，河南大学成立了全国第一个专门的《资本论》研究室。1985 年以后，又组建了河南大学历史上的第一个经济研究所，相继恢复和组建了财经系、经济系、贸易系和改革与发展研究院，并在此基础上成立了经济学院。目前，学院已发展成拥有 6 个本科专业、3 个一级学科及 18 个二级学科硕士学位授权点、1 个一级学科及 12 个二级学科博士学位授权点、2 个博士后流动站、2 个一级省重点学科点、3000 多名师生规模的教学研究机构。30 多年中，河南大学经济学院培养了大批本科生和硕士、博士研究生，并且为政府、企业和社会培训了大批专门人才。他们分布在全国各地，服务于大学、企业、政府等各种各样的机构，为国家的经济发展、社会进步、学术繁荣做出了或正在做出自己的贡献，其中也不乏造诣颇深的经济学家。

　　在培养和输出大量人才的同时，河南大学经济学科自身也造就了一支日益成熟、规模超过 120 人的学术队伍。近年来，60 岁左右的老一代学术带头人以其功力、洞察力、影响力，正发挥着越来越大的引领和示范作用；一批 50 岁左右的学者凭借其扎实的学术功底和丰厚的知识积累，已进入著述的高峰期；一批 40 岁左右的学者以其良好的现代经济学素养，开始脱颖而出，显现领导学术潮流的志向和实力；更有一大批 30 岁左右受过系统经济学教育的年轻人正蓄势待发，不少已崭露头角，初步展现了河南大学经济学科的巨大潜力和光辉未来。

我们有理由相信河南大学经济学科的明天会更好，经过数年的积累和凝练，它已拥有了支撑自己持续前进的内生动力。这种内生动力的源泉有二：一是确立了崇尚学术、尊重学人、多元发展、合作共赢的理念，营造了良好的学术氛围；二是形成了问题导向、服务社会的学术研究新方法，并据此与政府部门共建了中原发展研究院这一智库型研究平台，获批了新型城镇化与中原经济区建设河南省协同创新中心。学术研究越来越得到社会的认同和支持，也对社会进步产生了越来越大的影响力和推动力。

河南大学经济学科组织出版相关学术著作始自世纪交替的 2000 年前后，时任经济学院院长许兴亚教授主持编辑出版了数十本学术专著，在国内学术界产生了一定的影响，也对河南大学经济学科的发展起到了促进作用。

为了进一步展示河南大学经济学院经济学科各层次、各领域学者的研究成果，更为了能够使这些成果与更多的读者见面，以便有机会得到读者尤其是同行专家的批评，促进河南大学经济学学术研究水平的不断提升，为繁荣和发展中国的经济学理论、推动中国经济发展和社会进步做出更多的贡献，我们从 2004 年开始组织出版"河南大学经济学学术文库"。每年选择若干种河南大学经济学院在编教师的精品著述资助出版，也选入少量国内外访问学者、客座教授及在站博士后研究人员的相关著述。该文库分批分年度连续出版，至今已持续 10 年之久，出版著作总数多达几十种。

感谢曾任社会科学文献出版社总编辑的邹东涛教授，是他对经济学学术事业满腔热情的支持和高效率工作，使本套丛书的出版计划得以尽快达成并付诸实施，也感谢社会科学文献出版社具体组织编辑这套丛书的相关负责人及各位编辑为本丛书的出版付出的辛劳。还要感谢曾经具体负责组织和仍在组织本丛书著作遴选和出版联络工作的时任河南大学经济学院副院长刘东勋教授和现任副院长高保中教授，他们以严谨的科学精神和不辞劳苦的工作，回报了同志们对他们的信任。最后，要感谢现任河南大学经济学院院长宋丙涛教授，他崇尚学术的精神和对河南大学经济学术事业的执着，以及对我本人的信任，使得"河南大学经济学学术文库"得以继续编撰出版。

　　分年度出版"河南大学经济学学术文库"，虽然在十几年的实践中积累了一些经验，但由于学科不断横向拓展、学术前沿不断延伸，加之队伍不断扩大、情况日益复杂，如何公平和科学地选择著述品种，从而保证著述的质量，需要在实践中不断探索。此外，由于选编机制的不完善和作者水平的限制，选入丛书的著述难免会存在种种问题，恳请广大读者及同行专家批评指正。

耿明斋

　　2004 年 10 月 5 日第一稿，2007 年 12 月 10 日修订稿，2014 年 6 月 21日第三次修订

　　国际分工的重大转型促使全球生产模式成为经济全球化的新常态。中间产品贸易的迅速发展对传统贸易统计方式下的贸易事实提出了挑战，以传统贸易统计方式度量的贸易规模和实际收益之间产生较大背离已经成为共识。得益于全球价值链的深入发展，中国对外贸易迅猛发展一举成为"世界工厂"的同时，也成为遭受贸易摩擦和冲突最多的国家，面临的国际贸易环境日趋恶化。那么，当今国际贸易格局中迅猛增长的出口额背后属于中国的增加值收益如何？中国制造业在全球生产链中的国际分工地位和贸易利益分配格局又是如何？以增加值为视角的新型国际贸易统计体系的提出，为解答上述问题并准确客观地认识和把握现实中迅猛膨胀的出口规模和实际贸易获利能力错配的现状和原因提供了切实可行的方法和途径。

　　本书以新型贸易统计方式核算增加值贸易为视角，试图全面审视中国制造业出口增加值的现状和演变历程，揭示中国制造业出口规模巨大而增加值较低的原因，寻找影响中国制造业出口增加值变化的机制和提升路径，以期充实当前增加值贸易的研究领域，并希冀能够为提升中国制造业出口的获利能力、打造有利的贸易格局提供有益的经验证据和政策启示。在研究思路上，本书在系统梳理相关文献、厘清增加值相关概念范畴基础上，从宏观投入产出技术和微观企业生产行为两个维度，通过事实分析和实证检验两条主线，构建出口增加值核算的理论模型和方法，呈现中国制造业出口增加值的特征事实，进而把握其影响机制和提升路径。

　　理论模型构建方面，分别基于宏观投入产出技术和微观企业生产行为构建出口增加值的核算模型。一方面，在宏观层面上，以出口产品的最终吸收为标准，尝试把中间产品出口和最终产品出口全部转化为最终需求，基于投入产出技术把一国总出口进行增加值分解，从而建立以最终吸收为标准的双边国家、国家部门以及一国对外总出口的增加值综合分解框架，弥补现有分解框架中包含产出或出口等内生变量进行外生化建模造成的不足，实现传统贸易总值方式和增加值贸易方式的内在一致性。另一方面，从微观企业视角，鉴于企业异质性的普遍存在，从企业生产增加值出发，基于企业生产增加值和出口增加值之间的内在联系，充分考虑进口中间产品中可能包含的本国增加值并予以剔除，进而推导出从微观企业视角核算出口增加值的模型方法，充实微观层面测算出口增加值的研究领域，并为进一步研究出口增加值的变化机制提供基础。

特征事实分析表明，中国制造业出口呈现"高出口额，低增加值"的增长特征。首先，中国制造业出口额增长迅速，但整体出口增加值率出现下降。出口规模不代表出口增加值，出口规模的迅猛增长并未带来出口增加值的相应幅度增长。中国制造业出口增加值率虽整体呈现下降态势，但具体呈现在波动中先下降后回升的非对称"V"形变化轨迹。其次，中国制造业出口增加值的增长结构优化趋势明显，但优势行业增值能力的承接性尚不完善。知识密集型制造业逐步取代劳动密集型和资本密集型制造业成为出口增加值增长的主要来源，服务业出口增加值拉动贡献率持续上升，但比例较小且尚未形成规模。以知识密集型制造业出口增加值为主导的增长点以及新兴服务业出口增加值的拉动点都不足以弥补传统制造业行业出口增加值贡献率的下降。最后，中国制造业对外开放广度加深，外贸发展更加均衡，但贸易利益分配形势日趋恶化。中国制造业出口增加值的国别来源表明，传统主要贸易伙伴的增加值份额逐步下降的同时，新兴工业经济体和新兴市场国家的增加值来源增长迅速，反映出中国制造业更加均衡的外贸发展态势。但研究双边国家间贸易利益后发现，中国对外出口中国外增加值的持续上升营造了全球生产模式下"多赢"格局的同时，自身获利能力却逐渐下降，利益分配形势日趋恶化。

影响机制的实证检验表明，外资进入和汇率是影响中国制造业出口增加值的重要微观因素，贸易成本对中国制造业出口增加值宏观变化具有较强的解释力。本书分别基于企业生产决策行为和国际投入产出模型推演出企业出口增加值率和双边国家出口增加值变化的影响机制，把握影响出口增加值变化的主要因素，利用中国工业企业数据库和世界投入产出表，构建动态系统矩估计和固定效应等面板模型进行实证检验。计量检验结果发现：首先，外资进入和汇率是影响中国制造业企业出口增加值变化的核心因素，它们主要是通过改变企业生产过程中进口中间产品和国内中间产品的相对价格对企业出口增加值率产生显著影响；其次，贸易成本是影响双边国家出口增加值变化的关键宏观因素，具体机制是贸易成本通过影响国家部门间的投入产出关联系数进而对一国出口增加值变化产生影响。双边贸易国家间的距离越远，对出口增加值的抑制作用越明显；贸易协定的签订则明显促进双边国家的增加值贸易，所签订贸易协定深度越深，对双边国家增加值贸易的提升作用越强。进一步从增加值贸易视角分析中国制造业融入全球价值链分工路径的演进表明，在"你中有我，我中有你"的全球生产分工和贸易格局下，准确把握中国制造业各行业参与国际分工的优势和路径演化，是针对性提升制造业全球价值链地位的关键前提。

传统贸易统计方式对出口规模及贸易结构的扭曲只是中国制造业出口规模巨大而增加值低的表层原因。在主动深化新型贸易统计体系研究、完善和改进现有国际贸易统计体系、重塑全球生产模式新思维的基础上，促进中国制造业出口增加值结构优化、拓宽制造业价值增值的优势领域、规避贸易结构转变带来风险的同时，继续发挥外资进入溢出效应、推进区域经济一体化进程、打造出口增加值提升的内外部环境，进而构建安全多赢的全球价值链体系，是促进中国制造业出口增加值持续平稳增长、价值链地位稳步提升的重要途径。

目　录

第一章　导　论

第一节　研究背景及选题意义

贸易发展到今天，和 200 多年前著名经济学家大卫·李嘉图所经历的贸易相比发生了巨大的变化（Grossman and Rossi-Hansberg，2008），全球贸易总额中约 2/3 为中间产品贸易，因此带来最终产品组成部分的多次跨越边境，使得我们很难清楚地区分世界市场上的任何一种商品的来源。苹果手机由刚开始注明的"中国制造"（Made in China）逐渐更换为了"加利福尼亚设计，中国组装"（Designed by Apple in California，Assembled in China），然而这样的说明依然省略了很多在产品生产过程中提供中间产品的国家。经济全球化的深入发展带来了新的生产方式——"世界制造"的出现。正如世界贸易组织（WTO）前总干事 Pascal Lamy 所说，我们生活的世界，不是中国制造、德国制造或美国制造，而是我们生活在一个世界制造的星球上（童剑锋，2013）。19 世纪工业革命带来的通信和运输技术的发展，促使生产环节的国际分割更为便利，以生产最终产品的比较优势为基础逐步转变为以生产环节的比较优势为基础参与国际分工，不同国家根据自身的比较优势承担产品在全球生产链中的不同生产环节，整合世界各国优势资源的全球价值链（Global Value Chain，GVC）得以形成（WTO and IDE-JETRO，2011）。如今的贸易，已经不再是单纯的产品贸易，而是增加值贸易（WTO and IDE-JETRO，2011）。

中国自改革开放以来凭借低廉劳动力成本优势积极融入全球分工，迎来了 30 多年高达两位数的经济增长，成为世界第一贸易大国，并逐步变成了"世界工厂"和"全球制造中心"。中国制造业经历了高速增长，自2009 年以来成为世界上最大的商品出口国，制造业出口占世界总出口的份额从 2001 年刚入世的 4.30% 增加至 2014 年的 12.37%，年均增长率达到8.47%。① 中国制造业的快速发展在很大程度上得益于中国深度融入全球价值链的国际分工体系（Gereffi and Lee，2012）。随着全球价值链深度和广度的不断增加，国际分工层次逐渐由产品层面细分到了工序层面，各国参与分工的基础从生产与自身比较优势相符的产品向参与符合自身比较优势的生产环节转变，造成了很多参与全球价值链的国家，特别是以劳动密集型产品为主要出口产品的国家（如中国和墨西哥）通过参与生产环节创造的价值与传统出口贸易统计显示的价值之间出现了极大的不匹配，正如Maurer 和 Degain（2010）所提出的"所见非所得"。全球价值链背景下中国制造业出口的价值构成也变得十分复杂，我们所看到的以上那些骄人的数字并不能真正代表中国制造业获得了相应的收益和全球价值链上的同等地位。因此，解构中国制造业出口的价值构成和演变历程是把握中国制造业出口实际价值获利能力，避免对贸易规模、结构和发展水平产生错误认识，从而正确制定相关贸易政策的基础和前提。

新的全球生产方式的出现必将带来相关制度的变革，但国际贸易统计制度恰恰没有跟上这种全球新生产方式变化的脚步，所以产生了许多国家以传统贸易统计方式度量的贸易和实际收益之间的较大背离。WTO 前总干事 Pascal Lamy 在 2011 年指出传统贸易统计方式对国家间贸易不平衡的描述是扭曲的，如果从增加值的角度来分析则会产生很大不同。② 传统的贸易统计都是基于产品是否跨越边境为标准进行的，以一定时间内跨越一国边境的商品总额来统计该国的进出口总额，反映的是贸易总量流。这种统计方式在"世界制造"模式没有形成之前，确实准确地反映了一国外贸发展和贸易收益状况。但国际分工的深入发展、产品内贸易的盛行以及"世界制造"生产方式的形成，给以跨越边境为基准将出口产品的所有价值统计在价值链的最后一个环节的传统贸易统计方式提出了挑战。

---

① 数据是根据 UN COMTRADE 数据库计算得到的。

② 在 WTO 和 IDE-JETRO（2011）联合发起的"贸易模式和东亚全球价值链"发布会上，Pascal Lamy 指出增加值贸易是一种更好地衡量世界贸易的方法。参见 https://www.wto.org/english/news_e/news11_e/miwi_06jun11_e.htm。

第一个挑战是重复计算带来的贸易数据失真。在 20 世纪七八十年代产品内贸易产生之前，一国出口的产品完全属于本国制造，产品的进出口也只是跨越一次边境，计入一次贸易统计。但随着"世界制造"生产方式的形成，一种产品生产所需要的零部件来自世界各国，全球产业链把提供产品零部件的不同国家的企业联系到一起，正如 Baldwin 和 Venables（2013）所指出的"蜘蛛"（Spiders）和"蛇"（Snakes）的全球生产模式。最终产品的进出口虽只计入海关统计一次，但产品的零部件可能不止一次地跨越边境，成为一国进出口总额中的重复计算部分，因此造成了最终产品出口国的贸易额被大大高估了。

第二个挑战是贸易数据失真带来的贸易模式认知偏误。如美国拥有毋庸置疑的技术比较优势，却从中国进口高技术产品 iPhone 手机。国际生产分工、全球生产网络以及外商直接投资的发展改变了传统贸易理论下的生产模式。传统贸易统计方法无法清晰地反映全球生产过程中产品的流转情况，也无法追踪中间产品的来源、去向等。因此造成了基于传统贸易统计方式下，评估贸易得失的净出口指标、衡量一国对贸易依赖度的贸易依存度指标以及度量一国比较优势的显示性比较优势竞争力指标等，在新的全球生产网络背景下都不再能准确地反映其应有的意义。如引起国际社会广泛关注的中美贸易顺差问题，根据亚洲开发银行对 iPhone 手机全球价值链的研究，按传统贸易统计方法，2009 年中美 iPhone 手机贸易额达到 20 亿美元，中国的顺差为 19 亿美元；但按增加值方式统计，中美间的贸易额只有 0.73 亿美元，其中中国逆差为 0.48 亿美元（Xing and Detert，2010）。

第三个挑战是贸易统计数据失真带来的政策上的误导。这些重复计算现象致使贸易数据反映失真，据此很难确定贸易对双方贸易国相关福利水平的真实影响，如若不能对贸易数据中的重复统计部分做出清晰的认识，则会造成贸易判断的扭曲，从而带来一系列政策上的误导，如对一国拥有的比较优势、出口结构及对贸易拉动国民经济各方面的作用等都不可避免地产生认知偏差，进而影响贸易政策的制定以及对全球经济发展趋势的把握。

这些在全球生产模式下由传统贸易统计方式的不适用性而带来的众多"贸易假象"问题不仅夸大了中国的出口规模，也对正确认识中国贸易结构产生了误导，引起了国际舆论对中国竞争的担忧（Feenstra and Wei，

2010）。这也导致中国连续成为遭受反倾销和反补贴调查最多的国家，承担了迫使人民币升值的压力，受到了大量指控及其他形式的贸易制裁。这些问题也引起了国际社会以及学术界的广泛关注，如国际组织 OECD 和 WTO 自 2008 年以来，一直致力于全球价值链研究和相关数据的补充工作，并在 2012 年提出以全球价值链为背景的增加值贸易（Trade in Value Added）概念，认为这一领域可以从学术研究应用到官方统计和相关政策的制定中，以一种更符合新型国际分工模式的贸易利益统计体系来弥补传统贸易统计理念的不足。增加值贸易统计方式并非传统贸易统计方式的替代而是补充，传统贸易统计方式关注的是贸易总量，增加值贸易统计方式关注的是贸易增量，只有将两者结合起来，才能准确把握贸易发展状况。在"世界制造"生产模式背景下，垂直专业化分工使得出口贸易流中的增加值在国际贸易参与国间分配，一国融入全球价值链的位置不同，其所创造的价值和获得的收益也会不同。而以价值增值为统计口径的增加值统计方法，剔除了出口产品中所包含的国外进口产品成分，为考察一国对外贸易中的真实收益、国际分工中的地位以及贸易对收入及就业等方面的影响提供了切实可行的工具和途径，也能更好地反映全球价值链背景下新型国际分工体系的格局。

在全球生产网络下国与国之间、企业与企业之间的联系更加紧密，每个国家都可以根据自身优势在全球生产链上找到位置，进而形成一条分工精细且复杂的全球价值链。发展中国家通过积极参与全球生产网络融入全球经济，进而实现技术进步和价值链地位的提升。"亚洲四小龙"的成功转型也为发展中国家和地区通过参与全球生产网络获得价值链地位的提升提供了有力的证明。但同时发展中国家在积极参与全球生产网络时也可能面临"低端锁定"的风险。自 2008 年金融危机发生以来，随着西方国家再工业化趋势的兴起、外需疲软等外部环境的变化，以及国内劳动力成本上升、资本外流压力大等内部环境的变化，中国制造业面临巨大困境，如何把握和提升中国制造业在全球价值链中的地位及竞争力对我国由制造业大国向强国转变至关重要。

因此，对中国制造业在全球价值链的位置和地位进行准确判断是推进中国制造业进一步融入全球分工体系、提升中国制造业出口竞争力的关键。从增加值的角度勾勒中国制造业融入全球价值链的图景，识别中国制造业贸易的增加值来源，还原和明确中国制造业在全球价值链分工中的参与程度、真实地位及收益，判断中国制造业在全球价值链体系中的结构特点、嵌入位置及程度，抓住影响中国制造业出口增加值提升的关键因素，破除可能存在的参与全球垂直专业化分工造成的"低端锁定"，进而寻求中国制造业在参与全球价值链中提升增加值的空间和途径，对处于经济发展"三期叠加"的关键时期，制定正确的贸易政策，寻找提升中国制造业增加值的空间和着力点，有效推进我国自贸区战略和"一带一路"倡议等区域经济一体化进程无疑是具有重要现实意义的课题。

第二节　主要内容与结构安排

一　研究目标

本书在中国制造业参与国际分工日益深入的背景下，通过科学构建出口增加值核算的理论模型和方法，准确呈现中国制造业出口增加值的现状和演进特征，基于宏观和微观两个层面把握出口增加值变化的影响机制，进而全面勾画中国制造业参与全球价值链的地位和路径演化图景，以期扩展增加值贸易的研究领域，为中国制造业进一步融入全球价值链并获得有利的贸易格局提供可以参考的依据。

二　基本思路和技术路线

本书的技术路线如图1－1所示，按照技术路线，本书的基本思路主要遵循如下几个层次依次展开论述。

第一，对现有文献进行系统梳理总结，并在此基础上界定相关概念，明确本书研究范畴和视角；第二，从不同视角构建出口增加值核算的理论模型和方法，从宏观和微观层面对中国制造业出口增加值变化的特征事实进行归纳识别；第三，基于中国制造业出口增加值变化的特征事实，推演影响出口增加值变化的宏观和微观影响机制，并分别利用世界投入产出表和微观企业数据对影响中国制造业出口增加值的因素进行系统计量检验；第四，在全球价值链视角下，基于增加值贸易数据构造参与国际分工的相关指标，勾勒中国制造业各行业的价值链现状及演变路径，为中国制造业获取更有利的贸易格局寻求发展空间；第五，对本书得出的有益结论进行总结归纳，提炼出可能的相关政策建议，并对未来值得深入研究的方向进行展望。

三　研究内容

本书希冀在现有研究基础上，通过构建出口增加值核算的理论模型和方法，对中国制造业出口增加值的演变和提升途径进行全面系统的分析。在事实分析方面，利用宏观世界投入产出表以及微观企业数据库分析中国制造业出口增加值变化的特征事实。在实证分析方面，分别从宏观和微观层面对中国制造业出口增加值的影响机制进行推导，寻求影响出口增加值提升的主要因素。然后从增加值视角利用国际投入产出表基于国家间产业关联描述中国制造业参与国际分工网络的概貌，并从事前和事后角度对中国制造业积极融入全球价值链的位置、程度及路径进行分析。最后结合以上研究结论提出相关的政策建议。主要研究内容如下。

第一章，导论。阐述本书的研究背景和选题意义，分析全球生产链下传统贸易统计方式存在的不足及增加值贸易统计方式的优势，指出全球生产网络下以增加值贸易为视角研究中国制造业出口增加值及参与国际分工的重要理论和现实意义。

第二章，文献综述。对现有增加值核算内涵和方法、影响机制及中国制造业参与国际分工地位和提升路径的相关文献进行系统梳理，分析现有研究文献的不足和需要完善之处，进而提出本书的研究思路。

第三章，中国制造业出口增加值核算理论模型与方法。基于对现有文献的梳理，针对现有研究存在的不足，提出具体的出口增加值核算理论模型和方法。分别基于国际投入产出模型和企业工业增加值与贸易增加值间的内在关联从宏观和微观角度构建出口增加值的核算模型。

第四章，中国制造业出口增加值的特征事实分析。本章主要是利用第三章提出的核算理论模型和方法，运用世界投入产出表和中国工业企业数据库分别从国家、部门、企业角度对中国制造业出口增加值的特征事实进行统计描述分析。宏观层面主要从国家整体、产品使用类别、行业、增加值国别及来源等角度进行分析；微观层面主要从国家整体、行业、贸易方

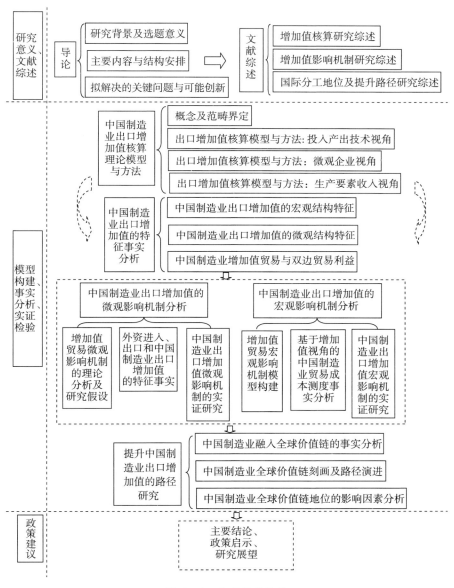

图 1-1 本书技术路线

式及所有制性质角度分别进行研究。

　　第五章，中国制造业出口增加值的微观影响机制分析。本章主要从微观经济实体企业异质性角度对影响企业出口增加值的机制进行模型推导，经实证检验得出影响出口增加值的关键因素，并基于上述机制研究构建融合行业特征、企业异质性的出口增加值影响机制统一分析框架，对影响中国出口增加值变化的微观效应进行实证检验。

第六章，中国制造业出口增加值的宏观影响机制分析。本章则主要基于国际投入产出模型从宏观层面推导影响出口增加值变化的理论机制，得出贸易成本是其中最为重要因素。然后利用贸易成本的常用代理变量分别对影响中国出口增加值的作用效应建立计量模型进行实证研究。

第七章，提升中国制造业出口增加值的路径研究。基于增加值相关核算数据，通过构建参与全球国际分工的相关指标，从事前和事后的角度对中国制造业参与全球价值链的位置和增值能力进行定位，构建影响其全球价值链地位变化的实证模型，进而寻求中国制造业参与全球价值链获益最大化的路径选择。

第八章，结论、启示与进一步的研究展望。基于全书理论和实证研究，对研究结论进行归纳总结，并提炼出有针对性的政策建议，最后对本书可能存在的更进一步的研究方向进行分析展望。

第三节　拟解决的关键问题与可能创新

一　拟解决的关键问题

通过本书的研究，希冀解决的问题主要有以下几个方面。

第一，厘清现有研究中增加值相关概念的内涵、范畴和相互间的区别联系，界定本书研究的视角和方向。增加值研究中存在诸如增加值贸易、贸易增加值、出口增加值、出口中的增加值等相近却又不同的概念，需要通过对现有研究文献的系统梳理进行明确的区分和界定。

第二，科学构建增加值核算的理论模型和方法，把握中国制造业出口增加值演变的特征事实。基于本书研究概念范畴和方向的界定，如何科学合理地构建增加值核算模型对中国出口增加值的特征事实分析和影响机制研究都是至关重要的前提和基础。

第三，中国制造业出口增加值的特征事实该如何解释？分析这些特征事实背后的影响机制是深入把握中国出口增加值演化特点的关键。本章通过对机制的推演、研究假设的提出、数据的搜集处理及计量实证工作逐步进行分析。

第四，科学构建全球价值链地位等相关评判指标，准确把握中国制造业融入全球价值链的位置和演进路径，寻找提升中国制造业出口增加值的有效途径和方法。

二　可能的创新之处

正如 WTO 前总干事 Pascal Lamy 在很多场合所提出的，虽然对增加值贸易的测算和研究只是揭示了全球生产网络的冰山一角，但是可以为研究贸易对经济增长的作用提供很多有意义的方法。本书尝试从增加值贸易角度对中国制造业出口增加值的现状和发展、参与全球价值链的概貌及提升路径进行研究，角度较为新颖，可能存在的创新之处有以下方面。

第一，扩充和完善了现有增加值核算理论模型。在宏观层面上完善了以最终吸收为标准的国家部门层面的出口增加值分解框架，弥补了现有研究中基于内生变量外生化建模以及只考虑最终产品出口忽略中间产品出口增加值带动作用的不足。在微观层面上提出了从企业工业增加值和出口增加值内在联系出发核算企业出口增加值的思路，为企业层面核算出口增加值提供了微观视角，不仅对现有以投入产出技术核算出口增加值形成了有益补充，也为进一步研究增加值的影响机制提供了基础。

第二，构建了影响出口增加值变化的微观和宏观理论影响机制，并进行了全面系统的实证检验。微观视角上通过构建反映企业异质性的出口增加值率决定模型，进而建立融合行业特征、企业异质性的出口增加值影响因素的实证分析框架，为企业出口增加值变化机制研究提供了微观方法；宏观视角上利用国际投入产出模型推导影响国家部门出口增加值变化的理论机制，深入把握影响出口增加值变化的关键因素，弥补现有研究对中国制造业出口增加值影响机制进行系统研究的不足。

第三，利用本书提出的增加值贸易核算理论模型对中国制造业出口增加值进行系统核算，并在此基础上刻画了中国制造业参与全球价值链的动态演变图景，立足于宏观和微观，分别从国家部门、时间和空间三个维度进行全面剖析和研判。对中国制造业参与全球价值链的长度和地位衡量的研究，已有学者做过，但同时考虑行业嵌入位置和增值能力并分别从后向和前向关联长度来进行研究的尚属创新。本书分别从前向和后向关联角度对中国制造业行业的全球价值链长度进行区分测算，并引入行业的嵌入位置和增值能力，勾勒中国制造业参与全球价值链的完整"空间—经济"距离长度，然后基于此构造了全球价值链地位指标，全面分析了中国制造业行业参与全球价值链的动态演进变化，有针对性地寻找其参与全球价值链获益最大化的路径。

第二章　文献综述

第一节　增加值核算研究综述

对贸易增加值的研究最初始于中美贸易不平衡现象引发的国际上对传统贸易统计表现出的"统计幻象"的极大关注。对此现象的最初解释多集中在中国国内消费不足、中国的汇率制度缺乏弹性以及美国的低储蓄率等宏观经济因素，直至人们把研究目光转向全球生产网络的形成而导致的传统贸易统计方式和贸易事实的背离上。如 Feenstra（1998）通过对中美贸易顺差研究发现，美国出口到中国的中间加工产品及由此产生的顺差被错误地算入了中国对美国的贸易，导致中美贸易顺差被夸大。之后，探索从增加值视角核算产品生产过程中各生产环节形成增加值的方法成为学者关注的重点，也开启了以增加值方法对贸易进行核算的研究热潮。此后，增加值贸易统计方法经历了迅速发展的过程。虽然关于贸易增加值的研究有了相当大的进展，但无论是统计方法还是数据库建设依然未达到完善成熟的地步，还有很多不足需要学者及社会各界去努力完善。本书通过对已有文献进行全面梳理，可知关于贸易的增加值核算研究的发展历程及现状如下。

一　个案研究

最初对于传统贸易统计方式度量的贸易差额大于增加值贸易统计方式下贸易差额的解释多集中在对具体产品的案例研究上。如 Varian（2007）、Linden 等（2009）对 iPod 全球价值链的研究，Xing 和 Detert（2010）对 iPhone 的研究等。Dedrick 等（2009）及 Linden 等（2009）通过对 2005 年苹果公司上市出售的 iPod 的生产供应链进行分析后发现，一台在美国售价 299 美元的 iPod 产品中大部分利润被美国赚走，由中国工厂组装的一台 iPod 出厂价为 144 美元中只有 4 美元是属于中国的增加值。Xing 和 Detert（2010）通过对 iPhone 手机全球生产环节的跟踪，发现一部 iPhone 手机在 2009 年的出厂价格为 178.96 美元，而其中属于中国的只有 6.5 美元的加工组装费用，只占到总出厂价格的 3.6%，其余大部分则属于提供中间零部件产品的日本（33.8%）、韩国（12.8%）和德国（16.1%）等。但按照传统贸易统计方法，每台 iPhone 出口到美国的价值都被计入美国对中国的贸易逆差中。2009 年中美贸易额数据显示，中国出口到美国的 iPhone 手机，总价值约 20.2 亿美元，其中 96.4% 是其他国家如德国、日本、韩国间接出口到美国的部分以及美国本国的价值重新返回本国的部分。按照增加值统计方法，属于中国的出口额仅为 7272 万美元。

除以上对 iPhone、iPod 的个案研究，还有很多针对其他产品的全球生产链研究，如芭比娃娃（Tempest，1996）、戴尔笔记本（Kraemer and Dedrick，2002）、诺基亚 N95（Ali-Yrkkö，2011）、汽车（Baldwin，2009）、波音飞机（Grossman and Rossi-Hansberg，2008）等，以及基于汽车行业、电子行业、家具、鞋类等产业方面的研究（Faust，2004）。对单个产品的增加值研究都是通过对产品全球生产链的追踪，进而分解出参与产品生产过程的各国所创造的增加值。基于单个产品的个案研究，虽可以利用详细的产品生产链数据对各生产环节的增加值进行准确细分，但也存在很大缺陷，如个案研究缺乏代表性，相关数据搜集存在难度。正如 Varian（2007）通过对高技术产品 iPod 研究之后得出的结论，"最终很难简单地说出 iPod 到底是哪里制造的，就像很多其他产品，都是由很多国家的众多公司共同制造的，每个生产环节对最终的产品都有贡献"。因此，针对某种产品价值链进行的个案研究存在很大的局限性，并不能真实全面地反映出一国经济参与跨国生产的整体情况。

二　基于投入产出技术的宏观层面研究

对全球生产网络下增加值研究最重要也是最主流的方法是依托投入产出技术进行的宏观层面研究。以投入产出技术进行的增加值核算研究是在 Hummels 等（2001）提出的测度一国参与国际分工程度的垂直专业化指数基础上发展起来的，是对垂直专业化测度方法的扩展和一般化。

（一）垂直专业化（Vertical Specialization，VS）

在 Hummels 等（2001）提出测度垂直专业化程度指标之前，对于垂直专业化的研究也只是停留在个案研究阶段。Feenstra（1998）对当时研究垂直专业化贸易的方法进行了总结，主要有如下三种。首先是基于企业调查数据考察企业间的垂直生产网络，如 Hanson（2005）。这种方法虽然能用于研究跨国公司的中间产品贸易，但是不能用于测度贸易中的增加值。其次是使用贸易行业分类，如 Athukorala 和 Yamashita（2006）使用五分位的国际贸易标准分类 Rev. 3 标准对世界上大部分国家的垂直专业化程度进行了测度，但此方法也同样无法用来测度增加值贸易。最后是利用投入产出表进行测度，而之后的 HIY 方法①就是基于此进行扩展而来的。Hummels 等（2001）定义了垂直专业化概念，用来衡量一国参与全球生产链专业化的程度。所谓垂直专业化是指随着中间产品贸易的不断增加，生产过程的碎片化发展导致跨越国界的垂直贸易链不断延长，各个国家参与分工的模式也深入基于产品生产相关环节的比较优势进行的专业化生产的分工和贸易现象。Hummels 等（2001）从两个方面定义了一国参与垂直专业化的方式，即一国出口产品中所使用的进口中间产品份额（VS 指标），以及出口产品中被贸易伙伴国作为中间投入生产出口产品并被出口到其他国家（VS1 指标②）。垂直专业化指标提供了测度一国参与国际分工程度的方法，之后基于投入产出表核算各国增加值的方式也由此得到了迅速发展。如平新乔和郝朝艳（2006）则是首次基于中国国家统计部门发布的竞争型投入产出表，对中国垂直专业化程度进行了测算。黄先海和韦畅（2007）也是基于 Hummels 等（2001）的垂直专业化测度模型和中国竞争型投入产出表，从 4 个要素密集度产业和 9 大类层面对中国制造业出口的垂直专业化程度进行了测度和研究。

HIY 方法虽被广泛用于衡量参与国际分工的程度，但其本身的局限性也不容忽视。HIY 方法是建立在如下两个关键假设之上的：其一，一国生

---

① Hummels 等（2001）所提出的测度垂直专业化程度的方法被简称为 HIY 方法。

② VS1 指标需要把双边贸易额匹配到投入产出表，由于数据限制，HIY 方法并未给出确切的测算。

产国内最终需求产品所使用的进口中间投入比例和出口产品中所使用的进口投入比例是一样的;其二,一国生产出口产品所使用的进口中间产品中不包含国内增值成分,且不存在一国进口中间产品经过加工后又以中间产品出口到国外的情况。以上两个假设都属于非常严格的假设,如第一个假设在加工贸易普遍存在且比重较大的中国、墨西哥等国家,加工贸易产品和其国内消费产品的生产对进口产品的消耗截然不同,因此不能成立;第二个假设,随着中间产品贸易的发展,中间投入不止一次跨越国境,且一国中间投入中包含本国增加值成分的情形普遍存在。因此,之后对贸易的增加值测算研究则主要致力于克服 HIY 方法存在的不足而使测量一国出口增加值的方法更具有一般性,归纳起来有两条发展主线:一是对贸易中所包含的要素成分 (Factor Content of Trade) 进行扩展,二是基于 HIY 方法提出的垂直专业化指标在全球经济系统下进行扩展。这两条主线并非独立发展,而是相互融合、相互补充和促进的。

(二) 基于单国投入产出表的增加值核算研究

本质上讲,HIY 方法也是基于单国投入产出表对一国参与国际分工的垂直专业化程度进行的度量。在加工贸易占据重要地位的一些发展中国家 (如中国和墨西哥) 存在典型的加工贸易和一般贸易的二元结构,加工贸易相比一般贸易的生产技术在国内中间使用上存在很大差异,对进口中间投入的依赖性也更强 (Chen et al. , 2012)。因此,对加工贸易和一般贸易不加区分地测算一国的出口增加值难免会导致结果偏差。为了克服 HIY 方法存在的以上不足,充分反映加工贸易和一般贸易的区别,学者们在 HIY 方法的基础上对单国投入产出表进行了扩展,并利用扩展的投入产出表获得中间进口产品数据,构建相关指标来测度一国参与国际分工的情况。

Chen 等 (2004) 首次提出了区分加工贸易的非竞争型投入产出模型,但并未明确区分加工贸易之后的投入产出系数的估算方法。Lau 等 (2007) 运用中国海关、中国国家统计局、美国经济分析局等的相关数据,编制了区分加工贸易的中国 1995 年、2000 年和 2002 年的非竞争型投入产出表和 2002 年的中美非竞争型投入占用产出表,把生产活动区分为用于国内需求生产、加工出口生产以及非加工出口生产三部分,并测算了中美两国出口对各自国内增加值的影响,发现美国出口到中国的单位产品价值中对美国的增加值贡献是中国出口到美国的单位产品价值中对中国的增加值贡献的两倍。之后其他学者也从 Lau 等（2007）编制区分加工贸易投入产出表的方法中得到了启示。Dean 等（2007）尝试利用中国海关数据使投入产出表中包含更多有关不同贸易方式的信息。他们假设加工贸易所使用的进口中间产品都被用来生产出口产品，一般贸易下的进口投入品比例和投入产出表的系数一致，进而运用 HIY 方法对中国 1997 年和 2002 年对外贸易中包含的国外成分进行了估算，发现中国出口的垂直专业化程度从 1997 年的 17.9% 上升至 2002 年的 25.4%。而 Koopman 等（2008，KWW 方法）则对标准投入产出表进行了改进，着重区分了加工贸易和一般贸易的重要性，并利用扩展的非竞争型投入产出表对一国生产中的进口中间投入和国内中间投入进行了分离，进而构建了充分考虑加工贸易特征的出口中包含的国内增加值的测度方法，纠正了 HIY 方法的偏差，并运用中国 1997 年、2002 年和 2007 年的数据测算了中国制造业出口的国内增加值，结果发现计算机、电子设备等较高技术含量部门的国内增加值成分都很低，甚至低于 30%。Dean 等（2008）则采用 Koopman 等（2008）提出的方法重新对其 2007 年的结果进行修正，考虑中国加工贸易的特殊性把 1997 年和 2002 年的投入产出表进行扩展，研究发现中国参与国际分工的垂直专业化程度在 1997 年和 2002 年分别为 74.3% 和 10.8%。

国内学者陈锡康（1999）提出应该利用贸易的增加值而非贸易总值来测算双边贸易差额，并指出要建立反映加工贸易和一般贸易区别的相应模型来测算出口中所包含的增加值。之后，平新乔和郝朝艳（2006）基于 HIY 方法在国民收入所有部门使用同一部门产品的中间投入比例一样以及中间产品中进口中间投入与国内提供中间投入比例与最终产品一样的假设前提下，借助中国 1992 年、1997 年及 2000 年国内投入产出表，对中国 1992~2003 年的出口贸易的垂直专业化以及中国对美国的垂直专业化程度进行了测算。结果发现，中国出口贸易的垂直专业化程度从 1992 年的 14% 上升至 21.8%，而中国对美国出口的垂直专业化程度上升得更多，从 1992 年的 14.7% 上升至 22.94%。对出口国内增加值进行准确的核算和描述是进一步深入研究中国对外贸易和经济增长关系的基础。学者们的关注重点从最开始的参与国际分工的程度，逐渐向参与国际分工所带来的收入格局变化。因此，国内一些学者对中国出口拉动的国内增加值进行了研究，如沈利生和吴振宇（2003）、祝坤福等（2007）、张芳等（2011）基于投入产出模型对中国出口中包含的国内增加值进行了测算。在对出口国内增加值测算的基础上，一些学者对各国出口以及双边出口的国内增加值进行了比较分析。刘遵义等（2007）研究比较了中美双边贸易拉动的国内增加值。穆智蕊和杨翠红（2009）研究了中日贸易对两国国内增加值的影响。段玉婉和蒋雪梅（2012）则对中欧贸易对双方的经济影响进行了研究分析。苏庆义（2016）首次同时考虑国内价值链和全球价值链构建对一国国内各地区出口增加值进行分解的分析框架，并利用中国非竞争型投入产出表对中国省级层面的出口增加值进行了分解研究。

依托单国投入产出表对增加值进行的研究大多是对 HIY 方法第一个假设的放松，即区分一般贸易和加工贸易情况下核算一国出口中增加值的不同。基于单国投入产出表测算一国垂直专业化程度的关键是对一国出口产品生产过程中所使用的进口成分进行准确核算，而囿于单国投入产出表无法反映各国之间生产投入关联情况，使用单国投入产出表核算增加值就存在不可避免的局限性，但也因此促使了构建国际投入产出模型测算增加值贸易的方法得到迅速发展。

（三）基于国际投入产出表的增加值核算研究

准确界定全球价值链上各国价值增值的分配和流转情况，其中最重要的思路是测度各国对最终产品生产过程中价值增值的贡献程度，国际投入产出表则提供了有效的工具。国际投入产出表不仅区分了国家间的中间使用和最终使用，还提供了不同国家部门之间产品的国际流转和来源。基于这种思路，学者们尝试构建或者运用现有的国际投入产出表从增加值角度对贸易流背后蕴含的增加值分解做出了许多有益的研究。

Wang 等（2009）首次运用亚洲国际投入产出表（Asian International Input-Output，AIO）数据建立了包含多个国家增加值贸易的分析框架（简称为 WWP 方法），对 HIY 度量垂直专业化程度的方法进行了扩展，并进一步将一国出口中包含的国外增加值和国内增加值在产业层面上进行了分解，其中国外增加值根据其来源进行分解，国内增加值分解为直接国内增加值成分和通过中间产品出口到国外经加工后回流至本国形成的间接增加值成分，从而解释了全球生产链上各参与国的增加值贡献，并指出 HIY 方法只是该分析框架中的一个特例而已。从研究思路上看，WWP 方法是对 HIY 方法中第二个假设的放松，考虑了全球生产链背景下任何一个国家出口中都可能包含来自其他国家的进口中间投入，同时也可能包含来自本国中间投入的情况。之后，Pula 和 Peltonen（2011）也利用 AIO 数据库核算了亚洲新兴市场国家贸易的增加值来源，发现南南贸易的发展特别是区域经济一体化及非 G3 外部市场的发展削弱了亚洲新兴市场国家对 G3（美国、日本和欧盟）国家和地区最终需求的依赖程度。而 WTO 和 IDE-JETRO（2011）利用 IDE-JETRO 数据库对东亚生产价值链及贸易模式进行了系统研究。

　　以上增加值贸易研究基本是基于亚洲国家之间的投入产出数据进行的，并不能反映亚洲国家本身和世界其他国家之间贸易的增加值流动情况，因此具有局限性。全球投入产出技术以及相关数据库的发展建设，如 GTAP、WIOD、OECD-WTO 的 TiVA 等数据库的发展使得以全球经济系统为考察对象的增加值分解成为可能。如 Johnson 和 Noguera（2014）、Daudin 等（2011）运用 GTAP 构造国家间投入产出表进而对出口进行增加值分解，但由于 GTAP 数据库并未区分进口中的中间投入和最终消费品，文中对增加值的核算是基于比例性假设（Proportionality Assumptions）进行的，即假设国内最终产品和进口的最终产品生产中的中间产品的投入比例相同。而之后的 Koopman 等（2010）则放松了比例性假设，基于大类经济类别分类并结合 UN COMTRADE 数据库的 HS6 的细分数据和 GTAP 进行匹配来区分进口中的中间产品和最终消费品，进而构造了 2004 年国家之间的投入产出表，并对 26 个国家和 41 个部门的增加值进行了分解。该文中把一国总出口分解为 5 个部分，即国外增加值部分、国内增加值作为中间产品被国外直接吸收部分、国内加增值作为中间产品被国外生产并吸收部分、国内增加值作为中间产品被国外生产后被第三国吸收部分和国内增加值作为中间产品被国外生产后又返回国内部分，并阐明了该分解方式和目前增加值研究中主要指标之间的关系，如 Hummels 等（2001）提出的 VS 指标，Daudin 等（2011）提出的 VS1* 指标，以及 Johnson 和 Noguera（2014）的 VAX Ratio 都只是其中的一个场合下的特例而已。Johnson 和 Noguera（2012）则从一国最终需求的角度提出了一国出口中国内增加值占出口的比例（出口增加值率，VAX Ratio）来衡量一国参与全球生产链的程度，并基于 GTAP 国际投入产出表数据以及 UN COMTRADE 双边贸易数据构造了一个多国投入产出表，考察了世界各国双边贸易的出口增加值率及贸易差额变化，结果发现制造业的出口增加值率相比较服务业偏低，而以增加值贸易衡量的双边贸易不平衡程度和传统贸易统计方式下度量的贸易差额有很大差异，如中美贸易在 2004 年以增加值方式衡量的不平衡下降了 30% ~ 40% 。Johnson 和 Noguera（2012）放松了 HIY 方法中一国出口产品中无论是最终产品还是中间产品都完全被国外吸收的假设，考虑了一国出口的中间产品可能返回本国并被本国吸收的情况并予以扣除。但该文在计算国家之间的直接消耗系数以及最终消耗系数矩阵时由于数据的不可获得而仍然是基于比例性假设进行测算的。而 Hummels 等（2011）、Puzzello（2012）经过研究认为比例性假设并不能很好地应用于产业层面，而且会高估一国出口中的国内增加值成分。

之后 Koopman 等（2012b）在 Johnson 和 Noguera（2012）对一国出口贸易的增加值研究基础上，把一国出口主要分为四大部分，即出口增加值部分、国外增加值部分、中间产品出口中国内增加值折返部分以及重复计算部分，进一步细分为 9 个子部分，并利用 GTAP 和 UN COMTRADE 数据库延续 Koopman 等（2010）基于最终消费分类而非传统比例性假设的方法构造了 2004 年的国家间投入产出表，对各国出口的具体构成进行了增加值分解测算。该文中不仅把重复计算部分从贸易流中分离出来，还第一次对重复计算部分进行了分解，提供了进一步衡量一国参与全球生产分工程度和模式的方法。此外，还建立了贸易的增加值方式和传统贸易统计方式中间的联系，弥补了传统贸易统计方式下无法反映的一些重要贸易信息。

虽然 Koopman 等（2012b）对一国出口从增加值角度给出了较为详细的分解（简称为 KWW 方法），但该分解框架只是从国家整体层面进行的，其中虽对国内增加值部分进行了部门层面和双边国家层面的分解，但没有对出口贸易流分解中的其他组成部分在国家部门间、双边国家以及双边国家部门层面给出详细分解框架。Johnson 和 Noguera（2012）也对双边国家贸易流进行了分解，但提出的衡量一国出口中包含本国增加值的出口增加值率指标，虽被学术界广泛使用却并不能很好地衡量国家部门间、双边国家以及双边国家部门间的出口增加值，且当总出口额为零时出口增加值率指标可能出现无穷大的情况。因此，Wang 等（2013）针对以上不足，提出了进一步在国家部门间、双边国家以及双边国家部门间对一国出口更详尽的增加值分解框架，弥补了 KWW 方法和出口增加值率指标存在的不足。

Wang 等（2013）第一次提出了从国家部门层面、双边国家以及双边国家部门层面把一国出口分解为不同来源的增加值及重复计算项目的分析框架（简称为 WWZ 方法），并开创性地把中间产品贸易流进行了详尽分解，包括不同来源的增加值部分以及重复计算部分。针对出口增加值率指标存在的不足，Wang 等（2013）提出两种不同的测算出口增加值的方法：第一种是基于前向关联的出口增加值测算方法（Forward-Linkage Based Measure of Value Added Exports），衡量一国某特定部门经由本国其他部门间接出口的增加值，目前研究中经常使用的出口增加值率就是基于前向关联进行核算的；第二种是基于后向关联的出口增加值测算方法（Backward-Linkage Based Measure of Value Added Exports），反映了一国某特定部门出口中所包含的本国所有部门的增加值。这种根据产业关联区分核算的增加值可以很好地定义部门层面、双边国家以及双边国家部门层面的出口增加值率，并基于此他们分析了一国出口中的国内增加值、前向关联的出口增加值（Forward-Linkage Based Value Added Exports）以及后向关联的出口增加值（Backward-Linkage Based Value Added Exports）三种测算方法在部门层面、双边国家以及双边国家部门层面之间的区别和联系，之后利用 WIOD 数据库对全球 41 个国家和地区在 35 个行业部门层面上进行了出口的增加值分解。因此，Wang 等（2013）提出的一国出口的增加值分解框架是对 Koopman 等（2012b）增加值分解框架在部门层面的进一步深化和扩展，也是目前为止最为详细的增加值综合分析框架。

综观现有增加值贸易宏观层面的研究，运用里昂惕夫原理（Leontief Insight）构造增加值份额矩阵，进而核算一国出口所拉动国内和国外增加值的方法（Wang et al.，2013）已经达成共识。Wang 等（2009）首次利用里昂惕夫原理构建了增加值份额矩阵，并基于各国出口总额对出口中包含的国内增加值和国外增加值进行了分解。目前关于增加值的核算大多也是直接运用里昂惕夫原理构造增加值份额矩阵进行的。但根据国际投入产出模型的平衡关系，各国最终产品合计等于最初投入的各国增加值总和，基于增加值份额矩阵的贸易流分解应该是对最终产品的需求进行分解。也正如夏明和张红霞（2015）所指出的，基于国际投入产出模型对出口拉动的国内增加值的核算，出口只能是最终产品出口，不能是中间产品出口。中间产品可能多次跨越边境，进而带来收入的重新分配，因此不能直接作为出口拉动增加值核算的基准。但目前相关研究中，无论是增加值的理论研究，还是增加值核算的分析框架，大多直接包含了总出口变量或者总产出变量（Koopman et al.，2010，2012b；UNCTAD，2013；Wang et al.，2009，2013）。对此，Koopman 等（2010）也曾进行过说明，认为增加值份额矩阵虽然表示的是最终产品的国内或国外增加值份额，但包含在产品中的增加值不依赖于产品被如何使用，故而同一部门中的增加值份额在最终产品和中间产品中是相匹配的。这种解释未免过于牵强，如此处理也只是一种折中的办法①（OECD-WTO，2012）。因此，Johnson 和 Noguera（2012）曾提出了以最终吸收（即出口产品最终被国外消化吸收）为标准的出口增加值指标，来核算一国出口中包含的国内增加值，排除了一国出口中的国内增加值以中间产品出口后又被进口的情形。这种以最终吸收为标准的方法能较为准确地反映一国对外出口中的增加值情况。但 Johnson 和 Noguera（2012）提出的出口增加值指标并不能很好地衡量双边国家部门层面的贸易，因为会存在指标大于 1 甚至是无穷大的情况（Wang et al.，2013）。Stehrer（2012）则首次界定了增加值贸易（Trade in Value Added）和贸易增加值（Value Added in Trade）在概念和核算方法上的区别。从最终吸收的角度把增加值贸易定义为一国被其他国家直接或间接吸收的增加值，把贸易增加值则定义为双边贸易流中所包含的增加值分解。其实无论是增加值贸易还是贸易增加值，其本质上是一样的，即对一国出口中包含的被最终吸收的增加值进行分解核算。Stehrer（2012）虽通过增加值份额矩阵和最终产品向量对一国出口进行增加值分解，但文中只考虑了最终产品出口，并没有考虑中间产品出口。而只对最终产品出口的国内增加值拉动效应进行核算未免偏颇，因中间产品进出口也会带来扩散效应（Spillover Effect）和反馈效应（Feedback Effect），进而带来增加值的产生，且在进行贸易增加值分解时，增加值份额矩阵右乘的是总出口或总进口向量而非最

---

① 之前海关出口数据并未提供中间产品和最终产品的区分，因此对总出口不加区分进行增加值核算也是一种折中办法。但目前国际投入产出数据库的完善提供了可以准确区分的依据。

终产品向量，对此 Stehrer（2012）是基于包含在最终产品中的增加值份额和进出口产品中的增加值份额是一样的假设之上。此外，Wang 等（2013）也指出对一国出口的增加值构成分解，既要考虑最终产品出口，又要考虑中间产品出口，其中基于里昂惕夫逆矩阵可以对最终产品的增加值构成进行准确分解，却不能简单地利用里昂惕夫逆矩阵对中间产品出口进行分解，会导致重复计算。但在实际的分解框架中，Wang 等（2013）却也不可避免地使用了总产出和总出口向量。而在国际投入产出模型中，最终需求是外生变量，总产出和总出口变量则是内生变量，且总出口中不仅包含了最终产品出口还包含了中间产品出口。因此，现有基于总产出和总出口内生变量的核算方法就会产生以下问题：首先，产出和出口内生化的模型与基于产出和出口外生化的增加值核算建模之间的矛盾；其次，作为在国际投入产出模型中内生变量的一国出口，可能会存在被本国重新进口等情况，所以基于总出口利用增加值份额矩阵并不能对一国出口进行彻底的分解；最后，只考虑最终产品出口而忽略中间产品出口的增加值核算不可避免地会产生偏误。

三 基于企业数据的微观层面研究

基于投入产出技术在国家或产业层面测算一国出口中国内增加值的方法存在诸多优势，正如刘维林（2015）所述：首先，利用国家部门间的直接消耗系数矩阵和里昂惕夫逆矩阵可以解决基于微观数据无法测度间接进口的不足；其次，微观数据与投入产出表的结合使用可以细化数据，提高增加值测算的精确程度；最后，产业层面数据来源于国家投入产出表和贸易分类数据，避免了微观数据在进行匹配时可能带来的偏误。但宏观层面的增加值分析也不可避免地存在一些不足，如无法反映经济中微观企业行为主体的异质性特征。一国出口实质上是微观企业的行为结果，忽略企业异质性特征则无法对提升企业增加值率的机制进行系统研究。因此，一些学者尝试利用微观企业数据对一国出口中的国内增加值进行核算研究，这成为增加值贸易研究的另外一种主要方法，对利用投入产出技术研究增加值贸易形成了重要补充。

基于微观数据测算出口国内增加值时，一般是利用各国海关的中间产品进口数据，在联合国提供的国际贸易标准分类（Standard International

Trade Classification, SITC) 和按大类经济类别分类 (Broad Economic Classification, BEC) 编码相互转化基础上, 对中间产品贸易进口占产出的比重进行识别, 如 Ng 和 Yeats (2001)、唐东波 (2013) 等。也有学者直接利用微观企业数据库, 如中国工业企业数据库和海关贸易数据库进行匹配, 来剔除企业出口中直接或间接的中间进口产品占总产出的比重。如 Upward 等 (2010) 第一次用中国海关贸易数据库和中国工业企业数据库进行匹配而非依赖投入产出表来研究中国制造业的出口增加值, 并对 HIY 方法中的垂直专业化指标进行了改进, 区分了一般贸易和加工贸易, 从微观层面测度了 2003 ~ 2006 年中国制造业出口 (分为一般贸易和加工贸易) 的国内增加值部分, 发现中国制造业出口增加值份额从 2003 年的 53% 上升到了 2006 年的 60%。之后, Zhang 等 (2012) 延续 Upward 等 (2010) 的思路, 利用中国 2008 年海关进出口贸易数据, 借鉴诺丁汉大学 Wang Zheng 教授提出的 HS-GB/T 对照表来识别中国出口中, 特别是一般贸易出口中包含的进口中间产品成分, 并对中国 2008 年制造业出口中的国外增加值和国内增加值进行测算, 认为中国 2008 年加工贸易出口中的国外增加值份额约为 56%, 而一般贸易出口中仅约为 10%。Kee 和 Tang (2013) 则利用中国工业企业数据库和海关贸易数据库从微观企业层面分析了中国 2000 ~ 2006 年的出口增加值份额的变化, 发现中国加工贸易出口的国内增加值份额从 35% 上升至 49%, 是促使中国出口国内增加值上升的主要推动力。

基于微观企业数据而非投入产出表来核算出口中的国内增加值存在对来源于国内中间投入中的进口成分识别困难的问题, 可能造成该国出口中的垂直专业化程度低估的情况, 如 Zhang 等 (2012)。鉴于此, 国内学者张杰等 (2013) 利用中国工业企业数据库和海关贸易数据库在综合考虑了不同进口贸易方式特征、间接进口与进口设备等资本品折旧等问题之后, 对中国 2000 ~ 2006 年出口国内增加值及其变化机制进行了研究, 发现中国出口国内增加值率整体处于上升的趋势, 从 2000 年的 0.49 上升至 2007 年的 0.57, 其中加工贸易国内增加值率显著低于一般贸易, 外资企业显著低于本土企业。郑丹青和于津平 (2014) 则从企业生产增加值出发, 寻求企业生产增加值和出口增加值之间的内在联系, 并利用 1999 ~ 2007 年中国工业企业数据库对中国企业出口增加值率及其影响因素进行测算和分析。研究发现, 中国制造业企业出口增加值率总体上处于上升趋势, 其中劳动密集型的民营企业是出口增加值率上升的主要推动力。

　　已有从微观层面的增加值研究确实对测度出口增加值提供了视角和方法，也得出了比较合理的结论，但也存在一些缺陷。第一，在运用企业生产增加值方法对贸易增加值进行测算时，是建立在非常严格的假设之下的，如产出全部用于出口，并且中间消耗全部来自进口（高敏雪、葛金梅，2013）。第二，即使认识到在计算贸易增加值时区分中间投入中进口成分的重要性，但因海关贸易数据库提供的数据只包括企业直接通过贸易代理商进口的中间产品数据，而无法识别国内上下游企业之间的间接进口。故在计算过程中无法具体区分每个企业或行业的中间投入中进口成分的比例，而采取预先设定的方式，如张杰等（2013）对于企业生产过程中国内中间投入所包含的进口成分设定为 5% 的比例。第三，基于海关贸易数据库识别中间进口产品，也只包括了货物的进出口数据，忽略了服务环节的增加值部分，因而不可避免地造成国内增加值率的估计偏差。

四　基于生产要素含量的增加值核算研究

　　基于单一国家的投入产出表或构造国家间的国际投入产出表对一国出口增加值进行测算是目前主流研究方法，主要是基于投入产出表对出口中所含进口成分进行扣除（Koopman et al.，2008，2010，2012a），但鉴于投入产出技术自身较强的假定前提，编制成本高、周期长，各国难以获得每一年份的投入产出连续数据以及无法考虑微观企业异质性等限制而存在不足。此外，鉴于中国出口中加工贸易占有半壁江山的事实，基于出口中所包含的进口中间产品比例和国内销售产品一样的假设，使得基于投入产出表测算中国制造业出口的国内及国外增加值难免会带来测算偏差。因此，学者们尝试寻求利用投入产出技术之外的增加值核算方法，如基于生产要素含量角度。

　　如何测算一国出口中来自国外的中间产品比重，除利用投入产出技术之外，另外一种重要的方法就是追踪生产过程中的生产要素投入。这种方法最初源于 Vanek（1963）提出的赫克歇尔 - 俄林 - 瓦尼克理论（Heckscher-Ohlin-Vanek，HOV），该方法把研究视角从产品转移到了贸易产品中所包含的生产要素含量，从而为解释里昂惕夫之谜掀开了新的一页，也引起了学者们的实证检验热情（Maskus，1985；Bowen et al.，1987；Trefler，

1995）。而之后 Trefler（1995）利用 33 个国家 9 种要素的数据考察了 HOV 方程失效的特征，发现并提出了"缺失的贸易现象"（the Case of the Missing Trade），即贸易中实际蕴含的要素含量要远远小于预测量。Davis 和 Weinstein（2001）针对这种贸易消失之谜提出了全球要素贸易账户方法，来估算传统贸易统计方法中所遗漏掉的生产要素贸易，从而指出传统贸易统计误差的大小。根据此方法估算发现，按照"净要素贸易账户法"对经济合作与发展组织（OECD）国家的国际贸易统计误差就有 20% 左右。

之后 Reimer（2006）研究了中间产品贸易对检验 HOV 定理的影响。Trefler 和 Zhu（2010）在 Moses（1955）、Miller（2009）等对多区域投入产出表研究的基础上，建立了追踪中间投入跨越国境的方法，并基于此测算了贸易中的要素含量（the Factor Content of Trade），如包含在一国最终产品和中间产品出口中的劳动要素含量。Stone 等（2011）基于 HOV 模型利用 GTAP 数据库对中国对外贸易的要素含量进行了跨国比较，发现中国熟练劳动力在剔除中间投入后的净出口为负，而非熟练劳动力则正相反。Daudin 等（2011）则定义了 VS1* 指数用来衡量一国出口中被其他国家进口用来生产最终产品后又返回本国的增加值成分，尝试分解一国出口贸易中的中间投入来源，回答"世界制造"中的"谁为谁制造"（Who Produces for Whom）的问题。

而 Johnson 和 Noguera（2012）的主要思想也是基于 Trefler 和 Zhu（2010）的方法来测算包含在最终产品和中间产品贸易中的要素含量作为分析的第一步，并构建出一国出口中的国内增加值并最终被国外吸收的出口增加值指标。Stehrer 等（2012）则进一步把贸易流中的增加值分解为不同的资本和劳动要素收入，其中劳动要素又分为高、中、低水平，并同时从出口和进口两方面对一国参与垂直专业化程度进行了扩展。之后利用 WIOD 中 1995~2009 年的数据研究发现出口中的国内增加值呈下降趋势，金融危机发生之后又开始上升的事实，并对贸易中生产要素收入进行分解后发现新兴市场国家趋向于出口资本、进口劳动，发达国家则相反。Timmer 等（2012）提出了全球价值链收入（GVC Income）的概念，反映一国生产要素或最初投入被直接或间接用来生产最终产品过程中获得的收入，也反映了产品贸易流中所包含的生产要素收入。这些研究虽大多数也基于 HIY 的研究方法，但更倾向于对贸易中的要素成分进行核算研究。

此外，国内学者常黎和胡鞍钢（2011）利用 HOV 模型对中国的贸易结构要素含量研究后发现，1992～2002 年中国贸易结构向出口低级技术拉动要素、依赖进口高级技能劳动要素和资本要素的方向转变。刘瑶（2011）则利用传统方法测算了中国制造业贸易的要素含量，认为我国制造业技术水平和熟练工人密集度都在不断提高，但该方法因为考虑中间产品贸易而存在严重高估情况。周琢和陈钧浩（2013）参考工业增加值的统计方法，在生产要素国别属性层面对外资企业生产过程中形成的增加值进行了分析，将外资企业生产过程中形成的出口增加值分解为固定资产折旧、劳动者报酬、生产税净额和营业盈余 4 个部分。但他们并未对工业增加值和出口增加值之间的内在联系进行分析，也未对以工业增加值来核算出口增加值方法的严谨性进行论证。此后高敏雪和葛金梅（2013）初次从企业增加值出发，寻找企业生产增加值和出口增加值之间的联系，探索用出口企业生产增加值率核算出口增加值的方法，并基于工业统计年报和2004 年及 2008 年《中国经济普查年鉴》对中国规模以上全出口型工业企业的出口增加值进行了初步测算。李昕和徐滇庆（2013）则利用外资企业股权结构信息，对中国外资企业总增加值中的非劳动者报酬部分的产权归属进行整理核算。程大中（2014）把要素生产率（TFP）和综合贸易成本（CTC）的跨国差异引入双边 HOV 的基本框架内，利用世界投入产出表多角度评估了中国参与全球价值链背景下的增加值贸易蕴含的要素含量流向的扭曲程度。程大中和程卓（2015）采用增加值贸易方法，基于 OECD 的TiVA 数据库，测算了中国出口贸易中的服务含量比重是传统 BOP 方法的两倍，其中国内服务含量占比下降，国外含量占比上升。

第二节　增加值影响机制研究综述

从衡量一国参与国际分工垂直专业化程度的重要方法——HIY 方法的提出，学者们在逐渐放松其所含假设的尝试下，从基于单国投入产出表到建立国际投入产出表，逐步还原了全球生产体系下国家贸易流的增加值格局，并把研究视角从双边国家间贸易流的增加值分解扩展到多个国家，从双边国家部门扩展到多个国家多部门。目前基于投入产出表核算增加值的方法得到了各界肯定，贸易的增加值核算取得了很大进展，国家部门层面的贸易流增加值分解已基本形成较为完善的分析框架。但相比学术界对增加值贸易核算的研究热情，学者对增加值影响机制的研究则相对较少。无论是提出国家间分解框架的 KWW 方法（Koopman et al.，2012b），还是开创性地进行双边国家部门间分解的 WWZ 方法（Wang et al.，2013），都指出文中并没有对引起一国参与全球分工增加值变化的原因及结果做出相应分析，但为进一步研究指明了方向。

增加值核算框架的逐步完善以及国际组织（如 WTO、OECD 等）建立的国家间投入产出数据库（OECD 的 TiVA 数据库、世界投入产出 WIOD 数据库、GTAP 数据库等）的陆续公布，为增加值的影响机制研究提供了可信赖的数据基础，学者们也逐渐在增加值核算的基础上开始进一步探讨出口国内增加值变化的影响因素。现有关于增加值影响因素及机制的研究散见于一些以贸易的增加值核算为主的文献中。如 Upward 等（2013）利用中国工业企业数据库和海关贸易数据库在对 2003～2006 年中国出口增加值核算基础上，揭示了中国加工贸易出口增加值比一般贸易出口增加值低 50% 的事实，并指出出口产业技能和技术水平的提高促进了中国出口技术复杂度的增加，也推动了中国出口增加值的提升。Kee 和 Tang（2013）首次从微观企业利润最大化的决策行为角度建立了影响一国出口中国内增加值率的分析框架，并利用中国工业企业数据库和海关贸易数据库从微观企业层面在对中国 2000～2006 年的出口增加值进行核算的基础上，分析了促使中国企业出口增加值率上升的原因，指出进口中间产品和国内中间产品的相对价格是促使中国企业出口增加值率提升的主要原因，其中 FDI 流入以及贸易自由化是关键促进因素，而劳动力成本及资本成本的影响并不显著。而 Johnson 和 Noguera（2014）则从一个更长的时间跨度对世界 42 个国家 1970～2009 年出口增加值的变化进行了事实描述，之后建立了反映投入产出关联的多部门结构引力模型，解释了贸易楔子（Trade Wedges）的变化，即贸易阻力的减少或区域贸易协定数量的增加是导致出口增加值率下降的主要原因。

国内学者张杰等（2013）同样利用中国工业企业数据库和海关贸易数据库对中国出口中的国内增加值进行研究后认为外资进入是推动其外资企业本身出口增加值率提升的重要力量，但对于推动本土企业出口增加值率的作用不显著。祝坤福等（2013）在非竞争型投入产出模型基础上对2002～2007年中国出口国内增加值变化的主要影响因素进行探讨和分析后发现，中国出口增加值增长主要是依靠出口规模的扩大，且出口商品结构并没有得到优化，说明这一时期中国出口增长仍是粗放式的，出口效率有待提高。郑丹青和于津平（2014）在研究中国制造业企业出口增加值的影响因素时发现，外资流入、研发投入、品牌营销、全要素生产率是提升企业出口增加值率的重要因素；持续扩大的出口规模并没有带来贸易增加值率的相应增长，反而抑制了中国企业出口增加值率的提高；而政府补贴确实能对企业出口增加值率产生正向影响，使企业获得更大的增加值收益。江希和刘似臣（2014）在利用世界投入产出数据库对中国制造业对美国出口增加值进行核算的基础上分析认为，参与国际分工的垂直专业化程度、制造业的劳动生产率以及规模经济是影响增加值贸易的主要因素，但短期和长期的影响程度高低恰好相反。无论是对增加值进行测度，还是分析其影响因素，都会使用一个重要度量指标——增加值率。夏明和张红霞（2015）剖析了增加值率的内涵及比较静态性质，认为增加值率的高低不仅仅取决于自身技术程度，还受到现有国际分配体系及制度等因素的影响，应把增加值率放到国际范围的生产、贸易和收入格局下进行研究。卫瑞等（2015）采用MRIO模型基于世界投入产出数据库对中国1995～2009年增加值出口的变化趋势进行了分析，并对中国增加值出口变化进行了结构分解，从国内产业关联和国际贸易格局等九大因素对中国增加值出口的影响机制进行了研究。葛明等（2015）以最终消费品价值来源分解为视角，从总量、国别和产业三个维度基于WIOD数据库和MRIO模型测算和分析了中国1995～2011年的增加值进出口规模，并采用SDA方法对影响增加值贸易额增长的因素进行了分解考察。

此外，现有对增加值影响因素的研究中，不可忽视的一个因素就是外商直接投资。无论是研究出口规模还是研究增加值贸易，外商直接投资的作用都至关重要。在全球化背景下，外商直接投资与东道国出口贸易之间的关系引起了学者们的极大关注。自Aitken等（1997）首次对墨西哥制造业中的外资出口贸易效应进行分析之后，该领域的研究得到了迅速发展，但已有研究大都从静态角度对外资出口贸易效应进行分析。在Perez（1997）首次指出外资进入过程的动态性特征之后，Wang等（2012）对

"外资进入速度"的概念进行了明确定义。冯丹卿等（2013）则在此基础上定义了"外资进入速度的调节作用"，从动态角度分析了外资进入速度影响外资存在对内资企业出口贸易关系的作用效应。但现有研究绝大多数是对外资出口贸易效应进行分析的，从外资进入角度系统研究其对一国企业出口增加值影响机制的文献很少，散见于现有研究中的如 Kee 和 Tang（2013）利用中国工业企业数据库和海关贸易数据库从微观企业层面在对中国 2000~2006 年出口增加值核算基础上，分析了促使中国企业出口增加值率上升的原因，指出 FDI 流入通过影响进口中间产品和国内中间产品的相对价格，从而促使中国企业出口增加值率提高。国内学者张杰等（2013）同样利用中国工业企业数据库和海关贸易数据库对中国出口增加值进行研究后认为，外资进入是推动外资企业本身出口增加值率提升的重要力量，但对于推动本土出口增加值率不显著。郑丹青和于津平（2014）在研究中国企业出口增加值的影响因素时发现，外商直接投资是重要推动因素之一，无论是对内资企业还是对外资企业。已有研究普遍认为外资是影响中国企业出口增加值的重要因素，但并未针对外资进入影响东道国企业出口增加值率的机制进行系统分析，也未考虑外资进入的动态过程，且外资进入对企业出口增加值的影响结论也不一致。在中国出口规模巨大而出口增加值较低的背景下，研究外资进入对企业出口增加值的影响机制，可以透过外资进入的出口贸易效应"面纱"，揭示外资进入对中国企业出口获利能力的影响，进而寻求提高中国企业出口增加值的方法和途径。

增加值贸易的宏观影响机制研究还与贸易成本的研究文献相关。过去的一个多世纪，全球贸易享受着由科学技术进步带来的贸易成本下降的红利。Jacks 等（2006）研究表明第一次世界大战前的 40 年内，双边出口增长的近 40% 都可以由国际贸易成本下降的 10% 来解释。但在传统贸易理论中，更关注的是关税和非关税壁垒等相对较为容易获取数据的可见贸易成本，且贸易成本本身很难被融入完全竞争的分析范式中（Behrens et al.，2007），也使得贸易成本一直是被严格假设为零而排除在外的。现实是在全球化日益深化的今天，贸易成本仍然是阻碍经济一体化的障碍（Novy，2006），是打开其他开放宏观经济学之谜的"钥匙"（Obstfeld and Rogoff，2000）。无论是贸易的理论模型还是经验研究，都不可避免地面临贸易成本，特别是对国际生产专业化和分工的研究。因此，贸易成本作为衡量一国经济开放程度和贸易自由化水平的重要指标在全球经济日益深化背景下越发重要。测度和分析贸易成本的动态变化可以直观地把握一国参与全球生产链的程度。

测度贸易成本最直接的方法是对贸易国的价格差异进行衡量，这种方法最基本的原理是基于国际贸易下的套利行为会消除价格差异。但这种方法也具有明显的局限性，很难获得各贸易国可靠的价格数据。另外一个常用的直接测度贸易成本的方法则是基于调查。如 Limao 和 Venables（2001）利用一国标准的 40 英尺（合 12.192 米）集装箱从巴尔的摩、马里兰运到世界其他国家的运输成本数据来衡量贸易成本，发现基础设施以及地理条件越是不利，运输成本越高。Hummels（2007）则以海运和空运成本来考察贸易成本。Kee 等（2009）提出了一个基于可观察到的关税和非关税壁垒的贸易约束指数，认为非关税壁垒的重要性而使得关税并不是一个很好的贸易成本代理指标。直接测度贸易成本虽可以对特定的贸易成本组成部分进行准确衡量，但数据限制及许多不可观察到的贸易成本构成导致无法测度总体贸易成本而存在很大问题。因此，传统引力模型就成了被广泛使用的直接测度贸易成本的方法，如 McCallum（1995）。但基于事前决定贸易成本构成的传统引力模型，没有考虑多边阻力的影响，缺乏微观理论基础。因此，学者们如 Anderson 和 Van Wincoop（2003）、Novy（2006）等对此进行了改进，不仅从一般均衡模型中推导出来具备微观理论基础的引力模型，还考虑了贸易成本的事后决定性和多边阻力影响。之后，Novy（2013）解决了 Bergstrand 等（2007）指出的与现实不符的贸易成本对称性问题，从传统的引力模型中推导出了一种具有微观基础的间接度量双边贸易成本的方法，并得到广泛应用。国内学者如钱学锋和梁琦（2008）、方虹等（2010）都是在 Novy（2006）的基础上从宏观层面测度中国与主要贸易伙伴国的双边贸易成本，许统生等（2011）在制造业层面测度了中国的对外贸易成本，刘磊和张猛（2014）则在测度贸易成本的基础上研究贸易成本对垂直专业化程度等的影响。但已有研究无论是从宏观层面还是从产业层面，都是依赖于传统总值贸易统计方式下对贸易成本进行测度的。众所周知，中间产品的迅猛发展带来了传统总值贸易统计下存在严重的"重复计算"问题，使得贸易额被夸大，基于传统总值贸易统计方式下测度的贸易成本也难免产生扭曲。此外，传统引力模型作为解释双边国家规模、距离和贸易成本如何影响双边贸易额的重要方法虽被广泛使用，但传统贸易统计方法下的总值贸易中"重复计算"的存在，使得建立在传统总值贸易额上的传统引力模型也无法揭示贸易成本对包含在总贸易流中的增加值来源。为此，Noguera（2012）在传统引力模型的基础上，建立了反映全球投入产出关联上的贸易成本对双边国家增加值出口的改进引力模型，从而为研究贸易成本对增加值出口的影响机制提供了可以借鉴的思路和方法。

对增加值贸易分解的目的是全面呈现一国参与国际分工的概貌，在此基础上分析和把握一国增加值贸易的影响机制，进而为提升增加值贸易寻求方法和路径。而目前对增加值贸易影响机制的分析，特别是针对中国制造业出口增加值的分析只是零散地见于个别文献中，还缺乏系统而有针对性的分析框架。现有研究大多侧重于核算中国制造业出口的国内增加值，或者是侧重于参与国际分工的垂直专业化程度，而这些只是中国制造业对外贸易流中的一部分而已。因此，在对中国制造业出口增加值进行核算的基础上，建立融合行业特征、企业异质性的增加值贸易影响机制统一分析框架是深入了解中国制造业增加值贸易影响机制的一个重要方面，对进一步提升我国制造业出口竞争力具有不可低估的意义。

第三节　国际分工地位及提升路径研究综述

作为经济全球化和国际分工新常态的全球价值链分工模式已经深入经济活动的各个方面。"世界制造"生产模式的发展使得越来越多的国家，特别是发展中国家及转型经济体依托其自身禀赋优势参与到全球价值链中。但全球价值链上的不同阶段和位置意味着不同的地位和价值增值能力，一般来说，研发、设计、营销等具有高价值增值的生产阶段位于全球价值链的高端位置，而位于价值链低端位置的则是原材料供应、加工组装等低附加值阶段。各参与国嵌入全球价值链的位置以及在全球价值链中的地位代表着各国所获得的价值增值程度不同。国际分工地位较高的国家在全球价值链中往往获取较多的价值增值，而以较低增加值环节参与全球生产网络的国家则只能获得较少的价值增值且其所处的国际分工地位也较低。因此，研究一国参与全球分工的位置以及所处的价值链地位，对进一步深入参与全球生产网络及从全球价值链中获取更多收益具有重要意义。

一　国际分工地位研究综述

如何测度和衡量一国参与全球价值链的地位一直是学者们颇为关注的问题。目前全球生产网络背景下衡量一国参与国际分工的程度和地位的研究，除了借助案例分析法对具体产品的全球生产网络进行研究（Linden et al.，2009）外，主要是从最终产品、进口中间产品以及增加值三个角度进行的。

（一）以最终产品为视角衡量国际分工地位

一国进出口是由本国要素禀赋结构内生决定的，反映了本国比较优势的变化，是全球价值链提升过程的重要特征（Jara and Escaith，2012）。因此，从出口角度考察一国在全球价值链上的位置成为国际分工地位的重要衡量方法。这种衡量方法主要是以最终产品为考察对象，包括以最终产品的价格、出口复杂度以及出口产品质量等指标进行衡量。

Greenaway 等（2004）以产品的出口单价与进口单价的比值来判断产品在价值链的位置。Schott（2004）在对美国的进口产品进行研究后发现，在产品层次上因来自发达国家和发展中国家的产品存在大量重叠而并未发现存在国际分工的差异。但是在同一产品内部，来自发达国家的进口产品价格要远高于来自发展中国家的进口产品价格，从而表现出国际分工的差异性。之后 Fontagne 等（2007）在 Schott（2004）的基础上把研究范围扩展至世界范围发现，发达国家和发展中国家由于出口产品价格不同而处于国际分工的不同位置，出口高价格产品的发达国家处于国际分工的高端位置，出口低价格产品的发展中国家则处于国际分工的低端位置，发展中国家并未对发达国家形成竞争力的威胁。Srholec（2007）则通过对全球生产网络中的电子产品分析后发现，发达国家掌握着高端技术环节，而发展中国家仅仅是参与了这类产品的制造环节，其实际技术水平并未获得根本性的提升。国内学者施炳展（2010）则使用一国出口产品的价格与世界平均价格间的差距来反映该产品在国际分工中的位置，发现中国制造业出口产品仍处于国际分工的中低端，且在技术水平越高的行业，中国产品的国际分工地位越低。胡昭玲和宋佳（2013）则采用出口价格变化来衡量中国制造业国际分工地位，认为中国制造业中低技术产品的国际分工地位反而高于中高技术产品。

出口复杂度也是被用来衡量一国参与国际分工地位的重要指标。Hausmann 和 Rodrik（2003）首次提出了复杂度（Degree of Sophistication）概念，用来衡量产品的技术含量，并在2005年将其运用到出口领域，进而提出反映一国产业在国际分工模式中地位高低的出口复杂度指标。之后很多学者对此指标进行了不同层面的构建。Lall 等（2005）在研究中国制造业出口是否对拉丁美洲形成威胁时提出，一国出口产品构成间接反映了该国所处价值链位置，出口产品越复杂，则该国所处的价值链位置越高。之后，Lall 等（2006）构建了以出口国家收入水平作为权重的基于出口相似度的出口复杂度指标来衡量一国参与国际分工的地位，并结合 SITC Rev. 2 的三位数和四位数层面分析了 1999～2000 年亚洲各国及地区的出口复杂度情况。以上对出口复杂度的改进多是基于产业层面的，而 Hausmann 等（2005）则利用比较优势理论构建了产品层面出口复杂度的衡量指标。之后 Rodrik（2006）进一步将此指标进行了完善，并被以后国际贸易领域研究出口结构、国际生产布局以及出口竞争力所广泛使用。Rodrik（2006）在对 1992～2003 年中国出口产品的复杂度进行测算分析后发现，中国的出口产品复杂度一直处于较高的水平，但其出口结构与比其人均收入高三倍的国家的出口结构相同。Schott（2008）则基于各国出口到美国的产品复杂度能反映其真实出口复杂度的假设前提下，构建了以国际市场占有率为基础的出口复杂度衡量指标。Wang 和 Wei（2008）提出了出口产品结构的相似度指数（Export Similarity Index，ESI），通过对发展中国家和作为参考的先进国家的出口结构进行比较，来衡量所考察国家与全球价值链高端环节的相对距离。Xu 和 Lu（2009）也计算了中国 1992～2005 年的出口复杂度，研究发现相对于 OECD 中的发达国家，中国的出口复杂度在 1992～2005 年从 0.44 上升至 0.59，说明中国在全球价值链上的地位得到了提升。同样，杨汝岱和姚洋（2008）在 Hausmann 等（2005）的基础上，对贸易商品的技术复杂度和出口产品的技术含量进行了重新定义，测算了 1965～2005 年 112 个国家（地区）的有限赶超指数。盛斌和马涛（2008）对中国工业部门各分行业产品的国内技术含量进行了测算，并考察了国内技术含量和垂直专业化程度之间的关系，发现国内技术含量制约了中国参与垂直专业化生产体系的地位，中国工业行业所处的分工地位和水平较低。邱斌等（2012）则基于 102 个国家的 SITC 五位码贸易数据对中国 2001～2009 年 24 个制造业的出口复杂度进行了计算，发现绝大多数行业的出口复杂度呈现上升态势，实现了由价值链中低端向中高端附加值环节的升级。

　　出口复杂度主要反映产品间技术水平的差异，而现实中同一编码的产品内的技术含量也不尽相同，且众多理论研究已表明出口产品质量在一国对外贸易模式中起到重要作用，因此延伸出了用出口产品质量指标来衡量同一种产品下不同产品的技术水平差异进而反映产品在国际上的地位和竞争力。如 Schott（2004）利用美国十分位的进口数据测算了世界各国出口到美国的单位产品价值量来代表产品质量，并得到了广泛认可。之后 Hummels 和 Skiba（2004）、Hummels 和 Klenow（2005）、Hallak（2006）以及 Hallak 和 Schott（2008）效仿该方法对特定国家的出口产品质量进行了分析。如 Hummels 和 Klenow（2005）利用 126 个出口国家和 59 个进口国家 5000 类商品数据，基于不同贸易模型验证了较大经济体是否存在出口集约边际、扩展边际以及是否出口较高质量的产品，证明了出口数量和以种类代理变量验证的质量差异是解释出口产品质量不同的一个重要原因。Hallak（2006）从需求层面界定了人均收入和产品质量需求之间的关系，并利用 1995 年的 60 个国家部门的双边贸易数据证明了人均收入较高的国家倾向于从其他国家进口高质量的产品。Hallak 和 Schott（2008）通过把一国出口价格分解为数量和质量调整部分，在假设可观察的出口价格一定的情况下，贸易顺差的国家倾向于出口高质量产品。施炳展（2013）利用海关微观贸易数据首次从企业层面测算了中国企业层面出口产品质量，发现持续出口企业的产品质量总体水平上升，本土企业产品质量总体水平下降。

　　以上无论是基于产品间还是产品内分工角度来研究产品的国际分工地位，都是基于传统贸易数据进行度量的。随着中间产品贸易的盛行，最终产品出口中包含来源于其他国家的价值已成为常态，一国所出口的商品价值包含的不仅仅是本国的价值，还可能包括国外进口价值，因此从最终产品角度衡量一国参与国际分工的地位不可避免地会出现偏差。此外，在以出口相似度指数来测度价值链地位时，所度量的出口商品的统计口径不同也会对度量结果产生较大影响，商品的数据加总程度越高，则度量偏差会越大，因此数据加总忽略了产品部件差异的影响。

（二）以进口中间产品为视角衡量国际分工地位

垂直专业化作为当今国际分工体系中经济全球化深入发展的重要特征，为世界不同类型国家提供了参与国际分工的契机，一国的垂直专业化程度也经常被用来衡量一国某产业在全球价值链中的国际分工地位。Hummels 等（2001）首次提出垂直专业化的概念及测算方法，并以此测算了 10 个 OECD 国家和 4 个新兴市场国家的垂直专业化程度和参与国际分工的状况，结果发现整体的垂直专业化程度由 1970 年的 16.5% 上升至 1990 年的 21% 。之后，Yi（2003）在此基础上构建了垂直专业化模型，剖析了垂直专业化分工的理论形成机制。而 Dean 等（2008）则基于中国加工贸易盛行的特点改进了垂直专业化指标，对中国制造业出口的垂直专业化程度进行测度来反映中国 1997 年和 2002 年制造业各行业参与国际分工的地位。

对垂直专业化分工程度的度量，关键是衡量参与垂直专业化分工引起的中间产品贸易流规模。由于中间产品贸易数据的不易获取，学者们采用了很多其他方法间接获取中间产品贸易数据。如 Helleiner（1973）、Gorg（2000）等在研究 OECD 国家的垂直专业化程度时采用了出口加工贸易数据进行替代，Ng 和 Yeats（2001，2003）、Athukorala（2005）、Athukorala 和 Yamashita（2006）用零部件贸易数据来研究东亚生产网络发展，平新乔和郝朝艳（2006）等利用投入产出表数据分解进口中间产品使用来衡量。而最常用的则是基于 BEC 对中间产品的分类标准和相关数据进行匹配来获取中间产品贸易数据，如 Koopman 等（2010）、Dean 等（2008）、Upward 等（2013）等。从衡量垂直专业化分工程度的具体方法上来看，有以进口中间投入占总产出的份额来衡量的，如 Campa 和 Goldberg（1997）、P. Egger 和 H. Egger（2005）；有以进口中间投入占总投入的份额来衡量的，如 Feenstra 和 Hanson（1997，1999）提出的外包率、Amiti 和 Wei（2005）提出的中间投入的外包密度等；有以进口中间投入占总进口额的比重来衡量的，如 Yeats（2002）；有以利用进口中间投入在出口中的份额来衡量的，如 Hummels 等（2001）。这种方法把进口中间投入和出口结合起来，在以后研究垂直专业化分工中得到了广泛的发展和运用。

对中国参与垂直专业化分工的研究普遍表明，中国参与垂直专业化分工的程度在不断提高，如黄先海和韦畅（2007）、Dean 等（2007）等。中国参与垂直专业化分工推动了中国的出口发展（文东伟、冼国明，2009），促进了贸易结构优化（Rodrik，2006；Schott，2008）和产业结构升级（徐毅、张二震，2008），提高了生产率（胡昭玲，2007；高越、李荣林，2011）和国际竞争力（张小蒂、孙景蔚，2006），但同时也引起了学者对中国参与垂直专业化分工是否提升了其国际分工地位的怀疑。邱斌等（2012）利用垂直专业化程度来衡量全球生产网络的参与程度，并通过实证检验证明了全球生产网络的参与程度促进了中国制造业价值链的提升。于津平和邓娟（2014）利用我国投入产出表测算了制造业各行业一般贸易、加工贸易和总贸易的垂直专业化水平，研究了中国制造业参与垂直专业化分工程度对其在全球价值链上的分工地位的影响，结果发现中国通过参与垂直专业化分工促进了其价值链地位的提升。但胡昭玲（2006）研究认为一国参与国际分工的地位及获利能力取决于其在垂直专业化分工体系中的位置以及对价值链的控制能力。张咏华（2012）利用非竞争型投入产出表对垂直专业化分工影响中国产业附加值的作用进行了考察，并研究了中国制造业在国际垂直专业化生产体系中的地位，研究发现中国低技术、中低技术制造业在国际分工生产体系中占有主导地位，但中高技术仍处于附属地位。

（三）基于贸易的增加值角度衡量国际分工地位

以中间投入为基础的垂直专业化程度指标在一定程度上能较好地反映国际分工地位，但在全球生产体系中，相同中间投入份额并不能反映其背后的各国在不同工序及生产环节上的价值增值能力。因此，随着增加值统计方式的发展，从增加值的角度衡量一国参与国际分工的地位及增值能力则显得更为合理。

Koopman 等（2010）在充分考虑加工贸易盛行的条件下对一国出口所含国内增加值和国外增加值进行分解，之后构建了测度一国某部门在全球价值链上参与程度及位置的指标。Antràs 和 Chor（2013）则提出了某特定产业离最终使用之间距离的上游度指数（Upstreamness Index）以及下游度指数（Downstreamness Index）衡量参与全球国际分工的位置。同时，

Antràs 和 Chor（2013）指出 Johnson 和 Noguera（2012）所提出的出口增加值率指标是衡量全球生产链下垂直专业化分工程度的重要指标。但 Wang 等（2013）认为该指标虽能在一定程度上反映一国垂直专业化分工程度，但会忽略掉一国参与国际分工的很多重要信息。如两国某部门的出口增加值率指标相同（例如中国和美国的电子产业出口增加值率都为 50%），但其中中国 50% 的出口增加值率可能是因为中国出口中的 1/2 来源于其他国家的国外增加值，而美国 50% 的出口增加值率可能是美国增加值中有 1/2 通过中间产品出口被其他国家用来制造最终产品并最终返回美国的国内增加值。两国参与全球价值链分工的位置截然不同，一个处于上游，一个处于下游，但两国的出口增加值率指标数值一样，因此仅仅从出口增加值率指标并不能清楚地反映出一国参与国际分工的地位，则需要通过运用增加值贸易分解框架来反映出口增加值率指标所不能揭示的信息。

国内学者基于增加值角度衡量中国制造业参与国际分工地位的研究并不太多。黄先海和杨高举（2010）利用改进的非竞争型投入占用产出模型，构建了高技术产品出口对国内增加值的拉动效应、高技术部门的劳动生产率以及两者中高技术部分所占比例相加得到的"加权的增加值－生产率"指标来全面考察一国高技术产业在国际分工中的真实地位及其变动状况。郭晶和赵越（2012）沿用了黄先海和杨高举（2010）的方法，利用相同样本数据考察了影响中国高科技参与分工地位的因素。王岚（2014）基于 Koopman 等（2012b）的出口增加值综合分解框架，运用 Koopman 等（2010）构造的衡量一国国际分工地位的指标测度了中国制造业各行业的国际分工地位，发现中国制造业的国际分工地位经历了先下降后上升的"V"形发展轨迹。王金亮（2014）利用 Fally（2011）提出的上游度指数基于中国 2002 年投入产出表对中国各产业，特别是制造业的上游度水平进行了测度，并和现有文献利用相同指标对其他国家各行业的测度进行对比，如 Antràs 和 Chor（2013）对美国、Antràs 等（2012）对除卢森堡之外的欧洲国家的测度，进而来判断中国产业在全球价值链中的地位，结果发现中国制造业产业在全球价值链上的地位整体偏低。

二　融入全球价值链提升路径研究综述

关于价值链的升级，不同学者有不同的定义。Humphrey（2004）把全球价值链形象地比作"技术的阶梯"（Technological Ladder），所谓价值链的升级则意味着其技术能力的提升。Gereffi（2005）从不同方面定义了升级的含义，总体而言，升级是从价值链的低端向高端移动的过程。Kaplinsky 和 Readman（2005）提出了 Kaplinsky 升级指数，是同时考虑其产品相对价格和市场份额两个因素的变化来分析某特定产业或产品是否升级了。

自 Hummels 等（2001）构建了反映一国参与全球价值链程度的垂直专业化指标以来，该指标被广泛应用，如 Koopman 等（2010）基于此提出的以某特定行业作为中间产品提供者和需求者的相对重要性衡量的全球价值链位置（GVC-Position）指数。这些指标虽然能反映一国参与全球价值链分工的程度，决定其在全球价值链上的地位，但并不能对一国或部门本身的动态变化及其所在的位置演进给出有效的度量。因此，Dietzenbacher 和 Romero（2007）、Inomata（2008）基于产业关联角度较早提出了衡量产品价值链长度的平均传导长度指数（APL 指数），并对欧盟和亚洲主要经济体的价值链长度进行了测度。此后，Fally（2011）基于投入产出技术，以各生产阶段的增加值比重为权数测算一国或行业在生产过程中所要经历的阶段数，包括生产该部门产品所经历的生产阶段数以及产品被生产出之后到达最终需求之间所经历的阶段数，以此来衡量产品价值链长度，并对美国各行业 1949～2002 年的产品价值链长度的演化过程进行了分析。而 Antràs 和 Chor（2013）、Antràs 等（2012）利用基于 Fally（2011）的价值链测度指数构建的一国或部门的行业下游度和上游度指数，对美国各部门在 2002 年与其他国家在产品价值链上的变化及影响因素进行了研究，但这些指数本质上和 Fally（2011）提出的指标相同。

以上指数的构建为具体衡量一国或部门的产品价值链长度及地位变化提供了有效的途径。Backer 和 Miroudot（2013）基于此分析了 OECD 国家的产品全球价值链长度及变化。Fally 和 Hillberry（2013）进一步从一般均衡角度构建了全球价值链的多国模型，将一国或部门的全球价值链程度衡量扩展至多国。Rodrik（2006）、Hausmann 等（2005）则利用出口技术复杂度来衡量国际分工地位进而考察融入全球价值链对特定行业国际分工地位的影响。国内学者樊茂清和黄薇（2014）基于非竞争型国家间投入产出表的宏观估算方法对中国各产业在全球价值链中的地位及演进过程进行了研究，在对中国进出口贸易进行产品类别分解比较分析后发现，中国企业在全球生产网络中的地位不断上升，贡献不断增加，其中知识密集型产业贸易发展迅速。苏庆义和高凌云（2015）利用出口上游度指数在对中国各行业全球价值链位置进行测算的基础上，运用半参数估计的方法研究了中国国际分工位置的规律性，进而评估其合理性。马风涛（2015）利用 Fally 和 Hillberry（2013）的全球价值链长度指数对中国制造业部门 1995～2009 年的全球价值链长度变化进行了研究，认为所有部门的全球价值链长度均有所下降，其中国外部分长度的增长率大于国内部分。张咏华（2015）从国际产业关联角度勾画了中国制造业 1995～2009 年的全球价值链长度的动态演变，指出中国已经成为全球制造业价值链上关联最多的中心国，但对其他经济体的影响还较小。

现有文献对参与全球价值链分工的路径研究大部分是基于单一视角进行的。如以某一特定行业为研究对象寻求其在全球价值链上地位的提升方式，Koopman 等（2010）提出的 GVC 位置指数，Fally（2011，2012）、Antras 等（2012）提出的上游度指数等均是此类研究还有文献是通过案例分析来寻求产品参与全球价值链的提升路径，如刘维林（2012）就是基于案例研究了产品架构升级对制造业企业参与全球价值链升级的意义。此外，很多现有研究都是对 Fally（2011）等所构建指标的直接运用，对国际分工地位的研究也基本属于一种事后检验，是对某特定行业国际分工地位的一种现实描述，虽然也反映了一定的价值链获利能力，但此种单一维度的考察，并不能全面刻画特定行业融入价值链的路径演进。因此，国内学者王岚和李宏艳（2015）在此基础上引入了一国某特定行业的自身增值能力，同时考虑了增值能力和嵌入位置作为融入全球价值链的两个重要维度对某特定行业在 GVC 中的地位进行定位，并构建了综合反映嵌入位置和增值能力的价值链融入路径的分析框架，进而识别了制约中国制造业国际分工地位攀升的主要因素。刘维林（2015）则从产品嵌入和功能嵌入两个维度对中国出口的价值链嵌入结构进行了解析，并基于此结合一般贸易和加工贸易的不同特征，建立了区分货物贸易和服务贸易的非竞争型投入产出模型，并对中国出口的价值构成及变动进行了分析，指出"中国制造"价值链的攀升应重点立足于产品架构，实现转型升级。程大中（2015）基于跨国投入－产出分析法利用 WIOD 数据库分别从中间产品关联、增加值关联和投入产出关联三个维度对中国参与全球价值链分工的程度和演变趋势进行了研究，认为中国已经较深地嵌入全球价值链之中，但仍处于生产链的低端，只有改变中国的要素结构，才能改变其国际分工地位。

　　综观已有文献，对一国参与全球价值链的国际分工地位及提升路径的研究大多还是基于传统贸易统计方式进行的，这种方式虽能在一定程度上反映参与国际分工的程度和地位，但在中间产品贸易盛行的全球生产网络背景下不可避免地会造成扭曲。虽然以中间投入为视角的国际分工地位度量剔除了所包含的国外成分，但大多囿于中间产品贸易数据的不易获得而采取替代的方法进行，难免给度量结果的可靠性带来挑战。此外，现有衡量国际分工地位的指标及其扩展虽为考察一国特定行业的全球价值链长度及地位变化提供了很好的方法，但也存在一些不足。首先，这些指标的构架大都基于单个国家的投入产出表，而非国际投入产出表，因此对中间产品的界定和调整不可避免地会产生偏误。其次，运用国家投入产出表进行的衡量，大都从"空间距离"来测度一国某行业和最终需求间的生产长度，即使引入了"经济距离"，也只是考虑了一国特定行业的前向关联，忽视了反映该国特定行业产品生产的后向全球价值链的"经济距离"。最后，对一国某特定行业的全球价值链长度及其动态演化研究不足。增加值贸易分解框架为全面分析出口中的各种增加值来源提供了可靠的途径，更能准确地衡量一国基于增加值的国际分工地位。因此，基于增加值贸易视角，既从事后的角度对一国特定行业参与国际分工的位置及地位进行测度，又从事前的角度对其主动参与全球价值链的位置和增加值能力进行定位，从而勾画特定行业的全球价值链地位及长度演进，定量分析其融入全球价值链的具体切入位置和路径，可以更全面地分析和把握该行业参与全球价值链的最大化获益的路径选择，有针对性地寻求实现价值链攀升的着力点。

第三章 中国制造业出口增加值核算理论模型与方法

第一节 概念及范畴界定

自 21 世纪国外学者将增加值概念引入贸易核算领域以来，新型国际贸易统计方法的发展引发了学者和官方的研究热潮，也随之产生了不同的增加值核算方式和一系列相关概念，如贸易增加值、增加值贸易、出口增加值、出口中的增加值、国内增加值、国外增加值、出口增加值率等。这些既有区别又相互联系的概念广泛出现在国内外的研究中，但从现有研究来看，很多研究对这些概念并没有进行清晰的界定，甚至出现混淆使用的情况。因此，明确不同概念的内涵、厘清概念之间的区别和相互关系是有针对性地开展具体领域增加值研究的前提和基础。本节旨在梳理增加值研究的相关概念，明确其含义、范畴及相互关系，从而确定本书的研究视角和范畴。

在 Leontief（1936）提出和创立投入产出技术之后，投入产出技术就成为核算和分析国民经济运行的重要方法。衡量经济生产过程中投入的劳动、资本、非金融资产和自然资源等所获报酬的增加值，反映了生产过程中产出超过投入的价值，在国民经济核算中一直占有重要地位。随着国际分工的深入及国际投入产出数据库的建设和发展，增加值逐渐被引入贸易核算的范畴，特别是随着各国参与国际分工的基础由产品比较优势向生产环节比较优势的深入发展，跨国生产和中间产品贸易得到迅猛发展，由此带来了传统贸易统计方式和新型国际分工模式下贸易事实的背离，继而凸显出解决全球生产链下最终产品生产过程中各参与国的价值分配及传统贸易度量和各国实际所获增加值之间背离问题的重要性（夏明、张红霞，2015）。进入 21 世纪以来，基于对这些问题和现象的关注，国外学者最早先后提出了增加值贸易（Trade in Value Added，TiVA）和贸易增加值（Value Added in Trade，VAiT）[①] 两个相互联系又有区别的重要概念。如 OECD-WTO（2012）和 UNCTAD（2013）利用国家间投入产出模型及其建立的国际投入产出数据库分别采用增加值贸易和贸易增加值的测算方法进行了贸易的增加值分析。但最初无论是国外还是国内对增加值的相关研究并未对这两个概念的内涵及测算方法的异同进行区分，甚至出现混淆使用的情况，直至 Stehrer（2012）首次对这两个概念的区别和联系进行了详细阐述，从而明确了两种增加值测度方法的异同。随后国内学者夏明和张红霞（2015）对这两种测算方法的概念演化和分析路径进行了理论剖析，为更准确地开展增加值相关研究提供了理论基础。本节则在已有概念辨析基础上，对两个概念的内在联系进行推导，进一步清晰界定两者间的差异和本书的研究范畴。

一　增加值贸易和贸易增加值

根据 Stehrer（2012）的阐述，增加值贸易是指一国直接或间接被其他国家最终需求所拉动的增加值，是从最终需求的角度来衡量的，主要回答一国最终消费中所包含的其他国家的增加值多少。其中国外最终需求所拉动的国内增加值为该国的增加值出口，国内最终需求所拉动的国外增加值为该国的增加值进口。而贸易增加值则考察贸易流中所包含的增加值含量，是从贸易量的角度进行考察的，主要回答一国出口中所包含的国内增加值多少或者一国进口中所包含的国外增加值多少。单从出口角度进行考虑，增加值贸易和贸易增加值都是被用来度量一国出口中所包含的本国增加值含量，但两者无论是核算方法还是核算结果都是存在差异的。为明确两种增加值核算方式的差异，我们在 Stehrer（2012b）、Koopman 等（2010，

___

① 国内学者对 Trade in Value Added 的翻译名称不甚统一，既有译为增加值贸易的（贾怀勤，2014），又有译为贸易增加值的（夏明、张红霞，2015）。贾怀勤（2014）对该词的译法进行了详细的论述，本书采用贾怀勤（2014）的译法，把 Trade in Value Added 译为增加值贸易，把 Value Added in Trade 则译为贸易增加值。

2012b)、夏明和张红霞（2015）等研究基础上，以两国国际投入产出模型为例来阐述增加值贸易和贸易增加值的测度方法及分析路径，进一步厘清相关概念的内在联系和区别。

表 3 - 1 为简化的两国国际投入产出表，其中 Z^{sr} 为 r 国生产所需要的 s 国的中间投入，Y^{sr} 为 s 国用于满足 r 国的最终需求，X^s 是 s 国的总产出或总投入，V^s 为 s 国的增加值向量。定义 A^{sr} 为 r 国使用的来自 s 国中间投入的直接消耗系数，B^{sr} 为满足 r 国最终需求产品所消耗的 s 国产出的完全消耗系数，V_s 为 s 国增加值系数向量。我们以 s 国的出口为考察对象，来分析 s 国出口在增加值贸易和贸易增加值两种核算方式下所包含本国要素价值含量的联系和区别。

表 3 - 1　两国国际投入产出表

投入 \ 产出		中间使用		最终使用		总产出
		s 国	r 国	s 国	r 国	
中间投入	s 国	Z^{ss}	Z^{sr}	Y^{ss}	Y^{sr}	X^s
	r 国	Z^{rs}	Z^{rr}	Y^{rs}	Y^{rr}	X^r
增加值		V^s	V^r			
总投入		X^s	X^r			

注：笔者根据 Timmer 等（2012）对国际投入产出模型的研究绘制得到。

根据市场出清原则，一国总产出既可以被用作最终产品也可以被用作中间产品被本国或外国所使用，因此存在：

$$X^s = A^{ss}X^s + Y^{ss} + A^{sr}X^r + Y^{sr}$$
$$X^r = A^{rs}X^s + Y^{rs} + A^{rr}X^r + Y^{rr} \tag{3.1}$$

（3.1）式可以写成以下矩阵形式：

$$\begin{bmatrix} X^s \\ X^r \end{bmatrix} = \begin{bmatrix} A^{ss} & A^{sr} \\ A^{rs} & A^{rr} \end{bmatrix}\begin{bmatrix} X^s \\ X^r \end{bmatrix} + \begin{bmatrix} Y^{ss} + Y^{sr} \\ Y^{rs} + Y^{rr} \end{bmatrix} = \begin{bmatrix} I - A^{ss} & -A^{sr} \\ -A^{rs} & I - A^{rr} \end{bmatrix}\begin{bmatrix} Y^{ss} + Y^{sr} \\ Y^{rs} + Y^{rr} \end{bmatrix} = \begin{bmatrix} B^{ss} & B^{sr} \\ B^{rs} & B^{rr} \end{bmatrix}\begin{bmatrix} Y^s \\ Y^r \end{bmatrix}$$
$$\tag{3.2}$$

（3.2）式表示满足一国最终需求所需要投入的来自本国或他国的产出，该式揭示的关系是里昂惕夫原理（Leontief Insight）。

首先，利用增加值贸易核算方法来测度 s 国出口所带来的本国增加值含量，即国外最终需求对 s 国出口拉动形成的本国收入多少。具体为：

$$VAE_s^1 = \begin{bmatrix} V_s & 0 \end{bmatrix} \begin{bmatrix} B^{ss} & B^{sr} \\ B^{rs} & B^{rr} \end{bmatrix} \begin{bmatrix} Y^{sr} \\ Y^{rr} \end{bmatrix} \quad (3.3)$$

由（3.3）式可以得到国外对 s 国的最终产品需求所拉动的本国增加值为：

$$VAE_s^1 = V_s B^{ss} Y^{sr} + V_s B^{sr} Y^{rr} \quad (3.4)$$

其次，根据贸易增加值核算方法，s 国出口所带来的本国增加值为：

$$VAE_s^2 = V_s (I - A^{ss})^{-1} (A^{sr} X^r + Y^{sr}) \quad (3.5)$$

为辨析增加值贸易和贸易增加值下 s 国出口带来的本国增加值差异，对上述（3.4）式和（3.5）式，分别利用如下矩阵间的恒等关系进行分解，即：

$$\begin{bmatrix} I - A^{ss} & -A^{sr} \\ -A^{rs} & I - A^{rr} \end{bmatrix} \begin{bmatrix} B^{ss} & B^{sr} \\ B^{rs} & B^{rr} \end{bmatrix} = \begin{bmatrix} I & 0 \\ 0 & I \end{bmatrix}$$

上述恒等矩阵对应的各分块矩阵存在如下关系：

$$(I - A^{ss}) B^{ss} - A^{sr} B^{rs} = I \quad (3.6)$$

$$-A^{rs} B^{ss} + (I - A^{rr}) B^{rs} = 0 \quad (3.7)$$

$$(I - A^{ss}) B^{sr} - A^{sr} B^{rr} = 0 \quad (3.8)$$

$$-A^{rs} B^{sr} + (I - A^{rr}) B^{rr} = I \quad (3.9)$$

根据（3.6）式和（3.7）式，可以推导得到：

$$B^{ss} = (I - A^{ss})^{-1} + (I - A^{ss})^{-1} A^{sr} B^{rs} = (I - A^{ss})^{-1} + (I - A^{ss})^{-1} A^{sr} (I - A^{rr})^{-1} A^{rs} B^{ss}$$

将上式代入（3.4）式，得增加值贸易方式下 s 国的增加值出口为：

$$VAE_s^1 = V_s (I - A^{ss})^{-1} Y^{sr} + V_s (I - A^{ss})^{-1} A^{sr} (I - A^{rr})^{-1} A^{rs} B^{ss} Y^{sr} + V_s B^{sr} Y^{rr} \quad (3.10)$$

（3.10）式表示满足其他国家的最终需求所拉动的 s 国的增加值出口，包括 s 国以最终产品形式出口到 r 国拉动的本国增加值（右边第 1 项）；r 国的最终需求拉动了从 s 国的进口，带来了 s 国产出的增长，s 国产出增长扩大对 r 国进口的同时，也反过来进一步带动了 r 国对 s 国增加值的拉动（右边第 2 项）；r 国生产最终需求产品投入的 s 国中间产品拉动的 s 国增加值（右边第 3 项）。因此，s 国出口拉动的本国增加值既包括直接以最终产品形式出口拉动的，也包括通过中间产品形式直接或间接所拉动的，但无论是最终产品还是中间产品形式，都是以满足他国的最终需求为目的的。

同理，对于贸易增加值方式，由（3.2）式和（3.7）式可得：

$$X^r = B^{rs}Y^s + B^{rr}Y^r = (I - A^{rr})^{-1}A^{rs}B^{ss}Y^s + B^{rr}Y^r \qquad (3.11)$$

把（3.11）式代入（3.5）式，得到：

$$VAE_s^2 = V_s(I - A^{ss})^{-1}Y^{sr} + V_s(I - A^{ss})^{-1}A^{sr}(I - A^{rr})^{-1}A^{rs}B^{ss}(Y^{sr} + Y^{ss}) +$$
$$V_s(I - A^{ss})^{-1}A^{sr}B^{rr}(Y^{rs} + Y^{rr}) \qquad (3.12)$$

再根据（3.8）式，存在：

$$A^{sr}B^{rr} = (I - A^{ss})B^{sr}$$

将上式代入（3.12）式，得到：

$$VAE_s^2 = V_s(I - A^{ss})^{-1}Y^{sr} + V_s(I - A^{ss})^{-1}A^{sr}(I - A^{rr})^{-1}A^{rs}B^{ss}(Y^{sr} + Y^{ss}) +$$
$$V_s(I - A^{ss})^{-1}A^{sr}B^{rr}Y^{rs} + V_sB^{sr}Y^{rr} \qquad (3.13)$$

对比（3.10）式和（3.13）式不难发现，增加值贸易和贸易增加值两种核算方式对于出口拉动本国增加值含量的度量存在明显差异，贸易增加值方式的度量结果明显要大于增加值贸易方式，多出了 $V_s(I - A^{ss})^{-1}A^{sr}(I - A^{rr})^{-1}A^{rs}B^{ss}Y^{ss}$ 和 $V_s(I - A^{ss})^{-1}A^{sr}B^{rr}Y^{rs}$ 两项。多出的两项具体含义分别为，$V_s(I - A^{ss})^{-1}A^{sr}(I - A^{rr})^{-1}A^{rs}B^{ss}Y^{ss}$ 反映了 r 国进口 s 国的中间产品又重新被 s 国以中间产品形式进口返回本国拉动的本国增加值；$V_s(I - A^{ss})^{-1}A^{sr}B^{rr}Y^{rs}$ 则表示 r 国从 s 国进口的中间产品最后以最终产品形式满足 s 国最终需求所拉动的 s 国增加值。以上多出的两项皆为 s 国出口拉动的本国增加值返回本国部分。因此，经过在增加值贸易和贸易增加值两种方式下对一国出口拉动的本国增加值含量核算方法的辨析表明，增加值贸易核算方法充分考虑了一国出口中包含的增加值折返成分并予以剔除，而贸易增加值方法则直接包含了增加值的折返部分。①

两种方式虽然都测度了一国出口拉动的本国增加值，但分析路径截然

---

① 为验证此结果的一般性，在考虑三国及多国国际投入产出模型情况下，对增加值贸易和贸易增加值两种方式的度量结果进行类似的推导，结果也得出了一致的结论。

不同。贸易增加值是在把出口量转化为增加值的过程中核算的出口拉动的本国要素含量，而增加值贸易则是基于最终需求的标准来核算本国增加值出口。不同分析路径也导致两种方式下测算结果的差异，但通过分析发现，两种方式的核算结果存在密切联系，具有内在一致性。对于贸易增加值核算方法，出口既包括中间产品也包括最终产品，而在国际投入产出模型中，中间产品是由模型内生决定的。因此，正如夏明和张红霞（2015）所指出的，以总出口为基准测算增加值的方法是一种将内生变量——中间产品进出口外生化的模型，因此存在将内生变量外生化建模的悖论。但从以上推导可以明确发现，虽然两种方式在核算增加值的路径上存在差异，但其内在一致性也是切实存在的，基于以出口为基准的贸易增加值方法最终一定可以归属到所有最终需求的影响里，这些最终需求既包括本国的也包括他国的，既有对本国最终产品的需求也有对他国最终产品的需求。所以，增加值贸易在理论分析上显得更为合理，贸易增加值方式在理论建模上虽存在某些缺陷，但两种方法具有内在统一性，贸易增加值完全可以作为增加值贸易测算的一种有益补充，也正如 OECD-WTO（2012）所持的折中观点。

二　其他相关概念

在利用增加值贸易和贸易增加值方式进行增加值研究时，也出现了其他一些相关联的重要概念。

Johnson 和 Noguera（2012）提出了出口增加值（Value Added Exports）的概念，反映了满足其他国家最终需求的产品中所包含的本国增加值，首次从最终需求角度进行了界定，并定义了出口增加值率（Value Added Export Ratio，VAX Ratio），来反映一国出口增加值占总出口的比重。之后 Stehrer（2012）对增加值贸易和贸易增加值进行辨析中所阐述的增加值出口，其内涵与 Johnson 和 Noguera（2012）界定的出口增加值的内涵一样，英文都是 Value Added Exports，反映了一国满足其他国家最终需求的出口中所蕴含的国内增加值。因此，本书在以后章节中所出现的增加值出口和出口增加值是完全相同的，会交替使用。

Koopman 等（2012b）则首次把一国出口进行了详细的分解，分为国内增加值（Domestic Value Added，DVA）、国内增加值折返（Domestic Value Added Returns Home，RDV）、国外增加值（Foreign Value Added，FVA）

及重复计算项（Pure Double Counted Terms，PDC）四个部分，并对相关概念的内涵及关系进行了界定。其中，国内增加值是一国总出口产品生产过程中所投入的来自国内的增加值份额，国内增加值直接构成了对本国 GDP 的贡献，反映了一国出口所拉动的本国 GDP 的增加。国外增加值表示一国总出口中包含的来自国外的中间投入价值。而这一概念最早源于 Hummels（2007）所提出的垂直专业化指数（Vertical Specialization，VS），即一国总出口中包含的国外进口中间产品的含量。Hummels 虽未直接使用国外增加值这个概念，但所使用的垂直专业化指数的含义和国外增加值的含义一致，因此后来研究也将二者等同使用。Koopman 等（2012b）也经过证明显示 FVAR + DVAR = 1[①]，进而佐证了 VS 或 FVA 及 DVA 是一个问题的两个方面。国内增加值折返表示一国出口中包含的本国增加值又重新返回本国部分，该部分的界定也是增加值贸易和贸易增加值两种核算方式的关键区别之处。此外，还进一步阐述了出口增加值（Value Added Exports）、出口中的增加值（Value Added in Exports）及出口中的国内成分（Domestic Content in Exports）三个相似概念的区别。其中出口增加值是 Johnson 和 Noguera（2012）所提出的概念；出口中的增加值除了包含出口增加值之外，还包括出口增加值折返部分；出口中的国内成分则除包括出口中的增加值外，还有国内增加值的重复计算部分。可见，这三个极度相似的概念从涵盖范畴大小来看，是依次增加的。鉴于本书以中国制造业出口为考察对象来研究其拉动的各国增加值的目的以及增加值贸易和贸易增加值两种方式的内在一致性，本书主要从出口的角度来研究我国制造业出口所带动的本国和国外增加值及影响出口增加值的因素和提升路径。[②] 具体来讲，主要从以下两个维度对中国制造业出口的增加值进行研究：宏观层面，利用国际投入产出表，以最终需求为基准进行增加值贸易核算；微观层面，利用企业数据，以贸易增加值方式为基础，考虑出口中包含的本国增加值折返部分，并进行改进，从微观层面对中国制造业出口增加值进行核算。

---

① FVAR（Foreign Value Added Ratio）是单位产出中国外增加值占比，DVAR（Domestic Value Added Ratio）是单位产出中国内增加值占比。

② 文中多次出现的中国制造业出口增加值核算是指针对中国制造业出口，从增加值的角度进行分解研究，而并非单单分析中国制造业的出口增加值。

第二节　出口增加值核算模型与方法： 投入产出技术视角

对现有增加值核算的相关文献进行系统梳理后不难发现，运用投入产出技术，特别是基于国际投入产出表对一国出口的增加值进行分解已经成为普遍被认可的方式。国际投入产出表作为反映国家部门间关联的工具为增加值研究提供了可靠的分析基础。基于投入产出技术中的里昂惕夫原理对一国出口所拉动各国增加值进行核算的方法已达成共识。但是现有研究中还存在一些问题：首先，产出和出口内生化的国际投入产出模型与基于产出和出口外生化的增加值核算建模之间的矛盾；其次，作为国际投入产出模型中内生变量的一国出口，可能存在会被本国重新进口等情况，所以基于总出口利用增加值份额矩阵并不能对一国出口中的增加值进行彻底分解。为解决以上存在的问题，本节采用以出口产品最终吸收为标准的分解思路，把最终产品和中间产品出口均以其最终吸收表示为不同国家的最终需求，即把所有内生化的变量（总产出和总出口）根据其最终吸收进行分解从而全部转化为各国最终需求的外生变量，并在此思路上建立了以最终吸收为标准的双边国家、双边国家部门层面以及一国对外总出口的增加值分解框架，弥补现有分解框架中包含产出或出口等内生变量造成的不足，实现传统贸易总值法和增加值方法、增加值贸易和贸易增加值分析方法的内在一致性。

一　国际投入产出模型及里昂惕夫原理

Leontief（1936）首次提出投入产出方法，但受当时数据的可得性及计算机运算能力发展的限制而发展迟缓。直到1950年以后，对投入产出模型的理论探讨和实际应用才有了迅速发展，进而形成了各种层次的投入产出模型。如李晓和张建平（2010）所归纳总结的，主要包括国家投入产出模型、地区投入产出模型、国内投入产出模型、多区域投入产出模型、地区间投入产出模型以及国际或国家间投入产出模型，具体如表3-2所述。

表 3 - 2　空间投入产出模型

模型的类型	经典文献	产业间矩阵 （数量，维数）	贸易矩阵 （数量，维数）
国家（National）投入产出模型	Leontief（1936）	1，$m \times m$	0，na
地区（Regional）投入产出模型	Isard（1951）	1，$m \times m$	2，$1 \times m$
国内（Intranational）投入产出模型	Leontief（1953，1967）	N，$m \times m$	1，$1 \times mn$
多区域投入产出模型（Multiregional IO Model，MRIO Model）	Chenery（1953）；Moses（1955）；Leontief 和 Strout（1963）	N，$m \times m$	1，$1 \times mn$
地区间投入产出模型（Interregional IO Model，IRIO Model）	Isard（1951）	N，$m \times m$	1，$mn \times mn$
国际或国家间（International/Intercountry）投入产出模型	Wonnacott（1961）；IDE-JETRO；Regroningen	N，$m \times m$	1，$mn \times mn/m$，$n \times n$

注：IDE-JETRO（Institution of Developing Economies and Japan External Trade Organization）是指逢 0、5 年份发布的《亚洲国际投入产出表》，参见 http://www.ide.go.jp；Regroningen 是指逢 0、5 年份发布的《欧洲国家间投入产出表》，参见 http://www.regroningen.nl。

资料来源：李晓和张建平（2010）。其中 m 和 n 分别表示参与部门数量和国家（地区）的数量。

从以上六类投入产出模型归纳来看，前两类是以单国投入产出为基础的投入产出模型，其余的是以不同国家或地区的集合为研究对象的投入产出模型。而国际或国家间投入产出模型则是以地区间和多区域投入产出模型为基础发展起来的，为研究国家间产业关联、国际分工、产业间贸易、产业内贸易、CGE（Computable General Equilibrium）模型，以及近年来得到广泛关注和发展的增加值贸易提供了可靠的模型和数据支撑。里昂惕夫原理可谓投入产出技术中最基础的精髓部分，之后迅速发展起来的垂直专业化以及增加值贸易研究大多是基于里昂惕夫原理发展而来的。为充分理解里昂惕夫原理以及本书基于最终吸收的增加值分解框架与现有分解方法的不同之处，我们首先对里昂惕夫原理进行阐述。

假设存在 G 个国家$\{s，r，\cdots，G\}$，每个国家有 N 个部门$\{1，2，\cdots，N\}$，每个部门生产一种异质性可贸易产品，该产品既可以作为中间产品也可以作为最终产品被本国或国外所消耗，则 G 国 N 个部门的国际投入产出表如表 3 - 3 所示。其中，Z^{sr} 表示 r 国某部门生产单位产品对 s 国某部门产品的中间投入量，是 $N \times N$ 矩阵；Y^{sr} 表示 r 国对 s 国某部门产品的最终使用，是

$N \times 1$ 矩阵；X^s 是 s 国部门总产出，是 $N \times 1$ 矩阵；V^s 为 s 国各部门增加值

矩阵，是 $1 \times N$ 矩阵。令 $A = \begin{pmatrix} A^{ss} & A^{sr} & \cdots & A^{sG} \\ A^{rs} & A^{rr} & \cdots & A^{rG} \\ \vdots & \vdots & \vdots & \vdots \\ A^{Gs} & A^{Gr} & \cdots & A^{GG} \end{pmatrix}$ 为 $GN \times GN$ 国家间双边投

入产出直接消耗系数矩阵，其中 A^{sr} 是 s 国生产的产品作为中间投入被 r 国使用
的直接消耗系数矩阵，是 $N \times N$ 方阵，其元素 $a_{ij}^{sr} = Z_{ij}^{sr}/X_j^r$（$i$，$j$ 表示行业部
门）表示 r 国 j 部门的单位产出中所消耗的来自 s 国 i 部门的中间投入。总产

出矩阵 $X = \begin{pmatrix} X^s \\ X^r \\ \vdots \\ X^G \end{pmatrix}$ 是 $GN \times 1$ 矩阵；最终需求矩阵 $Y = \begin{pmatrix} Y^{ss} & Y^{sr} & \cdots & Y^{sG} \\ Y^{rs} & Y^{rr} & \cdots & Y^{rG} \\ \vdots & \vdots & \vdots & \vdots \\ Y^{Gs} & Y^{Gr} & \cdots & Y^{GG} \end{pmatrix}$ 为

$GN \times GN$ 双边国家间的最终需求，其中 Y^{sr} 是 s 国生产产品作为最终需求被 r
国使用的系数矩阵，是 $N \times N$ 方阵。

表 3 - 3　国际投入产出表

投入\产出		国家	中间使用				最终使用				总产出
			s 国	r 国	$\cdots$	G 国	s 国	r 国	$\cdots$	G 国	
		部门	1，$\cdots$，N	1，$\cdots$，N	$\cdots$	1，$\cdots$，N					
中间投入	s 国	1，$\cdots$，N	Z^{ss}	Z^{sr}	$\cdots$	Z^{sG}	Y^{ss}	Y^{sr}	$\cdots$	Y^{sG}	X^s
	r 国	1，$\cdots$，N	Z^{rs}	Z^{rr}	$\cdots$	Z^{rG}	Y^{rs}	Y^{rr}	$\cdots$	Y^{rG}	X^r
	$\vdots$	$\vdots$	$\vdots$	$\vdots$		$\vdots$	$\vdots$	$\vdots$		$\vdots$	$\vdots$
	G 国	1，$\cdots$，N	Z^{Gs}	Z^{Gr}	$\cdots$	Z^{GG}	Y^{Gs}	Y^{Gr}	$\cdots$	Y^{GG}	X^G
增加值		1，$\cdots$，N	V^s	V^r		V^G					
总投入		1，$\cdots$，N	X^s	X^r		X^G					

资料来源：在 Timmer 等（2012）国际投入产出模型的研究基础上，笔者进行绘制。

根据国际投入产出模型，存在产出方向上的平衡方程为：

$$\begin{pmatrix} X^s \\ X^r \\ \vdots \\ X^G \end{pmatrix} = \begin{pmatrix} A^{ss} & A^{sr} & \cdots & A^{sG} \\ A^{rs} & A^{rr} & \cdots & A^{rG} \\ \vdots & \vdots & \vdots & \vdots \\ A^{Gs} & A^{Gr} & \cdots & A^{GG} \end{pmatrix} \begin{pmatrix} X^s \\ X^r \\ \vdots \\ X^G \end{pmatrix} + \begin{pmatrix} Y^{ss} + Y^{sr} + \cdots + Y^{sG} \\ Y^{rs} + Y^{rr} + \cdots + Y^{rG} \\ \vdots \\ Y^{Gs} + Y^{Gr} + \cdots + Y^{GG} \end{pmatrix} \quad (3.14)$$

$$\begin{pmatrix} X^s \\ X^r \\ \vdots \\ X^G \end{pmatrix} = \begin{pmatrix} I - A^{ss} & -A^{sr} & \cdots & -A^{sG} \\ -A^{rs} & I - A^{rr} & \cdots & -A^{rG} \\ \vdots & \vdots & \vdots & \vdots \\ -A^{Gs} & -A^{Gr} & \cdots & I - A^{GG} \end{pmatrix}^{-1} \begin{pmatrix} X^s \\ X^r \\ \vdots \\ X^G \end{pmatrix} + \begin{pmatrix} Y^{ss} + Y^{sr} + \cdots + Y^{sG} \\ Y^{rs} + Y^{rr} + \cdots + Y^{rG} \\ \vdots \\ Y^{Gs} + Y^{Gr} + \cdots + Y^{GG} \end{pmatrix}$$

$$= \begin{pmatrix} B^{ss} & B^{sr} & \cdots & B^{sG} \\ B^{rs} & B^{rr} & \cdots & B^{rG} \\ \vdots & \vdots & \vdots & \vdots \\ B^{Gs} & B^{Gr} & \cdots & B^{GG} \end{pmatrix} \begin{pmatrix} Y^{ss} + Y^{sr} + \cdots + Y^{sG} \\ Y^{rs} + Y^{rr} + \cdots + Y^{rG} \\ \vdots \\ Y^{Gs} + Y^{Gr} + \cdots + Y^{GG} \end{pmatrix} \qquad (3.15)$$

写成矩阵形式，即：

$$X = (I - A)^{-1}Y = BY \qquad (3.16)$$

其中，B 为 $GN \times GN$ 里昂惕夫逆矩阵，B^{sr} 为 r 国生产一单位最终需求产品所消耗的 s 国总产出的份额，是 $N \times N$ 方阵，其元素 b_{ij}^{sr}（i, j 表示行业部门）表示生产 r 国 j 部门的单位最终需求所需要投入的 s 国 i 部门的产出。里昂惕夫逆矩阵 B 可以写成几何级数的形式，即 $B = (I - A)^{-1} = \sum_{k}^{\infty} A^k = I + A + A^2 + A^3 + \cdots$。（3.16）式中所表示的关系是里昂惕夫原理（Leontief Insight），反映了一国最终需求所拉动的来源国产出消耗，包括直接和间接产出消耗。

令直接增加值系数矩阵 $V = [v^s \quad v^r \quad \cdots \quad v^N]$，$V^s$ 为 s 国 $1 \times N$ 直接增加值系数矩阵，其中元素 $v_i^s = V_i^s/X_i^s$ 表示 s 国 i 部门的增加值占该部门总产出的份额。根据投入产出平衡关系，增加值系数和直接消耗系数之间存在 $V^s = u[I - A^{ss} - A^{rs} - \cdots - A^{Gs}]$，其中 u 为元素全为 1 的 $1 \times N$ 矩阵。

因此，根据里昂惕夫逆矩阵及增加值系数矩阵就可以定义增加值份额矩阵 VB，表示一单位最终需求所拉动的各国增加值份额。根据投入产出技术，一国增加值或者来自国内或者来自国外，因此增加值份额矩阵中每个元素都为 1，即存在 $\sum_{r}^{G} V^r B^{rs} = u$。

二　基于最终吸收的增加值分解模型与方法

本节在现有增加值贸易研究基础上，基于出口产品的最终吸收标准，借鉴 Koopman 等（2012b）和 Wang 等（2013）对一国出口进行增加值分解的思路，建立了双边国家部门出口的增加值综合分解框架。为便于理解，我们首先讨论了两国两部门情况下双边国家出口总额在部门层面的增加值分解框架。之后，逐步扩展至三国两部门情况，并分析和两国两部门情况相比之下多出的第三国效应。最后，给出了多国多部门情况下双边国家出口在部门层面的增加值分解框架，并最终汇总得出一国对外出口总额的增加值分解模型。

（一）两国两部门模型

假设存在两国 s 国和 r 国，每个国家有两个部门，每个部门所生产的产品既可用作最终产品也可以用作中间产品被本国和外国所消耗，因此存在：

$$E^{sr} = Y^{sr} + A^{sr}X^r \tag{3.17}$$

其中，E^{sr} 为 s 国对 r 国总出口，X^r 为 r 国总产出，Y^{sr} 为 r 国对 s 国最终产品需求，A^{sr} 为 r 国消耗的来自 s 国的直接消耗系数矩阵。

根据里昂惕夫原理，两国两部门的增加值份额矩阵为：

$$VB = \begin{bmatrix} v_1^{\,s} & v_2^{\,s} & v_1^{\,r} & v_2^{\,r} \end{bmatrix} \begin{bmatrix} b_{11}^{\,ss} & b_{12}^{\,ss} & b_{11}^{\,sr} & b_{12}^{\,sr} \\ b_{21}^{\,ss} & b_{22}^{\,ss} & b_{21}^{\,sr} & b_{22}^{\,sr} \\ b_{11}^{\,rs} & b_{12}^{\,rs} & b_{11}^{\,rr} & b_{12}^{\,rr} \\ b_{21}^{\,rs} & b_{22}^{\,rs} & b_{21}^{\,rr} & b_{22}^{\,rr} \end{bmatrix} = \begin{bmatrix} v_1^{\,s}b_{11}^{\,ss} + v_2^{\,s}b_{21}^{\,ss} + v_1^{\,r}b_{11}^{\,rs} + v_2^{\,r}b_{21}^{\,rs} \\ v_1^{\,s}b_{12}^{\,ss} + v_2^{\,s}b_{22}^{\,ss} + v_1^{\,r}b_{12}^{\,rs} + v_2^{\,r}b_{22}^{\,rs} \\ v_1^{\,s}b_{11}^{\,sr} + v_2^{\,s}b_{21}^{\,sr} + v_1^{\,r}b_{11}^{\,rr} + v_2^{\,r}b_{21}^{\,rr} \\ v_1^{\,s}b_{12}^{\,sr} + v_2^{\,s}b_{22}^{\,sr} + v_1^{\,r}b_{12}^{\,rr} + v_2^{\,r}b_{22}^{\,rr} \end{bmatrix}^{\mathrm{T}} \tag{3.18}$$

由（3.18）式可得 s 国的国内增加值乘子（Domestic Value-added Multiplier）和国外增加值乘子（Foreign Value-added Multiplier），分别为：

$$V^s B^{ss} = \begin{bmatrix} v_1^{\,s} & v_2^{\,s} \end{bmatrix} \begin{bmatrix} b_{11}^{\,ss} & b_{12}^{\,ss} \\ b_{21}^{\,ss} & b_{22}^{\,ss} \end{bmatrix} = \begin{bmatrix} v_1^{\,s}b_{11}^{\,ss} + v_2^{\,s}b_{21}^{\,ss} \\ v_1^{\,s}b_{12}^{\,ss} + v_2^{\,s}b_{22}^{\,ss} \end{bmatrix}^{\mathrm{T}}$$

$$V^r B^{rs} = \begin{bmatrix} v_1^{\,r} & v_2^{\,r} \end{bmatrix} \begin{bmatrix} b_{11}^{\,rs} & b_{12}^{\,rs} \\ b_{21}^{\,rs} & b_{22}^{\,rs} \end{bmatrix} = \begin{bmatrix} v_1^{\,r}b_{11}^{\,rs} + v_2^{\,r}b_{21}^{\,rs} \\ v_1^{\,r}b_{12}^{\,rs} + v_2^{\,r}b_{22}^{\,rs} \end{bmatrix}^{\mathrm{T}}$$

$$(V^s B^{ss})^{\mathrm{T}} + (V^r B^{rs})^{\mathrm{T}} = \begin{bmatrix} 1 \\ 1 \end{bmatrix} \tag{3.19}$$

基于（3.19）式 s 国增加值乘子之间的关系，则 s 国部门 1 和部门 2 对 r 国总出口中最终产品出口可以分解为[①]：

$$Y^{sr} = (V^s B^{ss})^{\mathrm{T}} \# Y^{sr} + (V^r B^{rs})^{\mathrm{T}} \# Y^{sr} \qquad (3.20)$$

其中，右边第 1 项表示 r 国消耗的 s 国最终产品出口中包含的 s 国增加值，既有来源于 s 国部门 1 的，也有来源于 s 国部门 2 的。第 2 项表示 s 国出口到 r 国的最终需求产品中包含的 r 国两部门的增加值。

同理，根据国际投入产出模型，s 国部门 1 和部门 2 对 r 国总出口中的中间产品出口依据其最终吸收也可以进行如下分解：

$$A^{sr} X^r = A^{sr} B^{rr} Y^r + A^{sr} B^{rs} Y^s = A^{sr} B^{rr} Y^{rr} + A^{sr} B^{rr} Y^{rs} + A^{sr} B^{rs} Y^{sr} + A^{sr} B^{rs} Y^{ss} \qquad (3.21)$$

结合（3.19）式和（3.21）式，则中间产品出口的最终吸收分解为：

$$\begin{aligned} A^{sr} X^r = {} & (V^s B^{ss})^{\mathrm{T}} \# A^{sr} B^{rr} (Y^{rr} + Y^{rs}) + (V^r B^{rs})^{\mathrm{T}} \# A^{sr} B^{rr} (Y^{rr} + Y^{rs}) + \\ & (V^s B^{ss})^{\mathrm{T}} \# A^{sr} B^{rs} (Y^{sr} + Y^{ss}) + (V^r B^{rs})^{\mathrm{T}} \# A^{sr} B^{rs} (Y^{sr} + Y^{ss}) \qquad (3.22) \end{aligned}$$

由（3.17）式、（3.20）式和（3.22）式，可得 s 国部门 1 和部门 2 对 r 国的总出口可以分解为：

$$\begin{aligned} E^{sr} = {} & \underbrace{(V^s B^{ss})^{\mathrm{T}} \# Y^{sr} + (V^s B^{ss})^{\mathrm{T}} \# A^{sr} B^{rr} Y^{rr}}_{(1)} + \underbrace{(V^s B^{ss})^{\mathrm{T}} \# A^{sr} B^{rr} Y^{rs} + (V^s B^{ss})^{\mathrm{T}} \# A^{sr} B^{rs} Y^{ss}}_{(2)} + \\ & \underbrace{(V^s B^{ss})^{\mathrm{T}} \# A^{sr} B^{rs} Y^{sr}}_{(3)} + \underbrace{(V^r B^{rs})^{\mathrm{T}} \# Y^{sr} + (V^r B^{rs})^{\mathrm{T}} \# A^{sr} B^{rr} Y^{rr}}_{(4)} + \\ & \underbrace{(V^r B^{rs})^{\mathrm{T}} \# A^{sr} B^{rs} Y^{sr}}_{(5)} + \underbrace{(V^r B^{rs})^{\mathrm{T}} \# A^{sr} B^{rr} Y^{rs} + (V^r B^{rs})^{\mathrm{T}} \# A^{sr} B^{rs} Y^{ss}}_{(6)} \qquad (3.23) \end{aligned}$$

（3.23）式从最终吸收角度对 s 国部门 1 和部门 2 对 r 国的总出口进行了分解，共有六大部分十项组成。等号右边第 1 项为 r 国对 s 国的最终产品需求中包含的 s 国部门 1 和部门 2 的国内增加值，第 2 项为 r 国对 s 国中间产品需求中包含的 s 国各部门的国内增加值。第 1 项和第 2 项共同构成了 s 国各部门的增加值出口，即（3.23）式中的第一部分。第二部分表示 s 国部门 1 和部门 2 的国内增加值出口到 r 国后又返回 s 国的部分，即国内增加值折返，其中包括 s 国各部门中间产品出口到 r 国并以最终产品形式返回 s 国的第 3 项，以及 s 国各部门中间产品出口到 r 国后仍以中间产品返

[①] 本书公式中的"#"代表点乘，即矩阵中的对应元素分别相乘。

回 s 国并生成最终产品被吸收的第 4 项。第三部分即式中的第 5 项，是 s 国部门 1 和部门 2 的国内增加值以中间产品出口到 r 国并被 s 国以中间产品进口后又以最终产品出口到 r 国并被吸收。该项是 s 国最终产品出口中的一部分，已经被计入第 1 项，因此其是生产 s 国的最终出口产品而进口的中间产品中包含的国内增加值的重复计算部分。第 1 项到第 5 项之和即第一部分、第二部分和第三部分之和共同构成了 s 国各部门对 r 国出口中所包含的国内增加值。第四部分为 s 国部门 1 和部门 2 出口到 r 国并被吸收的 r 国增加值，即国外增加值。具体包括以最终产品出口并被吸收的第 6 项及以中间产品出口并被生产最终产品和吸收的第 7 项。第五部分即式中第 8 项，为 s 国部门 1 和部门 2 的中间产品出口中的国外增加值并被 s 国以中间产品进口后又以最终产品出口到 r 国并吸收部分。该项是 s 国最终产品出口中的一部分，已经被计入第 6 项，因此属于为 s 国最终产品生产而进口的中间产品中包含的国外增加值的重复计算部分。第六部分为 s 国部门 1 和部门 2 对 r 国出口中包含的最终返回 s 国并被吸收的 r 国增加值，即国外增加值折返部分，是 s 国向 r 国出口所拉动的国外增加值部分。其中有 s 国以中间产品出口到 r 国并经加工后以最终产品返回 s 国中的第 9 项，以及 s 国以中间产品出口到 r 国经加工后仍以中间产品返回 s 国并生产最终产品被吸收的第 10 项。第四部分和第六部分之和构成了 s 国部门 1 和部门 2 对 r 国出口中所包含的国外增加值。

（二）三国两部门模型

为不失一般性，我们进一步考虑了三国两部门情况下双边国家贸易增加值分解模型。除上述 s 国和 r 国，假设存在第三国 t 国，且每个国家均有两个部门，生产的产品被用作本国或国外的最终产品或中间产品需求。基于里昂惕夫原理，则 s 国的增加值乘子除（3.19）式中来自本国的增加值乘子及来自直接贸易伙伴国 r 国的增加值乘子外，还有来自第三国 t 国的增加值乘子，即：

$$V^t B^{ts} = \begin{bmatrix} v_1{}^t & v_2{}^t \end{bmatrix} \begin{bmatrix} b_{11}{}^{ts} & b_{12}{}^{ts} \\ b_{21}{}^{ts} & b_{22}{}^{ts} \end{bmatrix} = \begin{bmatrix} v_1{}^t b_{11}{}^{ts} + v_2{}^t b_{21}{}^{ts} \\ v_1{}^t b_{12}{}^{ts} + v_2{}^t b_{22}{}^{ts} \end{bmatrix}^{\mathrm{T}} \tag{3.24}$$

根据国际投入产出模型，结合（3.19）式和（3.24）式，则存在：

$$(V^s B^{ss})^{\mathrm{T}} + (V^r B^{rs})^{\mathrm{T}} + (V^t B^{ts})^{\mathrm{T}} = \begin{bmatrix} 1 \\ 1 \end{bmatrix} \tag{3.25}$$

基于（3.25）式，可以把 s 国部门 1 和部门 2 对 r 国出口中的最终产品出口分解为：

$$Y^{sr} = (V^s B^{ss})^{\mathrm{T}} \# Y^{sr} + (V^r B^{rs})^{\mathrm{T}} \# Y^{sr} + (V^t B^{ts})^{\mathrm{T}} \# Y^{sr} \tag{3.26}$$

同理，s 国部门 1 和部门 2 对 r 国的中间产品出口也可以进行如下分解：

$$
\begin{aligned}
A^{sr} X^r = & (V^s B^{ss})^{\mathrm{T}} \# A^{sr} B^{rr} (Y^{rr} + Y^{rs} + Y^{rt}) + (V^r B^{rs})^{\mathrm{T}} \# A^{sr} B^{rr} (Y^{rr} + Y^{rs} + Y^{rt}) + \\
& (V^t B^{ts})^{\mathrm{T}} \# A^{sr} B^{rr} (Y^{rr} + Y^{rs} + Y^{rt}) + (V^s B^{ss})^{\mathrm{T}} \# A^{sr} B^{rs} (Y^{sr} + Y^{ss} + Y^{st}) + \\
& (V^r B^{rs})^{\mathrm{T}} \# A^{sr} B^{rs} (Y^{sr} + Y^{ss} + Y^{st}) + (V^t B^{ts})^{\mathrm{T}} \# A^{sr} B^{rs} (Y^{sr} + Y^{ss} + Y^{st}) + \\
& (V^s B^{ss})^{\mathrm{T}} \# A^{sr} B^{rt} (Y^{tr} + Y^{ts} + Y^{tt}) + (V^r B^{rs})^{\mathrm{T}} \# A^{sr} B^{rt} (Y^{tr} + Y^{ts} + Y^{tt}) + \\
& (V^t B^{ts})^{\mathrm{T}} \# A^{sr} B^{rt} (Y^{tr} + Y^{ts} + Y^{tt})
\end{aligned}
\tag{3.27}
$$

结合（3.17）式、（3.26）式和（3.27）式，则三国两部门情况下 s 国部门 1 和部门 2 对 r 国的总出口可以分解为：

$$
\begin{aligned}
E^{sr} = & \underbrace{(V^s B^{ss})^{\mathrm{T}} \# Y^{sr} + (V^s B^{ss})^{\mathrm{T}} \# (A^{sr} B^{rr} Y^{rr} + A^{sr} B^{rt} Y^{tr}) + (V^s B^{ss})^{\mathrm{T}} \# (A^{sr} B^{rr} Y^{rt} + A^{sr} B^{rs} Y^{st} + A^{sr} B^{rt} Y^{tt})}_{(1)} + \\
& \underbrace{(V^s B^{ss})^{\mathrm{T}} \# A^{sr} B^{rr} Y^{rs} + (V^s B^{ss})^{\mathrm{T}} \# A^{sr} B^{rs} Y^{ss} + (V^s B^{ss})^{\mathrm{T}} \# A^{sr} B^{rt} Y^{ts}}_{(2)} + \underbrace{(V^s B^{ss})^{\mathrm{T}} \# A^{sr} B^{rs} Y^{sr}}_{(3)} + \\
& \underbrace{(V^r B^{rs})^{\mathrm{T}} \# Y^{sr} + (V^r B^{rs})^{\mathrm{T}} \# (A^{sr} B^{rr} Y^{rr} + A^{sr} B^{rt} Y^{tr}) + (V^r B^{rs})^{\mathrm{T}} \# (A^{sr} B^{rr} Y^{rt} + A^{sr} B^{rs} Y^{st} + A^{sr} B^{rt} Y^{tt})}_{(4)} + \\
& \underbrace{(V^r B^{rs})^{\mathrm{T}} \# A^{sr} B^{rr} Y^{rs} + (V^r B^{rs})^{\mathrm{T}} \# A^{sr} B^{rs} Y^{ss} + (V^r B^{rs})^{\mathrm{T}} \# A^{sr} B^{rt} Y^{ts}}_{(5)} + \underbrace{(V^r B^{rs})^{\mathrm{T}} \# A^{sr} B^{rs} Y^{sr}}_{(6)} + \\
& \underbrace{(V^t B^{ts})^{\mathrm{T}} \# Y^{sr} + (V^t B^{ts})^{\mathrm{T}} \# (A^{sr} B^{rr} Y^{rr} + A^{sr} B^{rt} Y^{tr}) + (V^t B^{ts})^{\mathrm{T}} \# (A^{sr} B^{rr} Y^{rt} + A^{sr} B^{rs} Y^{st} + A^{sr} B^{rt} Y^{tt})}_{(7)} + \\
& \underbrace{(V^t B^{ts})^{\mathrm{T}} \# A^{sr} B^{rr} Y^{rs} + (V^t B^{ts})^{\mathrm{T}} \# A^{sr} B^{rs} Y^{ss} + (V^t B^{ts})^{\mathrm{T}} \# A^{sr} B^{rt} Y^{ts}}_{(8)} + \underbrace{(V^s B^{ss})^{\mathrm{T}} \# A^{sr} B^{rs} Y^{sr}}_{(9)}
\end{aligned}
\tag{3.28}
$$

与两国两部门模型相比，（3.28）式中三国两部门情况下双边国家贸易的增加值分解多出了和第三国 t 国相关的增加值部分。具体来看，主要由九大部分构成。第一部分为 s 国部门 1 和部门 2 出口到 r 国中的国内增加值被国外所吸收部分，即 s 国的增加值出口。其中包括直接被贸易伙伴国 r 国以最终产品吸收的 T1 项，以中间产品形式被贸易伙伴国 r 国直接吸收的 T2 项，以中间产品形式被间接出口至第三国并被吸收的 T3 项。第二部分为 s 国部门 1 和部门 2 国内增加值出口到 r 国又返回本国部分，为国内增加值折返。具体可以分解为：以最终产品形式由贸易伙伴国 r 国直接出口返回本国的 T4 项，以中间产品形式由贸易伙伴国 r 国直接出口返回本国的 T5 项，以最终产品形式经由第三国 t 国出口返回本国的 T6 项。第三部分同两国两部门模型中一样，是 s 国部门 1 和部门 2 国内增加值以最终产品出口至 r 国的 T1 项中的一部分，属于重复计算部分。第四部分表示 s 国部门 1 和部门 2 对 r 国的出口中包含的 r 国增加值并被 s 国以外的国家所吸收的部分。具体包括以最终产品形式被 r 国吸收的 T8 项，以中间产品形式被 r 国吸收的 T9 项，被第三国 t 国吸收的 T10 项。第五部分是 s 国部门 1 和部门 2 对 r 国的出口中包含的 r 国增加值返回 s 国并被吸收的部分，其中包括直接经由贸易伙伴国 r 国返回 s 国的 T11 项和 T12 项，以及经由第三国 t 国返回 s 国的 T13 项。第六部分 T14 项和两国两部门模型中一样，是重复计算部分，是 s 国部门 1 和部门 2 包含的 r 国增加值以最终产品出口至 r 国中的一部分。第七部分表示 s 国部门 1 和部门 2 对 r 国的出口中包含的第三国 t 国的增加值并被 s 国以外的国家所吸收的部分。其中包括以最终产品形式被 r 国吸收的 t 增加值 T15 项，以中间产品形式被 r 国吸收的 t 国增加值 T16 项，以及 s 国对 r 国的出口中包含的第三国 t 国的增加值最终被 t 国吸收的 T17 项。第八部分表示 s 国部门 1 和部门 2 出口到 r 国中包含的 t 国增加值返回 s 国并被吸收的部分，其中有直接经由贸易伙伴国 r 国返回 s 国的 T18 项和 T19 项，以及经由第三国 t 国返回 s 国的 T20 项。第九部分则为 s 国部门 1 和部门 2 包含的 t 国增加值以最终产品出口至 r 国中的一部分，是重复计算部分。

（三）多国多部门模型

基于三国两部门模型，进行扩展从而建立包括多国多部门的双边国家部门贸易的增加值分解模型。在 G 国 N 部门情况下，每个部门生产一种可贸易产品，既可以用作最终产品也可以用作中间产品。对于出口国 s 国来讲，来自各国的增加值乘子分别为：

$$V^s B^{ss} = \begin{bmatrix} v_1^s & v_2^s & \cdots & v_N^s \end{bmatrix} \begin{bmatrix} b_{11}^{ss} & b_{12}^{ss} & \cdots & b_{1N}^{ss} \\ b_{21}^{ss} & b_{22}^{ss} & \cdots & b_{2N}^{ss} \\ \vdots & \vdots & \vdots & \vdots \\ b_{N1}^{ss} & b_{N2}^{ss} & \cdots & b_{NN}^{ss} \end{bmatrix} = \begin{bmatrix} \sum_i^N v_i^s b_{i1}^{ss} & \sum_i^N v_i^s b_{i2}^{ss} & \cdots & \sum_i^N v_i^s b_{iN}^{ss} \end{bmatrix}$$

$$V^r B^{rs} = \begin{bmatrix} v_1^r & v_2^r & \cdots & v_N^r \end{bmatrix} \begin{bmatrix} b_{11}^{rs} & b_{12}^{rs} & \cdots & b_{1N}^{rs} \\ b_{21}^{rs} & b_{22}^{rs} & \cdots & b_{2N}^{rs} \\ \vdots & \vdots & \vdots & \vdots \\ b_{N1}^{rs} & b_{N2}^{rs} & \cdots & b_{NN}^{rs} \end{bmatrix} = \begin{bmatrix} \sum_i^N v_i^r b_{i1}^{rs} & \sum_i^N v_i^r b_{i2}^{rs} & \cdots & \sum_i^N v_i^r b_{iN}^{rs} \end{bmatrix}$$

$$V^t B^{ts} = \begin{bmatrix} v_1^t & v_2^t & \cdots & v_N^t \end{bmatrix} \begin{bmatrix} b_{11}^{ts} & b_{12}^{ts} & \cdots & b_{1N}^{ts} \\ b_{21}^{ts} & b_{22}^{ts} & \cdots & b_{2N}^{ts} \\ \vdots & \vdots & \vdots & \vdots \\ b_{N1}^{ts} & b_{N2}^{ts} & \cdots & b_{NN}^{ts} \end{bmatrix} = \begin{bmatrix} \sum_i^N v_i^t b_{i1}^{ts} & \sum_i^N v_i^t b_{i2}^{ts} & \cdots & \sum_i^N v_i^t b_{iN}^{ts} \end{bmatrix}$$

$$(3.29)$$

有 $\sum_t^G V^t B^{ts} = u$，u 为元素全为 1 的 $1 \times N$ 矩阵。

基于（3.29）式 s 国来自各国增加值乘子的关系，则 s 国各部门对 r 国出口中最终产品出口可以分解为：

$$Y^{sr} = (V^s B^{ss})^{\mathrm{T}} \# Y^{sr} + (V^r B^{rs})^{\mathrm{T}} \# Y^{sr} + \left(\sum_{t \neq s,r}^G V^t B^{ts} \right)^{\mathrm{T}} \# Y^{sr} \qquad (3.30)$$

同理，s 国各部门对 r 国中间产品出口可以进行如下分解：

$$\begin{aligned} A^{sr} X^r = {} & (V^s B^{ss})^{\mathrm{T}} \# A^{sr} B^{rr} (Y^{rr} + Y^{rs} + \sum_{t \neq s,r}^G Y^{rt}) + (V^r B^{rs})^{\mathrm{T}} \# A^{sr} B^{rr} (Y^{rr} + Y^{rs} + \sum_{t \neq s,r}^G Y^{rt}) + \\ & \left(\sum_{t \neq s,r}^G V^t B^{ts} \right)^{\mathrm{T}} \# A^{sr} B^{rr} (Y^{rr} + Y^{rs} + \sum_{t \neq s,r}^G Y^{rt}) + (V^s B^{ss})^{\mathrm{T}} \# A^{sr} B^{rs} (Y^{ss} + \sum_{t \neq s}^G Y^{st}) + \\ & (V^r B^{rs})^{\mathrm{T}} \# A^{sr} B^{rs} (Y^{ss} + \sum_{t \neq s}^G Y^{st}) + \left(\sum_{t \neq s,r}^G V^t B^{ts} \right)^{\mathrm{T}} \# A^{sr} B^{rs} (Y^{ss} + \sum_{t \neq s}^G Y^{st}) + \\ & (V^s B^{ss})^{\mathrm{T}} \# A^{sr} \sum_{t \neq s,r}^G B^{rt} (Y^{ts} + Y^{tt} + \sum_{u \neq s,t}^G Y^{tu}) + (V^r B^{rs})^{\mathrm{T}} \# A^{sr} \sum_{t \neq s,r}^G B^{rt} (Y^{ts} + Y^{tt} + \sum_{u \neq s,t}^G Y^{tu}) + \\ & \left(\sum_{t \neq s,r}^G V^t B^{ts} \right)^{\mathrm{T}} \# A^{sr} \sum_{t \neq s,r}^G B^{rt} (Y^{ts} + Y^{tt} + \sum_{u \neq s,t}^G Y^{tu}) \end{aligned}$$

$$(3.31)$$

结合（3.17）式、（3.30）式和（3.31）式，则 s 国各部门对 r 国的总出口可以进行如下的增加值分解：

$$E^{sr} = (V^s B^{ss})^{\mathrm{T}} \# (Y^{sr} + A^{sr} B^{rr} Y^{rr}) + (V^s B^{ss})^{\mathrm{T}} \# (A^{sr} B^{rr} \sum_{t \neq s,r}^{G} Y^{rt} + A^{sr} \sum_{t \neq s,r}^{G} Y^{st} + A^{sr} \sum_{t \neq s,r}^{G} B^{rt} Y^{tt}) + (V^s B^{ss})^{\mathrm{T}} \# A^{sr} \sum_{t \neq s,r}^{G} \sum_{u \neq s,t}^{G} B^{rt} Y^{tu} +$$

$$\underbrace{(V^s B^{ss})^{\mathrm{T}} \# A^{sr} B^{rr} Y^{rs} + (V^s B^{ss})^{\mathrm{T}} \# A^{sr} B^{rr} Y^{ss} + (V^s B^{ss})^{\mathrm{T}} \# A^{sr} \sum_{t \neq s,r}^{G} B^{rt} Y^{ts}}_{(2)} + \underbrace{(V^s B^{ss})^{\mathrm{T}} \# A^{sr} B^{rr} Y^{sr}}_{(3)} +$$

$$\underbrace{(V^s B^{rs})^{\mathrm{T}} \# (Y^{rr} + A^{sr} B^{rr} Y^{rr}) + (V^s B^{rs})^{\mathrm{T}} \# (A^{sr} B^{rr} \sum_{t \neq s,r}^{G} Y^{rt} + A^{sr} \sum_{t \neq s,r}^{G} Y^{st} + A^{sr} \sum_{t \neq s,r}^{G} B^{rt} Y^{tt}) + (V^s B^{rs})^{\mathrm{T}} \# A^{sr} \sum_{t \neq s,r}^{G} \sum_{u \neq s,t}^{G} B^{rt} Y^{tu}}_{(4)} +$$

$$\underbrace{(V^s B^{rs})^{\mathrm{T}} \# A^{sr} B^{rr} Y^{rs} + (V^s B^{rs})^{\mathrm{T}} \# A^{sr} B^{rr} Y^{ss} + (V^s B^{rs})^{\mathrm{T}} \# A^{sr} \sum_{t \neq s,r}^{G} B^{rt} Y^{ts}}_{(5)} + \underbrace{(V^s B^{rs})^{\mathrm{T}} \# A^{sr} B^{rr} Y^{sr}}_{(6)} +$$

$$\underbrace{(\sum_{t \neq s,r}^{G} V^t B^{ts})^{\mathrm{T}} \# (Y^{rr} + A^{sr} B^{rr} Y^{rr}) + (\sum_{t \neq s,r}^{G} V^t B^{ts})^{\mathrm{T}} \# (A^{sr} B^{rr} \sum_{t \neq s,r}^{G} Y^{rt} + A^{sr} \sum_{t \neq s,r}^{G} Y^{st} + A^{sr} \sum_{t \neq s,r}^{G} B^{rt} Y^{tt}) + (\sum_{t \neq s,r}^{G} V^t B^{ts})^{\mathrm{T}} \# A^{sr} \sum_{t \neq s,r}^{G} \sum_{u \neq s,t}^{G} B^{rt} Y^{tu}}_{(7)} +$$

$$\underbrace{(\sum_{t \neq s,r}^{G} V^t B^{ts})^{\mathrm{T}} \# A^{sr} B^{rr} Y^{rs} + (\sum_{t \neq s,r}^{G} V^t B^{ts})^{\mathrm{T}} \# A^{sr} B^{rr} Y^{ss} + (\sum_{t \neq s,r}^{G} V^t B^{ts})^{\mathrm{T}} \# A^{sr} \sum_{t \neq s,r}^{G} B^{rt} Y^{ts}}_{(8)} + \underbrace{(\sum_{t \neq s,r}^{G} V^t B^{ts})^{\mathrm{T}} \# A^{sr} B^{rr} Y^{sr}}_{(9)} \qquad (3.32)$$

（3.32）式是多国多部门情况下基于最终吸收标准的 s 国各部门对 r 国总出口的增加值综合分解框架，和三国两部门情况类似，也包括九大部分。第一部分为 s 国各部门对 r 国出口中包含的被国外吸收的 s 国国内增加值，即出口增加值（VAX）。具体包括直接被贸易伙伴国 r 国所吸收的 T1 项，被 s 国和 r 国之外的其他第三国吸收的 T2 项，经由 s 国和 r 国之外的其他第三国出口至 s 国和 t 国之外的其他国家并被吸收的 T3 项。第二部分为 s 国各部门国内增加值出口到 r 国之后又返回 s 国的增加值部分，即国内增加值折返（RDVA）。具体又可以分解为以中间产品出口到 r 国后又以最终产品返回 s 国并被吸收的增加值部分 T4 项，以中间产品出口到 r 国后又以中间产品返回 s 国用来生产最终产品并被吸收的增加值部分 T5 项，s 国以中间产品出口到 r 国后又被出口至其他国家用来生产最终产品并最终返回 s 国吸收的 T6 项。第三部分即 T7 项是 s 国各部门国内增加值以最终产品出口到 r 国的重复计算部分。第四部分为 s 国各部门对 r 国出口中包含的被 s 国以外的国家所吸收的 r 国增加值（FVA_r），是由 r 国本身及第三国需求所拉动的 r 国增加值部分。具体包括直接被贸易伙伴国 r 国吸收的 T8 项，被 s 国和 r 国之外的其他第三国间接吸收的 T9 项，经由 s 国和 r 国之外的其他第三国出口至 s 国和 t 国之外的其他国家并被吸收的 T10 项。第五部分为 s 国各部门对 r 国出口中包含的 r 国增加值返回 s 国并被吸收的部分（RFVA_r），反映了 s 国的国内需求拉动的贸易伙伴国的增加值。其中包括直接经由贸易伙伴国 r 国返回 s 国的 T11 项和 T12 项，以及经由其他国家返回 s 国的 T13 项。第六部分即 T14 项则是 s 各部门包含的 r 国增加值以最终产品出口到 r 国的重复计算部分。第七部分是 s 国各部门对 r 国出口中包含的除 s 国和 r 国之外的其他国家的并被 s 国以外国家所吸收的增加值（FVA_t），反映了由 r 国及其他国家需求拉动的其他国家增加值。具体包括直接被贸易伙伴国 r 国吸收的 T15 项，被 s 国和 r 国之外的其他第三国吸收的 T16 项，经由 s 国和 r 国之外的其他第三国出口至其余国家并被吸收的 T17 项。第八部分是 s 国各部门出口到 r 国中包含的其他国家的增加值最后返回 s 国并被吸收的部分（$RFVA\_t$），其中有直接经由贸易伙伴国 r 国返回 s 国的 T18 项和 T19 项，以及经由 s 国和 r 国之外的其他国家返回 s 国的 T20 项。第九部分即 T21 项则是 s 国各部门包含的其他国家增加值以最终产品出口到 r 国的重复计算部分。

（四）一国对外总出口的增加值分解模型

基于以上双边贸易出口的增加值分解模型，加总 s 国对 $G-1$ 个贸易伙伴国出口的增加值分解，则可以得到 s 国各部门对外出口总额的分解框架为：

$$
\begin{aligned}
E^{s\cdot} = \sum_{r\ne s}^{G} E^{sr} &= (V^sB^{ss})^\mathrm{T}\#\left(\sum_{r\ne s}^{G} Y^{sr} + \sum_{r\ne s}^{G} A^{sr}B^{rr}Y^{rr}\right) + (V^sB^{ss})^\mathrm{T}\#\left(\sum_{r\ne s}^{G} A^{sr}B^{rr}\sum_{t\ne s,r}^{G} Y^{rt} + \sum_{r\ne s}^{G} A^{sr}B^{rr}\sum_{t\ne s,r}^{G} Y^{st} + \sum_{r\ne s}^{G} A^{sr}\sum_{t\ne s,r}^{G} B^{rt}Y^{tt}\right) + (V^sB^{ss})^\mathrm{T}\#\sum_{r\ne s}^{G} A^{sr}\sum_{t\ne s,r}^{G} B^{rt}\sum_{u\ne s,t}^{G} Y^{tu} + \\[2pt]
&\quad \underbrace{}_{(1)} \\[6pt]
&(V^sB^{ss})^\mathrm{T}\#\sum_{r\ne s}^{G} A^{sr}B^{rr}Y^{rs} + (V^sB^{ss})^\mathrm{T}\#\sum_{r\ne s}^{G} A^{sr}B^{rr}Y^{ss} + (V^sB^{ss})^\mathrm{T}\#\sum_{r\ne s}^{G} A^{sr}\sum_{t\ne s,r}^{G} B^{rt}Y^{ts} + (V^sB^{ss})^\mathrm{T}\#\sum_{r\ne s}^{G} A^{sr}B^{rr}Y^{sr} + \\[2pt]
&\qquad\qquad\underbrace{}_{(2)} \qquad\qquad\qquad\qquad\qquad\qquad\qquad \underbrace{}_{(3)} \\[6pt]
&\left(\sum_{t\ne s}^{G} V^tB^{ts}\right)^\mathrm{T}\#\left(\sum_{r\ne s}^{G} Y^{sr} + \sum_{r\ne s}^{G} A^{sr}B^{rr}Y^{rr}\right) + \left(\sum_{t\ne s}^{G} V^tB^{ts}\right)^\mathrm{T}\#\left(\sum_{r\ne s}^{G} A^{sr}B^{rr}\sum_{t\ne s,r}^{G} Y^{rt} + \sum_{r\ne s}^{G} A^{sr}B^{rr}\sum_{t\ne s,r}^{G} Y^{st} + \sum_{r\ne s}^{G} A^{sr}\sum_{t\ne s,r}^{G} B^{rt}Y^{tt}\right) + \left(\sum_{t\ne s}^{G} V^tB^{ts}\right)^\mathrm{T}\#\sum_{r\ne s}^{G} A^{sr}\sum_{t\ne s,r}^{G} B^{rt}\sum_{u\ne s,t}^{G} Y^{tu} + \\[2pt]
&\qquad\qquad\qquad\qquad\qquad\qquad\qquad\qquad\underbrace{}_{(4)} \\[6pt]
&\left(\sum_{t\ne s}^{G} V^tB^{ts}\right)^\mathrm{T}\#\sum_{r\ne s}^{G} A^{sr}B^{rr}Y^{rs} + \left(\sum_{t\ne s}^{G} V^tB^{ts}\right)^\mathrm{T}\#\sum_{r\ne s}^{G} A^{sr}B^{rr}Y^{ss} + \left(\sum_{t\ne s}^{G} V^tB^{ts}\right)^\mathrm{T}\#\sum_{r\ne s}^{G} A^{sr}\sum_{t\ne s,r}^{G} B^{rt}Y^{ts} + \left(\sum_{t\ne s}^{G} V^tB^{ts}\right)^\mathrm{T}\#\sum_{r\ne s}^{G} A^{sr}B^{rr}Y^{sr} + \\[2pt]
&\qquad\qquad\qquad\qquad\underbrace{}_{(5)}\qquad\qquad\qquad\qquad\qquad\qquad\qquad\underbrace{}_{(6)} \\[6pt]
&\left(\sum_{t\ne s}^{G} V^tB^{ts}\right)^\mathrm{T}\#\left(\sum_{r\ne s}^{G} Y^{sr} + \sum_{r\ne s}^{G} A^{sr}B^{rr}Y^{rr}\right) + \left(\sum_{t\ne s}^{G} V^tB^{ts}\right)^\mathrm{T}\#\left(\sum_{r\ne s}^{G} A^{sr}B^{rr}\sum_{t\ne s,r}^{G} Y^{rt} + \sum_{r\ne s}^{G} A^{sr}B^{rr}\sum_{t\ne s,r}^{G} Y^{st} + \sum_{r\ne s}^{G} A^{sr}\sum_{t\ne s,r}^{G} B^{rt}Y^{tt}\right) + \left(\sum_{t\ne s}^{G} V^tB^{ts}\right)^\mathrm{T}\#\sum_{r\ne s}^{G} A^{sr}\sum_{t\ne s,r}^{G} B^{rt}\sum_{u\ne s,t}^{G} Y^{tu} + \\[2pt]
&\qquad\qquad\qquad\qquad\qquad\qquad\qquad\qquad\underbrace{}_{(7)} \\[6pt]
&\left(\sum_{t\ne s}^{G} V^tB^{ts}\right)^\mathrm{T}\#\sum_{r\ne s}^{G} A^{sr}B^{rr}Y^{rs} + \left(\sum_{t\ne s}^{G} V^tB^{ts}\right)^\mathrm{T}\#\sum_{r\ne s}^{G} A^{sr}B^{rr}Y^{ss} + \left(\sum_{t\ne s}^{G} V^tB^{ts}\right)^\mathrm{T}\#\sum_{r\ne s}^{G} A^{sr}\sum_{t\ne s,r}^{G} B^{rt}Y^{ts} + \left(\sum_{t\ne s}^{G} V^tB^{ts}\right)^\mathrm{T}\#\sum_{r\ne s}^{G} A^{sr}B^{rr}Y^{sr} \\[2pt]
&\qquad\qquad\qquad\qquad\underbrace{}_{(8)}\qquad\qquad\qquad\qquad\qquad\qquad\qquad\underbrace{}_{(9)}
\end{aligned}
\tag{3.33}
$$

s 国各部门对外总出口的增加值分解模型（3.33）式中，根据其最终吸收形式不同共包括 30 项，为清楚阐述增加值分解框架中各项的含义，我们对各项进行了界定，具体如表 3-4 所示。

表 3 - 4　出口增加值分解框架中各项含义界定

	含　义
T1	最终产品出口中的国内增加值，且直接被贸易伙伴国吸收
T2	中间产品出口中包含的国内增加值，且直接被贸易伙伴国吸收
T3	中间产品出口中包含的国内增加值，被贸易伙伴国用来生产最终产品，然后出口到第三国并被吸收
T4	中间产品出口中包含的国内增加值，被贸易伙伴国用来生产中间产品，然后又返回出口国用来生产最终产品后重新被第三国进口并被吸收
T5	中间产品出口中包含的国内增加值，被贸易伙伴国用来生产中间产品，然后出口到第三国用来生产最终产品并被吸收
T6	中间产品出口中包含的国内增加值，被贸易伙伴国用来生产中间产品，然后出口到第三国用来生产最终产品后出口到其余国家并被吸收
T7	国内增加值折返，以最终产品从贸易伙伴国进口返回本国
T8	国内增加值折返，以中间产品从贸易伙伴国进口返回本国
T9	国内增加值折返，以最终产品经由第三国进口返回本国
T10	被贸易伙伴国以最终产品吸收的国内增加值重复计算部分
T11	贸易伙伴国增加值，以最终产品出口到贸易伙伴国并被吸收
T12	贸易伙伴国增加值，以中间产品出口到贸易伙伴国并被吸收
T13	贸易伙伴国增加值，以中间产品出口到贸易伙伴国用来生产最终产品后出口到第三国并被吸收
T14	贸易伙伴国增加值，以中间产品出口到贸易伙伴后又被本国进口生产最终产品后出口至第三国
T15	贸易伙伴国增加值，以中间产品出口到贸易伙伴后又被出口至第三国并被吸收
T16	贸易伙伴国增加值，被贸易伙伴国用来生产中间产品，然后出口到第三国用来生产最终产品后出口到其余国家并被吸收
T17	以最终产品从贸易伙伴国进口返回本国的贸易伙伴国增加值
T18	以中间产品从贸易伙伴国进口返回本国的贸易伙伴国增加值
T19	以最终产品经由第三国进口返回本国的贸易伙伴国增加值
T20	被贸易伙伴国以最终产品吸收的贸易伙伴国增加值重复计算部分
T21	其他国家增加值，以最终产品出口到贸易伙伴国并被吸收
T22	其他国家增加值，以中间产品出口到贸易伙伴国并被吸收
T23	其他国家增加值，以中间产品出口到贸易伙伴国用来生产最终产品后出口到第三国并被吸收
T24	其他国家增加值，以中间产品出口到贸易伙伴国后又被本国进口生产最终产品后出口至第三国

	含　义
T25	其他国家增加值，以中间产品出口到贸易伙伴国后出口至第三国并被吸收
T26	其他国家增加值，被贸易伙伴国用来生产中间产品，然后出口到第三国用来生产最终产品后出口到其余国家并被吸收
T27	以最终产品从贸易伙伴国进口返回本国的其他国家增加值
T28	以中间产品从贸易伙伴国进口返回本国的其他国家增加值
T29	以最终产品经由第三国进口返回本国的其他国家增加值
T30	被贸易伙伴国以最终产品吸收的其他国家增加值重复计算部分

一国对外总出口的增加值分解，归纳来看，包括四个主要部分，即出口增加值、国内增加值折返、国外增加值及重复计算部分，可以由图 3－1 表示。

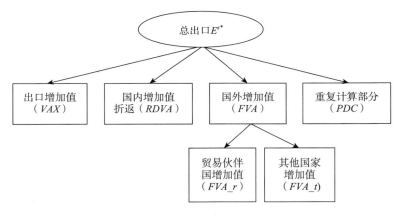

图 3－1　总出口分解

出口中的国内增加值（*DVA*）具体包括如下部分，如图 3－2 所示。

同理，出口中的国外增加值也可以进行如下归纳，如图 3－3 所示。

至此，我们基于出口产品最终吸收标准，建立了双边国家贸易和一国对外贸易总出口的增加值综合分解模型。该分解模型把一国出口总额以最终吸收的标准细分为四大部分，30 小项，从中可以分析一国出口总额或者双边国家贸易流中包含的各类增加值、各类增加值的来源国、以何种形式被吸收（中间产品和最终产品）及重复计算部分的来源和流向等情况。与已有增加值分解的相关研究相比，该分解模型不仅消除了现有研究中依赖

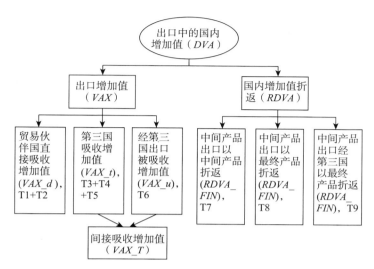

图 3 - 2 出口中的国内增加值分解

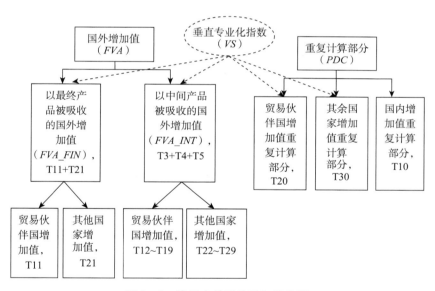

图 3 - 3 出口中的国外增加值分解

于出口和产出这些内生变量建立分解模型带来的逻辑上的悖论，还清楚地界定了 Koopman 等（2012b）及 Wang 等（2013）的分解框架中包含出口和产出向量的重复计算部分的最终流向，实现了 Stehrer（2012）提出的增加值贸易和贸易增加值两个概念本质上的统一，为进一步考察双边国家、双边国家部门层面以及一国对外总出口的价值分解提供了可以参考的理论模型依据。

第三节 出口增加值核算模型与方法： 微观企业视角

基于国家间投入产出表核算增加值贸易的方法得到学术界的广泛认可，但这种对国家或产业层面进行的宏观核算，难免会忽略企业的微观特征。由于企业异质性的广泛存在（Melitz，2003），利用国家产业层面投入产出表进行增加值核算的方法忽视了企业之间存在的差异，由此导致核算结果可能会存在偏差。因此，从企业层面直接核算增加值不仅可以减小核算误差，还可以揭示企业增加值出口的异质性，从而为研究这一异质性的微观形成机制提供分析基础。本书通过对现有从微观视角核算出口增加值的文献进行系统研究后发现，已有研究确实对从微观层面测度出口增加值提供了视角和方法，也得出了比较合理的结论，但也存在一些不足。本节我们基于已有研究，从企业生产增加值出发，构建企业生产增加值和出口增加值之间的联系，推导从微观视角核算企业出口增加值的方法。主要思路是利用 Koopman 等（2012a）提出的对一国总出口进行的详细增加值综合分解框架，借鉴高敏雪和葛金梅（2013）以企业生产增加值核算出口增加值的思路，来构建企业生产增加值和出口增加值之间的联系，从而推导出基于生产增加值的企业出口增加值的核算方法。

根据国民经济核算体系可知，所谓企业生产增加值是企业生产过程中新增加的价值。根据国家统计局有关规定按生产法计算企业生产增加值，是生产总额减去中间投入，反映了企业生产过程中产出超过中间投入的价值，即：

$$V_i = Y_i - IN_i \tag{3.34}$$

其中，V_i 为企业生产增加值[①]，Y_i 为企业总产出，IN_i 为企业生产过程中的总中间投入。总产出是一定时期内企业生产的货物和服务的价值总和，中间投入是在一定时期内企业生产过程中所消耗的货物和服务的价

---

① 按照国民经济核算方法，总产出应等于企业生产增加值、中间投入和应交增值税之和。为简洁起见，本书公式中并未出现应交增值税，而在实际计算中把应交增值税记入了企业生产增加值中。

值。中间投入的来源可能是国内提供的，也可能是国外进口的。所以，（3.34）式可以进一步写为：

$$V_i = Y_i - D_i - M_i \qquad (3.35)$$

其中，D_i 指企业 i 的中间投入中由国内提供的部分，M_i 指从国外进口的中间投入。

一个企业的生产增加值可能出口到国外，也可能被本国吸收，而我们关注的是企业出口到国外并被吸收的增加值部分，而这就和企业的出口增加值联系了起来。因为在一定程度上，出口增加值是企业生产增加值在国际贸易领域的延伸（高敏雪、葛金梅，2013）。

出口增加值是指一国对外贸易出口总值中的国内增值部分，出口增加值率是出口增加值占出口总值的比重（Johnson and Noguera，2012）。根据Koopman 等（2012b）的分解方法，一国总出口等于出口增加值、国外增加值和中间产品出口中国内增值部分返回国内价值之和。因此得出：

$$VT = X - VS - VS1^* \qquad (3.36)$$

其中，VT 为出口增加值，X 是出口总额，VS 为出口总额中包含的国外增加值，$VS1^*$ 指国内增加值作为中间产品出口后返回本国的部分。

出口增加值是国家层面或产业层面的概念，而企业生产增加值是微观层面的概念，但两者反映的都是净值。若我们考虑一国或某产业所有进行出口的企业，这些企业的生产增加值中所包含的出口增加值之和也就构成了该国或该产业的出口增加值（Kee and Tang，2013）。因此，我们可以通过计算每个企业生产增加值中所包含的出口增加值进而来核算整个产业或国家的出口增加值。由上述（3.34）式~（3.36）式，可得：

$$VT_i = \frac{X_i}{Y_i} \times Y_i - VS_i - VS1_i^* = \frac{X_i}{Y_i} \times (V_i + IN_i) - VS_i - VS1_i^* \qquad (3.37)$$

其中，$\frac{X_i}{Y_i}$ 为企业 i 的出口占比，X_i 为企业 i 的出口总额，VS_i 为企业 i 出口总额中包含的国外增加值，$VS1_i^*$ 指企业 i 出口中包含的国内增加值作为中间产品出口后返回本国的部分。

企业中间投入可能是来源于国内企业提供的中间消耗，也可能是来自国外进口的中间消耗，因此（3.37）式可以继续写为：

$$VT_i = \frac{X_i}{Y_i} \times V_i + \frac{X_i}{Y_i} \times (D_i + M_i) - VS_i - VS1_i^* \tag{3.38}$$

根据 Koopman 等（2012b）的分解方法，企业 i 的出口中所包含的国外提供的中间投入就是出口中所包含的国外成分。而国内提供的中间投入中既包含国内提供的直接中间投入，也包含国内提供的间接中间投入[①]，而所谓间接中间投入就等于从国外进口的中间产品中所包含的国内成分。因此（3.38）式可以进一步写成：

$$VT_i = \frac{X_i}{Y_i} \times (V_i + DD_i) \tag{3.39}$$

其中，V_i 为企业生产增加值，DD_i 是指企业 i 中间投入中的国内提供的直接中间投入，而国内提供的直接中间投入是该企业生产过程中国内投入的直接消耗系数乘以企业的总中间投入得到的。企业出口量的增加必然会带来出口增加值的增加，但出口增加值率不一定会提高。因此，考察企业出口增加值率的变化能更准确地反映企业出口增加值的动态变化。根据（3.39）式，可以得出企业出口增加值率 VTR_i 为：

$$VTR_i = \frac{VT_i}{X_i} = \frac{1}{Y_i} \times (V_i + DD_i) \tag{3.40}$$

根据投入产出技术中的同质性假定[②]，通过加总，我们可以把企业层面的出口增加值汇总到产业层面。由（3.40）式，可得包含 n 个企业的行业 j 的出口增加值为：

$$VT_j = \sum_{i=1}^{n} \frac{X_i}{Y_i} \times (V_i + DD_i) = \sum_{i=1}^{n} \frac{X_i}{Y_i} \times V_i + \sum_{i=1}^{n} \frac{X_i}{Y_i} \times DD_i \tag{3.41}$$

同质性假设中所有同一部门内企业生产同类产品的生产消耗结构具有一致性，即"投入"的同质，所以同行业内国内直接投入比例（国内直接

[①] 我们所指的直接中间投入和间接中间投入与投入产出技术中的概念不同，这里的直接中间投入是指由国内提供的直接用于企业生产的中间消耗品，而间接中间投入是指从国外进口的中间投入中所包含的国内成分。

[②] 所谓同质性假定是假设每个部门只生产单一产品，并具有单一投入结构。参见陈锡康、杨翠红（2011）。

投入/行业总中间投入）一样，DD_i 在同行业内是一常数，设为 DD。（3.41）式就可以写为：

$$VT_j = \sum_{i=1}^{n} \frac{X_i}{Y_i} \times V_i + DD \times \sum_{i=1}^{n} \frac{X_i}{Y_i} \tag{3.42}$$

从国家层面上来讲，一国出口增加值为：

$$VT = \sum_{j=1}^{m} VT_j = \sum_{j=1}^{m} \left(\sum_{i=1}^{n} \frac{X_{ij}}{Y_{ij}} \times V_{ij} + DD_j \times \sum_{i=1}^{n} \frac{X_{ij}}{Y_{ij}} \right)$$

$$= \sum_{j=1}^{m} \sum_{i=1}^{n} \frac{X_{ij}}{Y_{ij}} \times V_{ij} + \sum_{j=1}^{m} \left(DD_j \times \sum_{i=1}^{n} \frac{X_{ij}}{Y_{ij}} \right) \tag{3.43}$$

其中，DD_j 为行业 j 的国内直接中间投入。关于行业国内直接中间投入的计算，借鉴平新乔和郝朝艳（2006）的方法，先计算出中间产品的进口系数矩阵，再根据投入产出技术计算国内直接中间投入系数矩阵。中间产品的进口投入系数矩阵是根据投入产出表中的直接消耗系数矩阵和国内各行业进口产品的中间投入比例相乘得出。由于数据的不可获得性，所以中间产品中进口产品的投入比例无法获得，但在满足同样进口产品的投入比例是一样的以及中间产品中进口和国内生产的比例等于最终产品中进口与国内生产的比例假设下，可得每个行业内进口产品的中间投入比例是相同的，所以只需要计算列向量 $\{\lambda_j\}_{m \times 1}$，右乘直接消耗系数矩阵 A，就可以得到中间产品的进口投入系数矩阵 A^M。根据投入产出技术，即 $A^D + A^M = A$，就可以得到国内直接消耗系数矩阵 A^D。其中行业 j 的中间产品中进口产品比例 λ_j 等于行业的进口/（行业总产出 + 进口 − 出口）。

第四节　出口增加值核算模型与方法：生产要素收入视角

生产要素的跨国流动使各国以要素协作方式实现专业化生产成为可能，要素流动通过跨国公司以外商直接投资等形式在全球范围内进行资源的优化配置，从而带动了更多国家参与到全球生产链中。中国作为主要的发展中国家，以自身比较优势积极参与全球价值链，带来了经济的快速发展，特别是出口贸易的迅猛增加。2014 年中国货物出口总额达到 23427.7

亿美元，比 1978 年增长了 222 倍，年均增速高达 16.2%，自 2009 年以来连续 3 年成为世界上最大货物出口国，且出口总额中约有 60% 是由外资企业完成的①，以外商直接投资为主要形式的要素流动对中国出口迅猛增长的作用不可忽视。但现有研究表明出口规模并不代表出口增加值，中国出口产品增加值不高是不争的事实。根据中国科学院增加值课题组核算，2002 年和 2007 年中国加工贸易出口的直接增加值率分别只有 16.6% 和 17.4%，加工贸易占据了总出口的 1/2 左右，中国出口中的附加值含量较低。而以中国出口的 iPhone 手机为例，2010 年一部手机出口单价为 178.96 美元中中国富士康公司仅获利 6.5 美元。因此，将整个产品价值计入一国出口总额的传统贸易统计方法，没有剔除其中所包含的国外中间投入成分，造成了中国出口规模很大而实际所获收益较少的现状。增加值贸易研究的迅速发展为要素在全球流动背景下核算和揭示一国在当今贸易格局中所获真实收益提供了可行的方法和途径。政府和社会各界也都强调要提升出口产品增加值，提高从国际贸易中所获收益。在全球要素流动促进我国出口迅速发展而出口增加值却不高的背景下，从生产要素视角研究影响我国出口增加值及其构成的因素效应，可以从另一视角帮助我们深入把握要素流动影响中国出口增加值的机制，为实现出口增加值的提升寻求空间和着力点。

一　从生产要素收入视角核算出口增加值思路的提出

目前从生产要素收入视角对出口增加值进行核算的研究并不多，大部分研究基于国际投入产出表或在对中国工业企业数据库和海关贸易数据库进行数据匹配等微观数据处理的基础上对出口增加值进行核算和分析。其中基于投入产出表核算出口增加值的主要方法是运用投入产出表国家产业间的关联从一国出口中分离出所包含的进口成分（Koopman et al. , 2008, 2010; 于津平、邓娟, 2014），但此方法由于投入产出表本身所存在的编制周期长、数据的不连续性以及无法考虑企业微观特征等存在不足。基于微观企业数据的核算方法在理论层面上也并无异议，但也存在识别企业自身实际进口、生产和出口活动方面的困难，如企业间存在的对进口商品的

---

① 数据是根据 UN COMTRADE 数据库计算得到的。

相互转售造成进口中间商品在测算时难以准确识别等问题（张杰等，2013）。基于投入产出表以及微观数据层面核算出口增加值的方法虽然已经得到了学术界的广泛认可，但从生产要素收入角度出发而非依赖投入产出表，进而分离出企业出口中属于本国的生产要素收入来测算中国的出口增加值，也可以作为现有贸易增加值测算方法的一种有益补充。

以生产要素收入视角进行企业出口增加值核算的思路主要源于 Trefler 和 Zhu（2010）提出的要素含量测算。Trefler 和 Zhu 在 2010 年发展了通过追踪贸易中所含的不同国家的要素含量测算一国出口增加值的方法，虽然该文中所使用方法也是基于投入产出表对一国生产中所包含中间投入的要素来源进行追踪和分解的，但是给我们提供了从生产要素角度核算一国出口增加值的思路。之后国内学者周琢和陈钧浩（2013）从生产要素的国别属性方面对外资企业本身生产过程中所形成的贸易增加值在产业层面进行了测算和研究。而李昕和徐滇庆（2013）则利用外资企业股权结构信息，对中国外资企业总增加值中的非劳动者报酬部分的产权归属进行整理及核算。这些研究都为我们从生产要素收入方面测算一国出口增加值并考察外资进入的影响提供了可参考和借鉴的平台。

二 从生产要素收入视角核算出口增加值的方法

随着全球价值链的深入发展，外资企业成为生产要素国际协作的主要组织形式和载体，一国出口产品也变成世界各地生产要素协同生产的结果。因此，在核算一国出口增加值时，除考虑产品市场的地域特征外，还需要考虑生产要素的产权归属，特别是外资大量进入使得一国企业在生产过程中所使用的生产要素不再完全属于本国，有必要对生产要素收入中隶属于外资的部分进行扣除，才能更准确地衡量一国出口增加值。本节在 Trefler 和 Zhu（2010）从生产要素收入角度核算贸易增加值的思路基础上，结合国民经济核算原理，对我国出口增加值进行了测算。

所谓出口增加值是指一国出口中所包含的国内增加值成分，出口增加值率是一国出口增加值占该国总出口的比重（Johnson and Noguera，2012）。出口增加值其实是一国工业增加值的国际延伸，对一国出口增加值的核算也是基于工业增加值的统计而进行的。根据国民经济核算原理，工业增加值是指一国工业生产过程中新增加的价值。工业增加值的核算有两种方法：生产法和收入法。目前最常用的出口增加值测算方法是基于工业增加值的生产法，即从一国出口中剔除掉所使用的国外进口成分。这种方法主要依据投入产出表进行，由于国际投入产出表编制尚不完善及投入产出表本身存在的不足给以生产法核算一国出口增加值带来了挑战。因此，尝试从收入法角度来核算一国出口增加值，可以有效规避生产法中依赖投入产出表带来的不足。从要素原始收入分配角度来看，一国工业增加值可以分解为四个部分：劳动者报酬、生产税净额、营业盈余和固定资产折旧。[①] 所以，从生产要素收入角度测算一国出口增加值就是从一国出口所包含工业增加值中分离出属于本国的各类要素收入。当假设企业生产的产品无论是出口还是进行国内销售，所含的各种要素含量相同时，就可以根据企业本身的股权结构对企业出口中属于本国的要素收入成分进行分离。具体的分离方法可以根据企业本身的股权结构进行（李昕、徐滇庆，2013）。

基于以上思路从生产要素收入角度利用企业微观数据对中国出口增加值进行测算的具体方法如下。一国出口增加值就是一国出口中所包含的属于本国的工业增加值。根据工业增加值收入法的核算方法，对于一国企业来讲，生产过程发生在国内，劳动者报酬的绝大部分应该属于本国收入，因此把企业劳动者报酬全部归于本国国内增加值，即：

企业出口中所含本国劳动者报酬 = 产品生产中的劳动者报酬收入 × 企业出口比重

而其他非劳动者报酬，如营业盈余、固定资产折旧和生产税净额则应归企业产权所有者，即按照股权结构进行分配，分配方法借鉴李昕和徐滇庆（2013）对中国制造业对外贸易中产权的调整方法，即：

企业出口中所含本国各类要素收入 = 产品生产中各类要素收入 × 企业本国资本比重 × 企业出口比重

其中，各类要素包括营业盈余、固定资产折旧和生产税净额，企业本国资本比重为按照企业注册资本结构计算的本国注册资本比重，企业出口

---

① 劳动者报酬是指劳动者通过参与企业生产活动而获得的各种工资报酬。生产税净额是指企业所缴纳的生产赋税总额减去所获得生产补贴后的余额。固定资产折旧是指为补偿生产过程中所消耗的固定资产而提取的价值。营业盈余是指企业创造的增加值扣除劳动者报酬、生产税净额和固定资产折旧后的余额。

比重为企业出口总额占总销售收入的比例。据此可以计算出单个企业出口中所包含的属于本国的劳动者报酬、营业盈余、固定资产折旧和生产税净额，可得：

企业出口增加值 = 出口中属于本国的劳动者报酬 + 出口中属于本国的营业盈余 + 出口中属于本国的固定资产折旧 + 出口中属于本国的生产税净额

根据上述方法对每个出口企业的贸易增加值进行测算之后，汇总到国家层面，进而得出一国的出口增加值及其构成。

第四章　中国制造业出口增加值的
特征事实分析

第一节　中国制造业出口增加值的宏观结构特征

增加值贸易分解框架的不断完善和相关数据库的公布为进一步深入研究一国参与全球价值链所获增加值的演变提供了有效的方法和途径。但目前基于增加值视角从时间、空间和部门维度对一国或区域参与全球生产链的增加值演变历程进行系统分析的文献还比较缺乏。现有文献如 Johnson 和 Noguera（2014）利用 OECD、CEPII、NBER-UN 等数据库构造了 1970～2009 年国家间投入产出数据库，并运用 Johnson 和 Noguera（2012）提出的出口增加值率指标计算和分析了世界各国间近 40 年贸易的增加值演变。Backer 和 Yamano（2011）运用 Feenstra 和 Hanson（1997，1999）的外包指数及 Hummels 等（2001）的垂直专业化指数基于 OECD 数据库从时间、国家维度分析了各国参与国际分工的变化。Amador 等（2015）则利用 WIOD 数据库沿用 Koopman 等（2010）及 Stehrer（2012）所提出的相关指标分析了欧盟区域内外增加值的演变。我们基于第三章提出的以最终吸收为标准的一国出口的增加值综合分解模型，利用 WIOD 数据库进行分解测算后，得到一个包含 41 个国家（地区）和 35 个行业部门、时间跨度为 1995～2011 年的增加值细分面板数据。本节我们利用所得到的增加值细分数据库从时间、空间和国家部门维度对中国制造业 1995～2011 年参与全球生产链的增加值演变历程的特征事实进行全面的描述和分析。

一　数据来源及说明

本章数据主要来源于由欧盟委员会资助建立的世界投入产出数据库（World Input-Output Database，WIOD）所提供的投入产出表（World Input-Output Tables，WIOT）。该表包括41个主要国家和地区1995～2011年共17年的国际投入产出数据。所包含经济体参与了全球主要的经济活动，其GDP占全球GDP的比重超过85%。该表涵盖了包括商品部门和服务部门在内的35个行业部门，其中包括16个商品部门和19个服务部门。本节所考察的14个制造业的行业代码及相应ISIC Rev.2编码，如表4-1所示。其中，第三章中增加值综合分解框架中所使用的最终需求是投入产出表中的私人最终消费、非营利组织的最终消费、政府最终消费、固定资本形成和存货增加五部分之和，所用到的贸易数据也是根据世界投入产出表计算得到的。为了更清晰地认识中国制造业出口增加值在全球价值链中的发展变化，我们还考虑了服务业及初级产品和资源产品行业的变化，以期从整体上进行把握和分析。

表4-1　制造业的行业代码及相应的 ISIC Rev.2 编码

行业代码	行业名称	NACE
3	食品、饮料和烟草加工业	15t16
4	纺织原料及其制品	17t18
5	皮革、皮革制品和鞋类	19
6	木材及其制品	20
7	纸浆、纸制品和印刷出版	21t22
8	石油加工、炼焦及核燃料加工业	23
9	化学工业	24
10	橡胶与塑料制品业	25
11	其他非金属矿物制品业	26
12	金属制品业	27t28
13	机械设备制造业	29
14	电子和光学仪器	30t33
15	运输设备制造业	34t35
16	其他制造业及可再生品	36t37

资料来源：根据 Timmer 等（2012）的文献绘制。本书以下分析中可能会因阐述需要在以上行业代码前加"c"，但两者表示的是同一个行业。

关于行业类别的划分，本书借鉴 Rahman 和 Zhao（2013）的方法，将世界投入产出表中的 35 个行业部门从贸易的角度划分为三大类产业，并进一步依据要素密集度进行了细分。具体为：第一类，初级产品和资源产品（农业、畜牧业、林业、渔业、矿业和采掘业）；第二类，制造业，细分为劳动密集型制造业（纺织原料及其制品，皮革、皮革制品和鞋类，木材及其制品，其他制造业及可再生品）、资本密集型制造业（食品、饮料和烟草加工业，纸浆、纸制品和印刷出版，石油加工、炼焦及核燃料加工业，橡胶与塑料制品业，其他非金属矿物制品业，金属制品业）和知识密集型制造业（化学工业，机械设备制造业，电子和光学仪器，运输设备制造业）；第三类，服务业，其余 19 个行业则都属于服务业①，包括电力、燃气和水的供应，建筑业，汽车、摩托车销售和维修、燃料零售，除汽车、摩托车外的商品批发、代理销售业，除汽车、摩托车外的商品零售业，酒店餐饮业，陆地运输业，水上运输业，航空运输业，其他辅助性运输活动，邮政通信业，金融业，房地产业，设备租赁及其他商务服务业，公共管理、国防及社会保障业，教育，医疗卫生和社会工作，其他团体、社会和个人服务业，家庭服务业。为分析制造业出口行业层面增加值变化的深层次原因，我们还从技术水平角度对各行业进行了划分，对不同技术水平行业的出口增加值变化进行比较。具体分类方法参照欧盟统计局《欧盟经济活动统计分类》（NACE 第 1 修订版）的标准，把制造业划分为低技术、中低技术、中高和高技术三类，其中低技术行业包括食品、饮料和烟草加工业，纺织原料及其制品，皮革、皮革制品和鞋类，木材及其制品，纸浆、纸制品和印刷出版，其他制造业及可再生品；中低技术行业包括石油加工、炼焦及核燃料加工业，橡胶与塑料制品业，其他非金属矿物制品业，金属制品业；中高和高技术行业包括化学工业、机械设备制造业、电子和光学仪器、运输设备制造业。

二　中国制造业出口增加值的总体解构

为把握中国制造业出口增加值变化的总体特征，首先从国家层面对中

---

① 因服务业在总出口中所占份额并不太大，本书在以下篇幅中未把服务业按照要素密集度细分后的分析结果进行详细罗列，而只是把服务业作为一大类进行分析。

国制造业出口的增加值结构进行分析，结果如表 4 - 2 所示。中国出口总额从 1995 年的 1674.86 亿美元迅速增长至 2011 年的 20861.89 亿美元，年均增长率达到 17.07%，同期制造业出口总额则从 1332.89 亿美元增长至 17073.06 亿美元，年均增长率为 17.28%。制造业总出口占总出口中的比重平均高达 80.27%，因此分析制造业总出口的增加值来源及变化对把握中国对外贸易变化特征具有重要意义。在中国的制造业出口总额中，从增加值来源分解看，无论是国内增加值，还是国外增加值及重复计算部分都经历了迅速增长的历程。首先，制造业的出口增加值从 1995 年的 1101.07 亿美元增长至 2011 年的 12831.78 亿美元，年均增长率达到 16.59%，但低于总出口年均增长率，反映了出口规模不代表出口增加值，即出口规模的迅速增长不一定会带来出口增加值相应增长的事实。其次，国内增加值折返总额从 1995 年的 5.06 亿美元增长至 2011 年的 322.69 亿美元，虽远低于出口增加值，但年均增长率高达 29.66%，说明中国制造业在全球生产链中逐步向上游攀升，制造业产品被其他国家作为中间投入的成分越来越高。再次，从中国制造业出口中包含的国外增加值来看，从 1995 年的 226.71 亿美元增长至 2011 年的 3913.81 亿美元，年均增长率达到 19.49%，说明中国制造业参与全球价值链分工的程度日益加深，在价值链上的地位也逐步提升。最后，重复计算部分的迅速增长也表明随着中间产品贸易的盛行，产品多次跨越边境造成的传统贸易统计方法和新型增加值贸易统计方法的统计结果间存在差异且偏差越来越大，增加值视角下的出口分解可以更准确地把握一国参与全球价值链过程中的价值增值，对传统贸易统计方法形成有益补充。

表 4 - 2　1995 ~ 2011 年中国总出口及制造业增加值分解

单位：百万美元，%

年份	总出口	制造业总出口	出口增加值	国内增加值折返	国外增加值	重复计算部分
1995	167485.5	133289.3	110107	505.98	22671.23	5.06
1996	171683.5	139697.9	118210.7	603.95	20878.74	4.52
1997	207238.8	159429.5	134944.7	770.56	23709.16	5.11
1998	207431.4	158588.7	135878	825.47	21880.91	4.30
1999	218500.7	167798.9	140710.3	982.51	26099.92	6.17
2000	279546.6	211407.1	170435.2	1514.68	39444.36	12.81

年份	总出口	制造业总出口	出口增加值	国内增加值折返	国外增加值	重复计算部分
2001	299418.6	223778.4	181861.8	1861.79	40038.56	16.28
2002	365404.4	268352.6	212995.1	2603.25	52724.75	29.51
2003	485016.1	364755.1	275946.4	4031.63	84715.9	61.15
2004	655829.1	506784.1	360538.2	6108.03	139986.4	151.46
2005	836718.8	658483.1	467009.1	7568.96	183637.4	267.62
2006	1061578	853888.6	611497.7	10858.55	231116.9	415.41
2007	1342004	1094410	794171.6	13998.74	285692.0	546.64
2008	1581533	1293038	965964.7	17848.55	308735.9	488.80
2009	1333217	1097732.8	857777.7	17605.24	222073.2	276.62
2010	1743486	1430660.4	1079648	25623.23	324904.3	484.91
2011	2086189	1707305.7	1283178	32269.24	391381	477.50
年均增长率	17.07	17.28	16.59	29.66	19.49	32.87

资料来源：根据第三章出口增加值核算理论模型与方法（投入产出技术视角）利用 WIOD 数据库计算得到。表中第二列为中国对外出口总额，其余各列是制造业总出口及其增加值来源分解。

中国制造业 1995～2011 年出口中包含的各增加值来源占总出口的比重及演变趋势如图 4-1 所示。首先，制造业出口增加值所占比重即出口增加值率从 1995 年的 65.74% 下降至 2011 年的 61.51%，整体上呈现下降趋势，具体来看整体呈现先下降后上升的非对称"V"形变化轨迹。中国以廉价劳动力成本优势积极融入全球分工，入世后参与国际分工的程度不断上升。依赖进口中间产品加工后再出口的加工贸易模式占据了中国制造业出口的半壁江山，虽带来了贸易规模的大幅增长，但国内增加值所占比重相对下降。其次，国内增加值折返虽然占比较小，2011 年仅为 1.55%，却整体呈现稳步上升态势，表明中国制造业在全球生产链中逐步向上游攀升的态势明显。从出口增加值和国内增加值折返所占比重可以看出，中国制造业出口中的国内增加值在 1995～2011 年平均占比为 62.17%，说明以传统贸易统计方式和增加值贸易统计方式度量的中国制造业出口贸易额间的偏差超过 1/3，这是造成中国贸易顺差被高估的主要原因。最后，国外增加值占比整体在上升。虽然受 2008 年国际金融危机影响，国外经济疲软及贸易保护主义抬头导致需求减少致使国外增加值占比下降，但整体来看，中国制造业出口中的国外增加值成分从 1995 年的 13.54% 上升至 2011 年的 18.76%，提高了 5.22 个百分点。

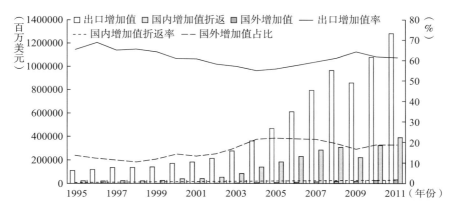

图 4 - 1　1995 ~ 2011 年中国制造业出口增加值总体分解变化

资料来源：笔者根据第三章出口增加值核算理论模型与方法（投入产出技术视角）运用 WIOD 数据库核算得到的增加值数据绘制。

随着中国制造业参与国际分工程度的不断加深，为全面把握中国制造业出口增加值的变化趋势，我们还考虑了国民经济的其他行业，即初级产品和资源产品行业及服务业，从宏观经济总体分析制造业出口增加值的演变。1995 ~ 2011 年中国三大产业出口的增加值来源所占比重变化如表 4 - 3 所示。整体来看，中国制造业的出口增加值率虽然整体呈现下降趋势，但仍占据主导地位，反映出制造业仍是中国出口获利的主要来源。同期，服务业出口增加值占比在波动中呈现上升趋势，从 1995 年的 11.07% 上升至 2011 年的 12.22%；初级产品和资源产品行业的出口增加值率则整体在下降，从 1995 年的 5.89% 下降至 2011 年的 1.18%，降低了 4.71 个百分点。综上，中国制造业出口增加值率总体呈现 "V" 形趋势，服务业则出现倒 "V" 形轨迹，但制造业出口增加值率整体在下降，服务业出口增加值率则整体呈现上升趋势。三大产业的出口增加值所占比重变动表明中国出口结构不断优化的态势明显，初级产品和资源产品行业及制造业所占比重整体在下降，服务业出口增加值率整体上升；制造业出口增加值率虽整体在下降，但仍是中国出口获利的主导产业；服务业获利能力不断提升，是未来中国出口获利能力不断提升的潜力所在。

表4-3　1995~2011年中国总出口及增加值来源所占比重分解

单位：%

年份	初级产品和资源产品			制造业			服务业		
	出口增加值	国内增加值折返	国外增加值	出口增加值	国内增加值折返	国外增加值	出口增加值	国内增加值折返	国外增加值
1995	5.89	0.03	0.42	65.74	0.30	13.54	11.07	0.05	1.12
1996	5.12	0.03	0.32	68.85	0.35	12.16	10.23	0.05	0.92
1997	4.01	0.04	0.25	65.12	0.37	11.44	15.22	0.08	1.31
1998	3.18	0.03	0.16	65.51	0.40	10.55	16.97	0.09	1.26
1999	2.98	0.03	0.17	64.40	0.45	11.95	16.46	0.11	1.36
2000	3.36	0.04	0.24	60.97	0.54	14.11	16.46	0.14	1.73
2001	3.27	0.06	0.22	60.74	0.62	13.37	17.53	0.17	1.75
2002	3.23	0.06	0.22	58.29	0.71	14.43	18.45	0.21	2.01
2003	2.74	0.05	0.23	56.89	0.83	17.47	16.60	0.22	2.14
2004	1.92	0.04	0.21	54.97	0.93	21.34	14.87	0.21	2.29
2005	1.87	0.04	0.21	55.81	0.90	21.95	13.65	0.20	2.12
2006	1.42	0.03	0.16	57.60	1.02	21.77	12.58	0.18	1.99
2007	1.24	0.02	0.13	59.18	1.04	21.29	11.90	0.18	1.78
2008	1.26	0.02	0.14	61.08	1.13	19.52	12.05	0.19	1.75
2009	1.23	0.02	0.10	64.34	1.32	16.66	12.29	0.22	1.38
2010	1.20	0.02	0.11	61.92	1.47	18.64	12.15	0.26	1.56
2011	1.18	0.02	0.12	61.51	1.55	18.76	12.22	0.28	1.68

资料来源：根据第三章出口增加值核算理论模型与方法（投入产出技术视角）利用 WIOD 数据库计算得到。

三　中国制造业出口增加值的进一步分解——中间产品和最终产品角度

根据投入产出技术，拉动一国国内生产总值的是出口中所包含的国内增加值，而国内增加值主要来源于产品生产过程中国内生产要素的投入。最终产品的出口会直接带来国内增加值的增加，进而形成对一国国内生产总值的贡献。但在全球生产链背景下，中间产品多次跨越边境带来了出口额的重复计算，并在核算一国出口带动的国内增加值时被剔除，但中间产品进出口的扩散效应和反馈效应（Miller and Blair，2009）也会带来增加值的产生。本节通过区分中间产品和最终产品来分析中间产品和最终产品出口带动的增加值状况，可以更深入地分析中国制造业出口中的国内增加值和国外增加值的来源构成。

表 4 - 4 是分别以最终产品和中间产品出口拉动的中国制造业出口中的国内增加值进行的分解。表中 DVA 是指出口中的国内增加值总额，DVA_FIN 为最终产品出口所拉动的国内增加值，DVA_INT_r 是中间产品出口中包含的被直接贸易伙伴国吸收的国内增加值，DVA_INT_t 为中间产品出口中包含的被第三国吸收的国内增加值，DVA_INT_u 是中间产品出口中包含的经由第三国出口至其他国家并被吸收的国内增加值，$RDVA$ 为国内增加值返回本国部分。结果显示，1995～2011 年，最终产品需求拉动、直接贸易伙伴国中间产品需求、第三国中间产品需求及其余国家中间产品需求拉动的国内增加值平均占比分别为 55.7%、27.53%、13.71% 和 1.74%。因此，在中国制造业出口中的国内增加值构成中，1/2 以上是最终产品出口所拉动的国内增加值，其次是由直接贸易伙伴国的中间产品需求带动的国内增加值，最后是第三国和其余国家的中间产品进口需求所带动的国内增加值。最终产品出口拉动国内增加值的比重较大说明中国制造业在全球生产链上还是处于靠近最终消费者的位置的。

表 4 - 4　1995～2011 年中国制造业出口中的国内增加值分解

单位：十亿美元，%

年份	DVA	DVA_FIN	DVA_INT_r	DVA_INT_t	DVA_INT_u	$RDVA$
1995	110.61	68.04	30.16	11.03	1.16	0.51
1996	118.81	71.97	32.42	12.42	1.39	0.60
1997	135.72	80.27	38.12	14.84	1.71	0.77
1998	136.70	80.97	37.11	15.86	1.93	0.83
1999	141.69	82.63	38.72	17.21	2.15	0.98
2000	171.95	96.75	46.41	24.02	3.26	1.51
2001	183.72	105.02	48.35	25.10	3.39	1.86
2002	215.60	123.89	56.13	29.15	3.83	2.60
2003	279.98	159.76	71.63	39.47	5.09	4.03
2004	366.65	192.50	102.97	57.45	7.62	6.11
2005	474.58	255.00	129.98	72.61	9.42	7.57
2006	622.36	326.53	174.20	97.73	13.04	10.86

年份	DVA	DVA_FIN	DVA_INT_r	DVA_INT_t	DVA_INT_u	RDVA
2007	808.17	429.30	221.99	125.43	17.45	14.00
2008	983.81	510.23	276.14	158.08	21.51	17.85
2009	875.38	475.19	243.28	124.56	14.75	17.61
2010	1105.27	571.43	321.34	166.30	20.58	25.62
2011	1315.45	664.80	395.79	198.55	24.04	32.27
年均增长率	16.74	15.31	17.46	19.80	20.86	29.59

资料来源：根据第三章出口增加值核算理论模型与方法（投入产出技术视角）利用 WIOD 数据库计算得到。

国内增加值的各构成部分在出口中的比重变化趋势显示（见图 4-2），最终产品拉动的国内增加值从 1995 年的 40.62% 下降至 2011 年的 31.87%，下降了约 9 个百分点，下降趋势明显，但其仍是拉动国内增加值的主要来源。中间产品拉动国内增加值的比重都出现了不同程度的上升，其中：由第三国中间产品需求拉动的国内增加值上升最为明显，从 1995 年的 6.59% 上升至 2011 年的 9.52%，提高了约 3 个百分点；其次是由直接贸易伙伴国中间产品需求拉动的国内增加值，从 18.01% 上升至 18.97%，提高了约 1 个百分点；经由第三国出口至其余国家的中间产品需求所拉动的国内增加值也出现上升，从 0.69% 上升至 1.145%，虽然所占比重较小，但也足以说明国际生产链分工日益深入，越来越多的国家加入全球生产链。以上这些变化反映出国际生产分工的日益深化带动中间产品的迅猛发展，由中间产品进出口拉动的国内增加值正逐渐成为一国出口拉动国内增加值的重要来源，且中间产品到达最终消费的链条越来越长，越来越多的国家加入全球生产链。这些事实进一步证实了最终产品需求虽然仍是一国出口带动国内增加值的主要来源，但中间产品进出口也会带动一国增加值的增长，并且拉动作用越来越大。因此，现有研究基于国际投入产出模型，只考虑最终产品出口来测算一国出口所拉动国内增加值的测算结果确实存在偏误，正如夏明和张红霞（2015）所指出的。

同理，对中国制造业出口中的国外增加值来源从最终产品和中间产品角度进行分解的结果如表 4-5 所示。其中，FVA_FIN_r 为最终产品出口中包含的直接贸易伙伴国 r 国的增加值；FVA_FIN_t 为最终产品出口中包含的其他国家 t 国的增加值；FVA_INT_rr 为被直接贸易伙伴国 r 国吸收的中

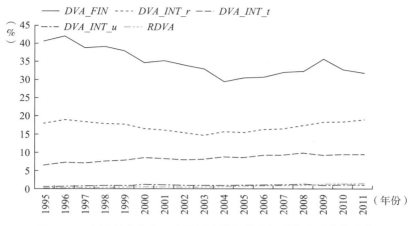

图 4 - 2　中国制造业出口中的国内增加值来源所占比重变化趋势

间产品出口中包含的 r 国增加值；FVA_INT_rt 为被 t 国吸收的中间产品出口中包含的直接贸易伙伴国 r 国的增加值；FVA_INT_ru 为中间产品出口中包含的直接贸易伙伴国 r 国的增加值，并经由 t 国出口至其他国家 u 并被吸收；FVA_INT_rs 为中间产品出口中包含的直接贸易伙伴国 r 国的增加值，返回出口国 s 国并被吸收；FVA_INT_tr 为中间产品出口中包含的 t 国的增加值，并被 r 国所吸收；FVA_INT_tt 为被第三国 t 国所吸收的中间产品出口中包含的 t 国的增加值；FVA_INT_tu 为中间产品出口中包含的第三国 t 国的增加值，并经由 t 国出口至其余国家 u 并被吸收；FVA_INT_ts 为中间产品出口中包含的第三国 t 国的增加值，返回出口国 s 国并被吸收。

表 4 - 5　1995～2011 年中国制造业出口中的国外增加值分解

单位：亿美元，%

年份	FVA_ FIN_r	FVA_ FIN_t	FVA_ INT_rr	FVA_ INT_rt	FVA_ INT_ru	FVA_ INT_rs	FVA_ INT_tr	FVA_ INT_tt	FVA_ INT_tu	FVA_ INT_ts
1995	15.74	124.94	7.96	2.48	0.29	0.16	52.05	22.37	2.31	1.67
1996	13.92	113.01	7.24	2.54	0.31	0.17	48.05	20.05	2.44	1.06
1997	15.14	125.22	7.76	2.55	0.32	0.19	57.45	24.04	3.01	1.40
1998	13.67	116.21	6.87	2.38	0.31	0.18	51.48	23.30	3.06	1.34
1999	16.31	136.73	8.43	3.30	0.45	0.26	60.38	29.25	4.00	1.90
2000	23.89	197.66	12.93	6.56	0.94	0.54	89.34	51.15	7.72	3.73
2001	25.53	204.04	13.09	6.70	0.94	0.67	86.59	50.75	7.63	4.45
2002	34.26	270.64	16.55	9.11	1.27	1.18	110.44	66.92	9.76	7.11

年份	$FVA\_$ FIN_r	$FVA\_$ FIN_t	$FVA\_$ INT_rr	$FVA\_$ INT_rt	$FVA\_$ INT_ru	$FVA\_$ INT_rs	$FVA\_$ INT_tr	$FVA\_$ INT_tt	$FVA\_$ INT_tu	$FVA\_$ INT_ts
2003	53.50	432.43	25.86	15.07	2.04	2.30	173.75	112.16	16.17	13.87
2004	79.67	646.30	48.06	27.32	3.76	4.16	327.70	206.18	30.48	26.23
2005	109.69	860.37	65.45	38.14	5.01	5.87	419.50	261.88	38.10	32.37
2006	136.57	1044.22	87.88	57.95	6.68	8.14	540.00	335.44	50.09	44.31
2007	170.99	1301.54	106.94	56.61	7.92	9.42	666.31	419.45	63.73	54.02
2008	188.78	1365.71	131.59	67.32	8.92	10.47	731.38	453.89	68.52	60.79
2009	140.06	1031.37	92.33	38.99	4.88	8.33	528.58	290.73	38.24	47.22
2010	196.05	1430.93	139.78	62.77	8.03	14.35	806.55	450.91	61.59	78.08
2011	224.11	1675.83	173.15	67.51	8.23	16.36	1024.00	549.83	73.88	100.92
年均增长率	18.06	17.62	21.23	22.92	23.32	33.67	20.47	22.16	24.20	29.20

资料来源：根据第三章出口增加值核算理论模型与方法（投入产出技术视角）利用 WIOD 数据库计算得到。

从中国制造业出口中包含的国外增加值来源可以看出，无论是最终产品还是中间产品形式，且无论是直接贸易伙伴国的增加值，还是其他国家的增加值，中国制造业出口所拉动的国外增加值都整体呈现增长趋势。从 1995～2011 年最终产品和中间产品拉动国外增加值占国外增加值总额的比例来看，最终产品需求拉动国外增加值平均比例为 55.16%，中间产品需求拉动国外增加值平均比例为 44.84%，最终产品仍是拉动国外增加值的主要来源。从年均增长率来看，中国制造业中间产品出口拉动的国外增加值年均增长率均远大于最终产品出口，说明中间产品出口拉动参与国增加值的贡献越来越大，中间产品出口带来的获利能力越来越强，越来越多的国家参与进来形成了以中国为关联中心的全球生产链。从最终吸收国家角度来看，无论是直接贸易伙伴国的增加值，还是其他国家的增加值，由中国进口需求所拉动增加值的年均增长率和同类其余增加值相比都是最大的。由中国需求拉动的直接贸易伙伴国增加值年均增长率为 33.67%，由中国需求拉动的其他国家增加值的年均增长率为 29.20%，反映出近些年中国内需不断增大，经济增长的结构不断优化，内需带动其他国家获利能力的促进作用逐渐加强。

图 4-3 描述了中国制造业出口拉动的国外增加值来源占总出口比重的变化趋势，结果显示以最终产品需求拉动的国外增加值仍占据主导地位，

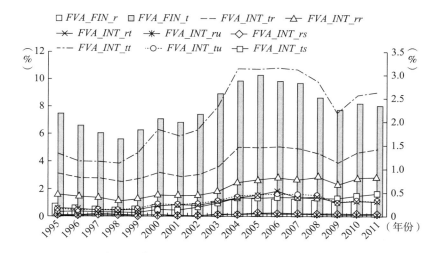

图 4-3　中国制造业出口中的国外增加值来源所占比重变化趋势

资料来源：笔者根据第三章出口增加值核算理论模型与方法（投入产出技术视角）运用 WIOD 数据库核算得到的增加值数据绘制。

但在总出口中的比重整体在下降，而以中间产品需求拉动的国外增加值都整体呈上升趋势，说明以最终产品需求带动的参与国获利能力不断下降，中间产品需求则成为各参与国获利能力的潜在增长点。进一步分析发现，中间产品需求拉动国外增加值中，所拉动的其余国家的增加值比重最大，其中由直接贸易伙伴国拉动的其他国家增加值所占比重由 1995 年的 3.11% 上升至 4.91%，由其余国家拉动的其他国家增加值所占比重则从 1995 年的 1.34% 上升至 2.64%，且整体呈现增长趋势。因此，中国对外出口不仅带动了直接贸易伙伴国的增加值增长，还促进了所有直接或间接参与生产链国家的增加值提升，且各参与国的获利能力都在不断上升，因此中国制造业出口营造了全球价值链的多赢格局。

四　中国制造业出口行业层面增加值分解

从行业层面测度中国制造业 14 个细分行业出口增加值构成及变化可以帮助我们深入了解中国制造业出口增加值变化的深层次原因。表 4-6 列示了 2011 年中国制造业各细分行业出口总额及出口中的增加值构成，结果显示总出口中所占比重最大的是电子和光学仪器行业，出口占比达到 41.06%，其次是纺织原料及其制品行业，出口比重为 13.76%。但总出口中占比最大的电子和光学仪器行业的出口增加值仅有 74.43%，说明中国电子和光学仪器行业虽然出口规模很大，但所获出口增加值不高，产品中包含了更多其他国家的增加值，仍然位于全球生产链的下游位置。

表 4 - 6　2011 年中国制造业出口行业增加值解构

单位：百万美元，%

行业代码	总出口		增加值来源占比			国外增加值占比			
	金额	占比	出口增加值	国内增加值折返	国外增加值	1995 年	2000 年	2007 年	2011 年
3	50539.73	2.88	84.66	0.65	13.23	8.22	7.62	10.47	13.23
4	241846.30	13.76	88.02	0.27	10.53	16.59	16.71	15.70	10.53
5	51506.11	2.93	84.37	0.52	13.60	19.35	16.83	15.75	13.60
6	10874.91	0.62	84.53	0.20	13.74	15.23	12.55	16.48	13.74
7	9075.50	0.52	81.22	1.25	15.28	13.68	13.49	18.14	15.28
8	13959.65	0.79	78.70	1.75	17.01	19.99	27.50	35.28	17.01
9	117088.60	6.66	53.05	2.03	39.76	14.22	16.38	22.18	39.76
10	71384.02	4.06	71.10	3.65	21.85	17.03	17.68	23.11	21.85
11	26742.70	1.52	74.07	1.81	21.34	10.17	11.20	15.28	21.34
12	128896.80	7.34	81.12	1.24	15.04	14.34	15.16	22.75	15.04
13	143627.90	8.17	68.03	3.18	23.99	14.18	15.21	23.31	23.99
14	721416.60	41.06	74.43	1.27	21.49	21.02	24.05	32.90	21.49
15	96955.77	5.52	66.71	2.30	27.80	15.52	15.17	22.69	27.80
16	73051.13	4.16	75.13	1.15	20.75	14.92	12.80	14.76	20.75

资料来源：根据第三章出口增加值核算理论模型与方法（投入产出技术视角）利用 WIOD 数据库计算得到。

从各行业的增加值构成来看，出口增加值较高的行业集中在纺织原料及其制品，食品、饮料和烟草加工业，木材及其制品，皮革、皮革制品和鞋类，分别达到 88.02%、84.66%、84.53% 和 84.37%，这些行业都是传统的劳动密集型行业，反映出截至 2011 年，中国制造业出口增加值的主要来源还是劳动密集型行业的贡献。从各行业所包含的国外增加值份额来看，除纺织原料及其制品，皮革、皮革制品和鞋类，木材及其制品外，其余行业中包含的国外增加值份额大多年份在增加，说明中国制造业大部分行业参与国际分工的程度日益加深，在全球价值链上有越来越多的国家参与进来，中国制造业出口带动了更多参与国获得利益的提升。

图 4 - 4 比较了中国制造业各行业 1995 年、2000 年、2007 年、2011 年出口增加值率的变化趋势。可以看出，只有个别行业，如纺织原料及其制品，皮革、皮革制品和鞋类，其他制造业及可再生品的出口增加值率出现了提升，分别从 1995 年的 81.3%、79.84% 和 83.62% 增加至 2011 年的 84.89%、84.73% 和 84.72%，分别提高了 3.59 个、4.89 个和 1.10 个百分点。中国制造业大部分行业的出口增加值率呈现下降趋势，其中下降幅度最大的是石油加工、炼焦及核燃料加工业和金属制品业，分别从 1995 年的 78.38% 和 83.59% 下降到 2011 年的 55.08% 和 71.21%，下降幅度高达 23.30 个和 12.38 个百分点。因此，中国制造业出口除了部分传统行业依然具有较强获利能力外，大部分行业的出口获利能力在下降，这也是中国制造业整体出口增加值下降的主要原因。

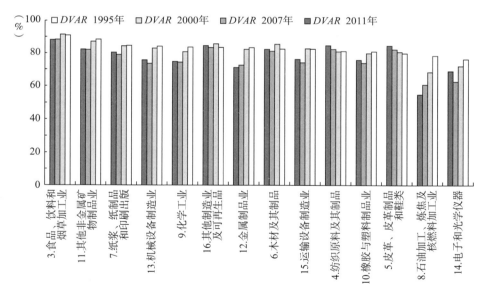

图 4 - 4　中国制造业行业出口增加值率变化趋势

资料来源：笔者根据第三章出口增加值核算理论模型与方法（投入产出技术视角）运用 WIOD 数据库核算得到的增加值数据绘制。

表 4 - 7 是从行业要素密集度对各行业进行划分的，考察中国制造业各行业出口增加值的构成。可以看出，1995～2011 年劳动密集型和资本密集

型制造业的出口增加值份额都整体呈现下降趋势，且下降幅度显著，分别从 32.75% 和 22.39% 下降至 18.08% 和 12.59%，下降了 14.67 个和 9.80 个百分点。同期，知识密集型制造业的出口增加值份额则出现大幅提升，从 1995 年的 25.84% 提升至 2011 年的 42.36%，增加了 16.52 个百分点。这些变化反映出中国传统劳动密集型和资本密集型制造业出口所拉动国内增加值的贡献率整体降低，知识密集型制造业的获利能力则整体上升。拉动国内增加值的行业由依赖传统劳动密集型和资本密集型制造业向知识密集型制造业转变表明，中国制造业出口结构不断优化，竞争优势已经从劳动密集型制造业转移到了知识密集型制造业。但制造业整体呈现的出口增加值率下降趋势表明，虽然中国制造业竞争优势行业结构发生变化，新的国内增加值增长点已经形成，但以知识密集型制造业出口的国内增加值增长点还不足以弥补传统劳动密集型和资本密集型贡献率的下降。因此，在培育知识密集型制造业新竞争优势的同时，如何继续保持传统劳动密集型和资本密集型制造业的出口增加值拉动作用仍不容忽视。从各行业国内增加值折返比重来看，劳动密集型制造业折返比重总体下降的趋势表明中国以劳动力成本优势参与全球生产链的优势正不断消失；而资本密集型和知识密集型制造业折返比重则整体上升，其中知识密集型制造业折返比重上升幅度明显大于资本密集型制造业，说明中国知识密集型制造业在全球价值链的地位不断攀升，其中间产品被别国进口所占的比重越来越大。各行业的国外增加值比例变化中，劳动密集型和资本密集型制造业都整体出现下降，劳动密集型制造业下降得尤为明显的同时，知识密集型制造业国外增加值则出现巨幅上升，提升了 9.33 个百分点。国外增加值的上述变化表明中国以劳动密集型制造业优势参与国际分工的模式逐步转化为了以知识密集型制造业优势参与国际分工，且知识密集型制造业参与全球分工的程度日益深化。

表 4 - 7　1995 ~ 2011 年中国不同要素密集度制造业行业出口增加值解构

单位：%

年份	劳动密集型			资本密集型			知识密集型		
	VAX	*RDVA*	*FVA*	*VAX*	*RDVA*	*FVA*	*VAX*	*RDVA*	*FVA*
1995	32.75	0.13	6.81	22.39	0.10	3.42	25.84	0.14	6.44
1996	31.81	0.13	5.44	23.37	0.12	3.17	27.69	0.17	6.02

年份	劳动密集型			资本密集型			知识密集型		
	VAX	RDVA	FVA	VAX	RDVA	FVA	VAX	RDVA	FVA
1997	29.29	0.12	4.85	23.63	0.14	3.31	29.74	0.21	6.36
1998	28.87	0.12	4.39	22.63	0.15	2.80	32.45	0.25	6.33
1999	28.18	0.12	4.79	20.64	0.15	2.80	33.11	0.30	7.61
2000	26.32	0.12	5.18	18.93	0.19	3.29	33.23	0.38	9.69
2001	26.62	0.13	4.89	18.21	0.20	2.90	34.39	0.48	9.65
2002	25.44	0.11	4.84	16.94	0.24	2.91	34.84	0.60	11.37
2003	22.40	0.09	4.62	15.28	0.29	3.27	35.59	0.70	14.60
2004	18.86	0.08	4.47	14.86	0.34	4.01	34.92	0.75	18.17
2005	18.78	0.07	4.13	13.27	0.24	3.68	36.40	0.79	19.11
2006	18.55	0.07	3.78	13.19	0.26	3.63	37.41	0.89	18.72
2007	18.03	0.07	3.41	12.66	0.25	3.52	39.40	0.91	18.28
2008	17.59	0.07	3.04	13.09	0.28	3.68	41.74	0.99	16.42
2009	19.24	0.09	2.68	12.34	0.26	2.66	44.53	1.21	14.36
2010	17.94	0.10	2.85	11.94	0.30	3.09	43.48	1.34	16.13
2011	18.08	0.12	2.94	12.59	0.36	3.56	42.36	1.35	15.77

资料来源：根据第三章出口增加值核算理论模型与方法（投入产出技术视角）利用 WIOD 数据库计算得到。

从技术水平角度对中国制造业行业出口增加值的解构结果表明（见表 4 - 8），1995 ~ 2011 年中国低技术和中低技术制造业行业的出口增加值比重整体呈明显下降趋势，分别下降 18.98 个和 5.49 个百分点，而中高和高技术制造业行业则上升态势明显，上升幅度高达 16.52 个百分点，并且低技术和中低技术行业与中高和高技术行业之间的差距越来越大。国外增加值比重变化表明，中高和高技术行业的国外增加值出现迅猛增长，上升了 9.33 个百分点，而低技术行业和中低技术行业则整体呈现下降趋势，其中低技术行业下降显著，降低了 4.22 个百分点。此外，各技术类型行业中的国内增加值折返中，只有低技术行业的折返整体呈现下降趋势，而中低技术行业及中高和高技术行业则都整体呈现明显上升趋势，以中高和高技术行业上升最为显著。以上变化表明，以生产环节自身优势为基础的垂直专业化分工日益深化背景下，中国制造业通过参与全球生产链获得了提升技术水平的捷径（金京等，2013），中高和高技术行业逐渐超过低技术行业成为中国制造业出口获利的主要领域，形成了中国出口拉动国内增加值的主要竞争优势所在，且中高和高技术行业参与全球生产链程度的不断加深也带动了其他参与国获利能力的不断提升，反映出中国中高和高技术行业全球价值链地位的不断攀升，但同时对国外的依赖程度也不断增强。

表 4 - 8　1995 ～ 2011 年中国不同技术水平制造业行业出口增加值解构

单位：%

年份	低技术行业			中低技术行业			中高和高技术行业		
	VAX	RDVA	FVA	VAX	RDVA	FVA	VAX	RDVA	FVA
1995	40.00	0.14	7.55	15.15	0.09	2.68	25.84	0.14	6.44
1996	39.17	0.14	6.07	16.01	0.11	2.55	27.69	0.17	6.02
1997	36.45	0.13	5.46	16.47	0.13	2.70	29.74	0.21	6.36
1998	35.50	0.13	4.88	16.01	0.13	2.31	32.45	0.25	6.33
1999	34.04	0.13	5.26	14.78	0.14	2.33	33.11	0.30	7.61
2000	31.43	0.13	5.68	13.82	0.18	2.79	33.23	0.38	9.69
2001	31.68	0.14	5.35	13.14	0.19	2.44	34.39	0.48	9.65
2002	30.04	0.12	5.28	12.34	0.23	2.47	34.84	0.60	11.37
2003	26.26	0.10	5.07	11.41	0.27	2.82	35.59	0.70	14.60
2004	22.13	0.09	4.92	11.59	0.33	3.56	34.92	0.75	18.17
2005	21.87	0.08	4.55	10.17	0.24	3.26	36.40	0.79	19.11
2006	21.50	0.08	4.19	10.24	0.25	3.23	37.41	0.89	18.72
2007	20.76	0.08	3.77	9.92	0.24	3.16	39.40	0.91	18.28
2008	20.19	0.08	3.40	10.50	0.27	3.33	41.74	0.99	16.42
2009	22.21	0.10	3.00	9.37	0.24	2.34	44.53	1.21	14.36
2010	20.72	0.12	3.21	9.16	0.28	2.74	43.48	1.34	16.13
2011	21.02	0.14	3.33	9.66	0.34	3.17	42.36	1.35	15.77

资料来源：根据第三章出口增加值核算理论模型与方法（投入产出技术视角）利用 WIOD 数据库计算得到。

五　中国制造业出口国外增加值国别（地区）来源分解

为考察中国制造业出口中国外增加值的国别来源，本书借鉴李金昌和项莹（2014）的做法，把 WIOD 中的 40 个国家和地区按照经济发展程度划分为新兴市场国家、新兴工业经济体、发达国家（地区）和其他发展中国家四种类型。具体为：新兴市场国家包括巴西、印度、墨西哥、俄罗斯和土耳其，新兴工业经济体包括韩国和中国台湾，发达国家（地区）包括欧盟、美国、日本、澳大利亚、加拿大，其他发展中国家包括印度尼西亚。表4-9的结果显示：首先，发达国家（地区）是中国制造业出口国外增加值的主要来源国（地区），1995~2011年来源于发达国家（地区）的增加值占国外增加值总额的82.8%。其中，美国和欧盟是最大的增加值份额来源国（地区），2011年所占份额分别达到4.745%和4.478%；然后是日本，2011年所占份额为1.970%；最后是加拿大和澳大利亚。从变化趋势上来看，中国传统主要贸易伙伴国美国和日本的增加值份额整体下降，分别下降了约0.4个和1个百分点；欧盟的增加值份额则整体呈现上升态势，增长了约1个百分点；澳大利亚和加拿大也都出现了上升，分别上升了约0.162个和0.128个百分点。美国、日本和欧盟作为中国长期以来的主要贸易伙伴，其增加值来源份额的变化也反映出中国对外贸易政策的调整。其次，除发达国家（地区）外，新兴工业经济体也是中国大陆制造业增加值的重要来源国（地区），然后是新兴市场国家和其他发展中国家。虽然这些国家的增加值份额整体占比并不大，但都整体呈现上升趋势，且增长迅速。在所有国家中，1995~2011年增加值增长最快的是新兴市场国家墨西哥、巴西和其他发展中国家印度尼西亚，年均增长率分别达到15.4%、9.9%和11.5%，且其他新兴市场国家增加值年均增长率普遍大于发达国家（地区），反映出中国对外开放的广度不断加深，外贸发展更加均衡。

表4-9　1995~2011年中国制造业出口增加值国别（地区）来源

单位：%

年份	新兴市场国家					新兴工业经济体		发达国家（地区）					其他发展中国家
	巴西	印度	墨西哥	俄罗斯	土耳其	韩国	中国台湾	澳大利亚	加拿大	欧盟	日本	美国	印度尼西亚
1995	0.113	0.134	0.072	0.139	0.084	0.320	0.357	0.388	0.471	3.407	2.937	5.135	0.145
1996	0.114	0.129	0.076	0.107	0.067	0.328	0.369	0.329	0.395	2.945	2.559	4.322	0.132
1997	0.116	0.137	0.105	0.110	0.074	0.363	0.438	0.340	0.416	2.935	2.450	4.662	0.171
1998	0.096	0.074	0.137	0.094	0.072	0.236	0.406	0.304	0.421	2.999	2.013	4.660	0.154
1999	0.079	0.084	0.167	0.079	0.076	0.324	0.435	0.358	0.468	3.333	2.264	5.120	0.210

续表

年份	新兴市场国家					新兴工业经济体		发达国家（地区）					其他发展中国家
	巴西	印度	墨西哥	俄罗斯	土耳其	韩国	中国台湾	澳大利亚	加拿大	欧盟	日本	美国	印度尼西亚
2000	0.114	0.133	0.258	0.090	0.104	0.452	0.569	0.367	0.522	3.831	2.679	5.815	0.243
2001	0.106	0.133	0.315	0.161	0.067	0.460	0.486	0.330	0.497	3.652	2.571	5.420	0.218
2002	0.109	0.163	0.451	0.217	0.081	0.537	0.532	0.376	0.531	3.760	2.561	5.986	0.247
2003	0.134	0.168	0.619	0.247	0.127	0.648	0.678	0.430	0.614	4.702	2.916	6.678	0.303
2004	0.196	0.194	0.787	0.228	0.187	0.803	0.801	0.548	0.756	5.440	3.243	7.764	0.390
2005	0.227	0.183	0.772	0.250	0.227	0.732	0.703	0.549	0.774	5.314	3.015	7.736	0.496
2006	0.272	0.177	0.797	0.340	0.247	0.720	0.650	0.494	0.758	5.200	2.539	7.061	0.620
2007	0.336	0.187	0.701	0.480	0.260	0.699	0.584	0.488	0.681	5.352	2.151	6.290	0.711
2008	0.392	0.289	0.621	0.521	0.233	0.694	0.520	0.435	0.643	5.068	1.899	5.231	0.613
2009	0.316	0.256	0.561	0.382	0.189	0.526	0.446	0.427	0.535	4.077	1.635	4.660	0.663
2010	0.417	0.316	0.684	0.524	0.237	0.609	0.523	0.478	0.593	4.440	1.848	4.963	0.733
2011	0.509	0.386	0.715	0.575	0.280	0.659	0.552	0.550	0.599	4.478	1.970	4.745	0.823

资料来源：根据第三章出口增加值核算理论模型与方法（投入产出技术视角）利用 WIOD 数据库计算得到。

表 4 - 10 则从技术水平角度分析了中国不同技术类别制造业行业的出口增加值份额国别（地区）来源变化。首先，从增加值来源份额看，无论是发达国家（地区）、新兴工业经济体、新兴市场国家，还是其他发展中国家，中高和高技术行业都占据了主导地位，说明中高和高技术制造业已经成为中国制造业出口带动其他国家增加值的主要来源。其中，无论是哪种技术水平，发达国家（地区）仍然是国外增加值的主要来源国（地区），特别是中高和高技术制造业，2011 年国外增加值份额达到 8.927%，然后是低技术和中低技术制造业。除发达国家（地区）外，新兴市场国家也是中国制造业国外增加值的重要来源。其次，从增长速度来看，新兴市场国家及其他发展中国家增加值份额的增长速度都快于其他类型国家（地区）的相应技术水平制造业。其中，新兴市场国家的中高和高技术行业增加值份额增长速度最快，年均增长率达到 14.5%；中低技术制造业也增长显

著，年均增长率达到 8.4%；低技术制造业在发达国家（地区）和新兴工业经济体出现降低的同时却在新兴市场国家和其他发展中国家呈上升态势。这反映出中国与新兴市场国家及其他发展中国家的垂直专业化分工的发展潜力，源于当时"金砖四国"的成立及与墨西哥系列双边合作协议的签订等加强了中国与新兴市场国家及其他发展中国家之间的贸易联系，推动了这些国家参与中国制造业行业产品生产链的程度不断加深，从而带动了其获利能力的提升。

表 4 - 10　1995～2011 年中国制造业出口增加值国别（地区）来源（技术分类）

单位：%

年份	发达国家（地区）			新兴市场国家			新兴工业经济体			其他发展中国家		
	低技术	中低技术	中高和高技术	低技术	中低技术	中高和高技术	低技术	中低技术	中高和高技术	低技术	中低技术	中高和高技术
1995	5.990	1.865	4.483	0.272	0.082	0.187	0.281	0.114	0.281	0.075	0.024	0.046
1996	4.712	1.737	4.101	0.209	0.083	0.203	0.278	0.120	0.299	0.058	0.026	0.048
1997	4.304	1.964	4.536	0.177	0.119	0.246	0.255	0.169	0.377	0.056	0.048	0.067
1998	3.966	1.758	4.674	0.150	0.093	0.229	0.166	0.132	0.343	0.048	0.039	0.066
1999	4.254	1.736	5.554	0.137	0.083	0.264	0.187	0.139	0.432	0.081	0.051	0.077
2000	4.478	1.971	6.765	0.179	0.138	0.381	0.222	0.204	0.595	0.082	0.080	0.080
2001	4.140	1.659	6.670	0.234	0.121	0.427	0.211	0.144	0.590	0.081	0.061	0.076
2002	3.975	1.560	7.678	0.300	0.132	0.589	0.224	0.161	0.684	0.092	0.047	0.108
2003	3.719	1.713	9.908	0.297	0.144	0.854	0.206	0.216	0.904	0.099	0.063	0.141
2004	3.608	2.105	12.037	0.257	0.181	1.154	0.196	0.342	1.067	0.096	0.074	0.220
2005	3.264	1.918	12.206	0.225	0.170	1.265	0.159	0.232	1.044	0.124	0.069	0.303
2006	2.836	1.860	11.357	0.263	0.168	1.402	0.149	0.232	0.989	0.143	0.100	0.376
2007	2.447	1.761	10.755	0.302	0.169	1.493	0.127	0.206	0.950	0.137	0.112	0.462
2008	2.083	1.708	9.486	0.417	0.212	1.428	0.099	0.239	0.877	0.156	0.093	0.364
2009	1.817	1.214	8.303	0.364	0.158	1.182	0.076	0.121	0.775	0.202	0.074	0.387
2010	1.772	1.381	9.169	0.484	0.212	1.483	0.082	0.153	0.896	0.243	0.095	0.396
2011	1.754	1.659	8.927	0.524	0.299	1.641	0.088	0.230	0.894	0.269	0.126	0.427

资料来源：根据第三章出口增加值核算理论模型与方法（投入产出技术视角）利用 WIOD 数据库计算得到。

第二节　中国制造业出口增加值的微观结构特征

利用国际投入产出表的增加值核算从宏观层面描述了中国制造业出口增加值的整体结构和特征，但囿于无法体现经济微观主体的企业异质性特征，本节利用第三章中微观企业视角的出口增加值核算方法和中国工业企业数据库，从微观层面进一步揭示中国制造业出口增加值的异质性特征。

一　数据来源及描述

微观层面的出口增加值核算数据主要来源于中国工业企业数据库 1998 ~ 2007 年的数据，是国家统计局对全部国有和规模（年主营业务收入 500 万元）以上的非国有工业法人企业进行统计的工业统计报表数据库。工业企业数据库是最全面的微观企业层面数据库，既包括企业的基本情况（如法人代码、企业名称、所属行业、注册类型等），也包括企业的财务数据（如固定资产、流动资产、主营业务收入、工业总产值、出口交货值、中间投入等），有 100 多个财务会计变量。本节利用工业企业数据库中的工业增加值来核算出口增加值更为可靠和稳健。首先，样本的时间跨度长，可以在一个更长跨期内考虑其动态变化情况，弥补运用投入产出表分析贸易增加值时观察年份较少的问题。其次，工业企业数据库中包含的样本数量和观察值数量众多，经过筛选和剔除，仍然有较大的样本容量，能很好地降低近似偏误，提高估计效率。

有关数据的处理方法，我们借鉴谢千里等（2008）、张杰等（2009）、汤二子等（2011）等对样本进行的筛选方法。首先，删除变量明显统计有误的样本，如一些不可能为负的变量却取值为负，如工业总产值、主营业务收入、固定资产总值以及工业增加值等。其次，删除企业员工人数低于 8 人的样本，以及非正常营业的企业样本。再次，删除销售额的增长率大于 100% 或者小于 0 的企业样本。在此基础上，我们还把企业分为出口企业和内销企业，把企业出口交货值大于 0 的归为出口企业，出口值为 0 的归为内销企业。本书主要考虑出口增加值，因此剔除出口交货值为 0 的样本。最后，由于工业企业数据库中进口数据的不可得性，所以本节利用

1997 年、2002 年、2007 年的投入产出表，计算出行业的中间产品进口投入比例，进而得出中间产品国内投入比例。根据比例性假设，每个行业的所有企业国内投入比例相同。之后我们用 1997 年的投入产出表计算得到的中间产品的国内投入比例来计算 1998～2000 年的国内中间投入，用 2002 年的投入产出表计算得到的中间产品的国内投入比例来代替 2001～2004 年的国内中间投入，用 2007 年的投入产出表计算得到的中间产品的国内投入比例来代替 2005～2007 年的国内中间投入。经过数据处理，样本数据的基本结构如表 4－11 所示。

表 4－11　样本基本结构

单位：%

	劳动密集型	资本密集型	技术密集型	占企业总数比重
国有企业	6.55	19.65	12.42	9.47
集体企业	9.27	10.43	5.99	8.47
私人企业	40.96	38.83	34.22	38.88
港澳台企业	23.70	12.55	21.35	21.95
外资企业	19.52	18.54	26.02	21.23
占企业总数比重	62.29	9.85	27.86	

资料来源：根据中国工业企业数据库整理得到。表中数据是各所有制类型企业在不同要素密集型样本总数中的比例（第 2～4 列）及在总样本中的比例（第 5 列）；各要素密集型企业在总样本中的比例（第 7 行）。所有制类型分类标准以及要素密集度分类标准参照下面书中论述。

二　总体变化趋势分析

根据微观企业视角出口增加值的核算方法，我们首先测算了 1998～2007 年工业企业数据库中所有出口企业的年出口增加值率，从总体上把握中国出口增加值的变化趋势。因总体样本经过筛选后仍有很大样本量，这种大样本情形基本能反映中国出口企业的贸易增加值率变化的一般特征。

从图 4－5 中，我们可以直观地看到中国制造业企业出口增加值率整体上处于下降趋势，且下降幅度明显，从 1998 年的 62.97% 下降至 2007 年的 57.43%，下降了 5.54 个百分点。其中，入世前出口增加值率下降最为剧烈，从 2000 年的 62.62% 急剧下降至 2001 年的 58.20%，然后有所回升，之后则在波动中呈下降趋势。入世前预期的不稳定性使得出口总额增加放缓，因此导致出口增加值率急剧下降。而从出口增加值的绝对数来看，中国制造业企业的出口增加值一直都以较大的增长速度增加，呈现稳步较快上升态势，但由于出口总量增加的速度高于出口增加值的增长速度，所以从出口增加值率来看，中国整体上的出口增加值率则是下降的。初步分析认为，入世之后逐步成为"世界工厂"的中国以低廉劳动力成本融入全球生产链，处于全球价值链分工中的低端位置，加工贸易一直是中国对外贸易中的主要方式，但大进大出只赚取组装费用的加工贸易必然只能带来较低的附加值。因此，中国出口中所获贸易增加值较少，出口增加值率不高也是事实。出口规模巨大而出口增加值较低的背景下，提升企业出口增加值是提升中国制造业在全球价值链中的竞争力和获利能力的关键问题。

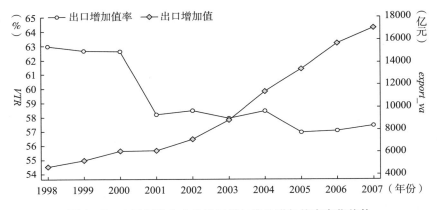

图 4 - 5　中国制造业企业出口增加值及增加值率变化趋势

资料来源：笔者根据中国工业企业数据库数据绘制。

　　由于行业之间的差异性及企业之间异质性的普遍存在，单纯的总体趋势并不能准确反映各行业以及不同类型企业之间的异质性特征，所以就有必要进行分行业、贸易方式和所有制类型进行测算和比较，以便更深层次地把握中国制造业出口增加值率变化的原因。

三　不同行业出口增加值的变化特征分析

　　Johnson 和 Noguera（2012）指出行业出口增加值率反映了单个行业参与贸易的程度，也是衡量行业出口竞争力的一个重要指标，因此我们从行业层面来测度各行业年平均出口增加值率的变化情况，来考察中国制造业各行业参与国际分工的程度和竞争力。对中国工业企业数据库 4 分位行业代码的企业进行 2 分位行业划分归纳后，共有 30 个行业，分别为农副食品加工业（13），食品制造业（14），饮料制造业（15），烟草制品业（16），纺织业（17），纺织服装、鞋、帽制造业（18），皮革、毛皮、羽毛（绒）及其制品业（19），木材加工及木、竹、藤、棕、草制品业（20），家具制造业（21），造纸及纸制品业（22），印刷业和记录媒介的复制业（23），文教体育用品制造业（24），石油加工、炼焦及核燃料加工业（25），化学原料及化学制品制造业（26），医药制造业（27），化学纤维制造业（28），橡胶制品业（29），塑料制品业（30），非金属矿物制品业（31），黑色金属冶炼及压延加工业（32），有色金属冶炼及压延加工业（33），金属制品业（34），通用设备制造业（35），专用设备制造业（36），交通运输设备制造业（37），电气机械及器材制造业（39），通信设备、计算机及其他电子设备制造业（40），仪器仪表及文化、办公用机械制造业（41），工艺品及其他制造业（42），废弃资源和废旧材料回收加工业（43）。但由于在工业企业数据库中行业（43）中的出口企业数量极少且总产值也很少，所以删除了行业（43），不予考虑。此外，借鉴张杰等（2013）的做法，为保证测算结果的可靠性，只考虑企业数目大于 800 家的行业出口增加值率的情况，这样就删除了烟草制品业（16）。经过上述处理后，我们对 28 个行业 2000 年、2003 年和 2007 年的出口增加值率情况进行对比和分析，观察不同行业出口增加值率的整体变化趋势。

图 4-6 中分行业出口增加值率变化显示，2000 年、2003 年和 2007 年，中国制造业各行业的出口增加值率都不高。其中，行业出口增加值率较高的是印刷业和记录媒介的复制业及纺织服装、鞋、帽制造业，2007 年时分别达到了 69.62% 和 63.10%，较低的则是石油加工、炼焦及核燃料加工业和农副食品加工业，分别为 41.10% 和 45.90%。从各行业变化趋势来看，这 3 年，大部分制造业行业的出口增加值率有所下降，其中通信设备、计算机及其他电子设备制造业（40）、通用设备制造业（35）和仪器仪表及文化、办公用机械制造业（41）等下降较为明显，分别从 2000 年的 61.55%、71.39% 和 64.79% 下降至 2007 年的 52.60%、62.17% 和 56.62%，出现较为明显下降的这些行业基本属于技术密集型的行业。只有部分行业如农副食品加工业（13），皮革、毛皮、羽毛（绒）及其制品业

（19）和金属制品业（34）有轻微增长，分别从 2000 年的 45.77%、57.06% 和 59.93% 增加至 2007 年的 45.90%、57.30% 和 60.58%。

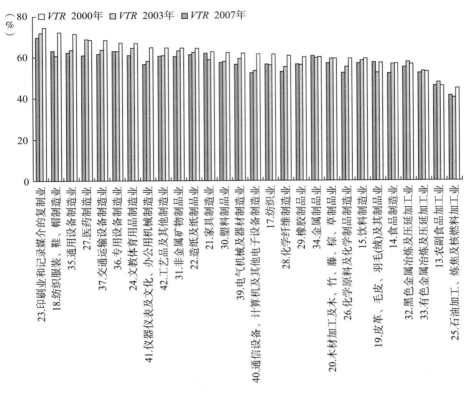

图 4－6 中国制造业分行业出口增加值率比较

资料来源：笔者根据中国工业企业数据库数据绘制。

为进一步深入了解行业出口增加值率的变化趋势，我们借鉴 Lall（2000）关于行业密集度的分类方法，把 28 个行业分为劳动密集型行业、资本密集型行业和技术密集型行业三类。其中劳动密集型行业包括农副食品加工业，食品制造业，纺织业，纺织服装、鞋、帽制造业，皮革、毛皮、羽毛（绒）及其制品业等共 15 个行业，资本密集型行业有饮料制造业，石油加工、炼焦及核燃料加工业，化学原料及化学制品制造业，医药制造业等共 7 个行业，技术密集型行业有通用设备制造业、专用设备制造业、交通运输设备制造业等共 6 个行业。分别对上述三大类行业 2000 年、2003 年和 2007 年的出口增加值率进行测算（见图 4－7），结果发现劳动密集型行业的出口增加值率从 2000 年的 62.5% 下降至 2007 年的 58.4%，资本密集型行业的出口增加值率从 2000 年的 58.4% 下降至 2007 年的 53.4%，技术密集型行业的出口增加值率从 2000 年的 64.3% 下降至 2007 年的 57.1%，下降最大的是技术密集型行业，然后是资本密集型行业和劳动密集型行业。至 2007 年，出口增加值率最大的是劳动密集型行业，其次是技术密集型行业和资本密集型行业，反映出中国以劳动力成本参与国际分工的现状。结合各类型行业企业数目比重，可以判断出技术密集型行业和资本密集型行业出口增加值率的下降是导致中国制造业出口增加值率整体下降的主要原因。

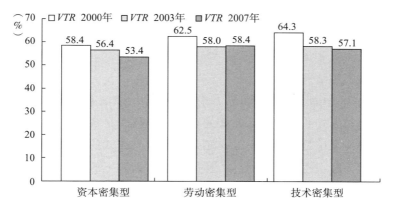

图 4 - 7　中国制造业不同要素密集度行业出口增加值率比较
资料来源：笔者根据中国工业企业数据库数据绘制。

综上，分行业出口增加值率测算结果的分析表明，大部分行业的出口增加值率有所下降，资本密集型行业和技术密集型行业下降较为明显，而劳动密集型行业则先下降后上升。技术密集型行业和资本密集型行业出口增加值率的下降是导致中国制造业出口增加值率整体下降的主要原因。

四　不同贸易方式下企业出口增加值变化特征分析

核算出口增加值的关键是剔除中间投入中进口产品的使用，这也是诸多现有研究围绕的焦点，如 Hummel 等（2001）把中间产品中进口成分假设为零，但这种强假设无法准确衡量加工贸易方式盛行的中国参与国际分工的程度。因加工贸易的国外成分高以及在中国总出口中的重要地位

（Kee and Tang，2013），区分贸易方式进行出口增加值的核算更能反映中国贸易结构特点，也能进一步厘清中国出口贸易中的增加值来源。

关于贸易方式的划分方法，李春顶（2010）根据企业出口额占当年企业总产值的比重，将这一比重大于50%的企业定义为加工贸易企业，其余的为一般贸易企业。但这种方法也存在不可避免的缺陷，首先，加工贸易的主要特点就是先进口再出口，所以单从出口来区分增加了风险和误差；其次，李春顶的目的是最大化地去除加工贸易类型企业，所以他选取了比较低的分界线（出口值占总产值的50%）。此外，高敏雪和葛金梅（2013）设计了出口倾向指标，即企业当年出口交货值与同期工业销售产值的比值，以此指标来筛选全出口型企业。本节借鉴以上方法，分别以出口倾向指标是1.0、0.9和0.5的三种情况为分界线来区分加工贸易和一般贸易，进而测算不同标准下贸易方式不同时企业出口增加值率的变化趋势，以增加测算结果的可靠性。

从图4-8中国制造业分贸易方式企业出口增加值率测算结果来看，整体上加工贸易方式和一般贸易方式的出口增加值率呈现下降态势。具体来看，入世前，无论是加工贸易方式还是一般贸易方式的企业出口增加值率都出现急剧下降，之后有所回升，且加工贸易方式下的企业出口增加值率都低于一般贸易方式，且差距出现扩大趋势。根据出口倾向指标可知，指标数值越大，则对于加工贸易企业范围限制的标准越严格。当指标为1.0时，即企业当年出口交货值等于其同期工业销售产值，则企业的产出全部用于出口，是全出口型企业。此时，对于一般贸易方式企业的限制标准比较宽松，出口增加值率呈现略微下降的趋势。为了更准确地判断一般贸易方式企业出口增加值率的变化，我们通过观察出口倾向指标为0.9和0.5时企业出口增加值率发现，随着出口倾向指标的逐渐变小，一般贸易方式企业的出口增加值率呈现轻微上升的趋势；而加工贸易方式企业的出口增加值率无论出口倾向指标如何变动都整体呈现下降的趋势，且指标越大，下降幅度越大。

综上所述，中国制造业企业出口增加值率整体呈现下降趋势，从贸易方式来看，一般贸易方式企业出口增加值率虽然呈现微弱上升的趋势，但加工贸易方式企业出口增加值率随时间整体呈现下降趋势，且下降幅度大于一般贸易方式。

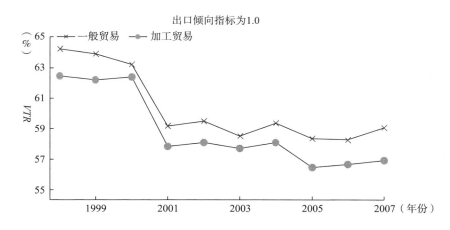

出口倾向指标为1.0

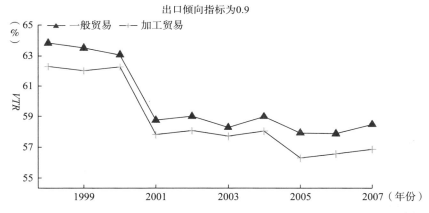

出口倾向指标为0.9

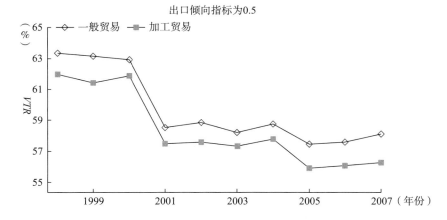

出口倾向指标为0.5

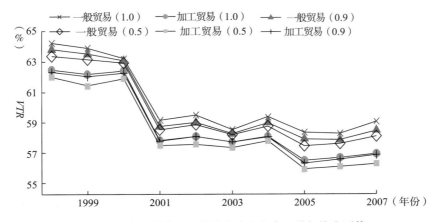

图 4 - 8　中国制造业分贸易方式企业出口增加值率测算

资料来源：笔者根据中国工业企业数据库数据绘制。

五　不同企业所有制下企业出口增加值变化特征分析

在中国不同所有制经济形式并存的经济特征下，不同所有制经济体在要素获得能力、参与国际分工形式方面都会存在一定的差异性，所以企业所有制身份是造成企业出口增加值率差异的重要原因（张杰等，2013）。因此，从企业所有制角度考虑企业出口增加值率的差异性能更深层次了解中国制造业企业出口增加值率变化的原因。根据工业企业数据库中数据类型，我们借鉴 Guariglia 等（2011）和张杰等（2013）对企业所有制的分类方法，以企业不同类型的注册资本占总投资的比重（≥50%）来区分国有企业（state）、集体企业（collect）、私人企业（private）、港澳台企业（hmt）和外资企业（foreign）。这种方法比直接按照企业登记注册性质来划分更加合理可靠。此外，对于独立法人企业（legal），我们借鉴路江涌（2008）提出的分类方法根据企业注册类型对独立法人企业进行再分类。

图 4 - 9 给出了中国制造业不同所有制企业在 1998～2007 年出口增加值率的变化趋势。总体而言，1998 年以来，中国制造业所有不同所有制类型企业的出口增加值率均出现了不同程度的下降。其中出现了两次比较大的波动：其一是中国加入 WTO 前，各种所有制企业的出口增加值率均出现急剧下降，但 2001 年之后又呈现波动中回升态势；其二是在 2005 年汇率制度改革之后，各种所有制企业的出口增加值率也都出现下降，具体来

看，内资企业的出口增加值率除 2005 年出现下降之外都呈现增长，而外资企业出口增加值率则有所下降，且内资企业出口增加值率普遍高于外资企业。整体而言，外资企业下降幅度最大，从 1998 年的 62.52% 下降至 2007 年的 56.52%，2005 年后内资企业出口增加值率均出现上升，外资企业的出口增加值率则进一步下降。至 2007 年，出口增加值率最大的是私人企业，较小的是港澳台企业和外资企业。虽然内资企业的出口增加值率在整体上呈现下降趋势，但国有企业、集体企业及私人企业的出口增加值率一直高于港澳台企业和外资企业。初步分析结果说明，中国制造业出口增加值率中较大部分还是来源于内资企业，可能是因为内资企业较多地使用了国内产品来代替进口中间产品（Kee and Tang，2013），当然也不排除部分原因是国有企业和集体企业对国内要素市场具有较强的控制能力。外资企业作为改革开放以来吸引外商直接投资的主要来源载体，其出口增加值率较低也是在预料之中的。外资企业有意识地防技术扩散本能也使其成为加工贸易方式的实施主体，而加工贸易方式本身决定了较大的出口量和较低的附加值。

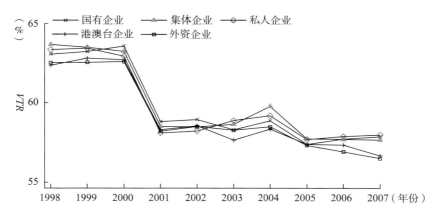

图 4 - 9 1998~2007 年中国制造业不同所有制企业出口增加值率变化
资料来源：笔者根据中国工业企业数据库数据绘制。

因此，通过分析我们可以得出下面结论：内资企业依然是中国制造业企业出口增加值的主要来源，尤其是集体企业和国有企业，而外资企业对中国制造业出口增加值率的推动作用有限。私人企业数量比重最大，且其出口增加值率仅次于集体企业和国有企业，因此私人企业对推动中国制造业出口增加值率的作用不容小觑。

六 生产要素收入下中国制造业出口增加值测算结果

根据第三章以生产要素收入视角测算出口增加值的方法，我们利用中国工业企业数据库2001～2007年[①]的数据对中国制造业的国内和国外增加值进行了测算。

如表4-12所示，2001～2007年中国制造业出口增加值中国内增加值平均占了约68%，国外增加值约占32%，国内增加值成分远远大于所包含的国外增加值。入世以后，国内增加值的比重有所下降，从2001年的69.77%下降至2007年的67.02%，下降了2.75个百分点，而国外增加值则上升了2.75个百分点。从出口增加值率来看，中国制造业出口增加值率比较低，平均占总出口的12.73%，反映了出口规模并不代表出口增加值以及中国制造业出口增加值较低的客观事实。从变化趋势来看，中国制造业出口增加值率整体处于下降趋势。

表4-12 2001～2007年中国制造业出口中的国内和国外增加值比较

单位：%

年份	国内增加值		国外增加值	
	占总增加值比重	占总出口比重	占总增加值比重	占总出口比重
2001	69.77	12.94	30.23	5.61
2002	69.76	12.60	30.24	5.46
2003	68.19	12.43	31.81	5.80
2004	68.12	12.33	31.88	5.77
2005	67.19	12.58	32.81	6.14
2006	66.32	12.79	33.68	6.49
2007	67.02	13.45	32.98	6.62

资料来源：笔者根据中国工业企业数据库计算得到。

根据出口增加值的组成部分对中国制造业出口增加值进行分解之后可以看出（见表4-13），中国制造业出口增加值中绝大部分来源于劳动者报

---

① 目前中国工业企业数据库时间跨度是1998～2007年，但鉴于入世前后中国对于外资准入政策的变化，所以本节选择了入世后2001～2007年的数据作为考察样本。

酬，平均占总出口增加值的64.73%，且劳动者报酬所占比例整体在上升。企业营业盈余虽然所占比重不大，但上升趋势明显，从2001年的12.90%上升到了2007年的17.11%，上升了4.21个百分点，客观反映了企业盈利能力的逐步提升。而企业生产税净额和固定资产折旧都处于整体下降趋势。从整体来看，中国制造业参与国际分工还是依赖于劳动力优势，处于全球价值链的低端位置，主要通过提供低成本的劳动力获得增加值。

表4-13　2001~2007年中国制造业出口增加值构成

单位：%

年份	劳动者报酬	生产税净额	营业盈余	固定资产折旧
2001	62.38	16.71	12.90	8.01
2002	64.26	15.01	14.20	6.52
2003	63.68	14.50	15.67	6.15
2004	66.57	13.72	14.33	5.38
2005	64.95	13.19	16.07	5.79
2006	65.65	12.68	16.13	5.53
2007	65.65	12.20	17.11	5.04

资料来源：笔者根据中国工业企业数据库计算得到。

进一步比较内资企业和在华外资企业①各自的出口增加值构成（见表4-14）后发现，内资企业的生产税净额、营业盈余和固定资产折旧占其出口增加值比重均高于外资企业的相应比重，而外资企业中劳动者报酬占其出口增加值的比重却远远大于内资企业。外资企业因其在全球价值链中的战略地位及对中国要素资源的利用模式，决定了其出口增加值中的绝大部分来源于劳动者报酬，正如结果显示外资企业出口增加值中平均约92.51%都是来源于劳动者报酬，且劳动者报酬比重整体在上升。但外资企业出口增加值中营业盈余比重却整体在下降，客观反映了随着中国劳动力成本逐步上升，外资企业在中国的盈利空间越来越小的事实。这种事实和在华外资企业出口中约有1/2从事加工贸易的情况密切相关。同期内资企

① 依据国家工商总局《中外合资经营企业法》规定，企业股权结构中外资（包括港澳台投资和其他外国投资）股本比例小于25%的企业定义为内资企业，大于等于25%的企业视为外资企业。

业出口增加值构成中，劳动者报酬平均占了约 44.75%，但在其总出口增加值中的比重整体在下降，营业盈余比重却整体呈现明显上升趋势，说明入世以来内资企业盈利能力整体在提高，竞争力加强。而源于入世以来外资企业所享受的超国民待遇，内资企业的生产税净额比重明显高于外资企业。内资企业和外资企业出口增加值的结构性差异反映了不同所有制企业在生产模式上的不同，也说明区分内资企业和外资企业分析出口增加值构成以及外资进入对不同所有制企业出口增加值所产生影响的必要性。

表 4 - 14   中国制造业内资企业和外资企业出口增加值构成比较

单位：%

年份	劳动者报酬比重		生产税净额比重		营业盈余比重		固定资产折旧比重	
	内资企业	外资企业	内资企业	外资企业	内资企业	外资企业	内资企业	外资企业
2001	45.64	88.29	25.01	3.87	17.89	5.18	11.46	2.66
2002	46.48	90.01	23.37	2.90	20.43	5.18	9.71	1.91
2003	44.79	91.38	22.74	2.42	23.18	4.67	9.30	1.53
2004	46.50	94.26	22.50	1.61	22.43	3.15	8.57	0.98
2005	43.40	94.22	21.73	1.60	25.56	3.18	9.32	1.00
2006	43.45	94.52	21.26	1.54	26.17	3.07	9.12	0.86
2007	43.01	94.89	20.55	1.40	28.05	2.98	8.38	0.73

资料来源：笔者根据中国工业企业数据库计算得到。

七　与已有相关文献研究结果比较

本节基于企业工业增加值和出口增加值的关联来核算中国制造业企业出口增加值率方法的可行性如何，以及能否将之作为主流利用投入产出表核算出口增加值方法的一种补充，为此我们对近年来国内外关于中国制造业出口增加值率的研究进行了汇总罗列，与本节结果进行比较，来判断其可行性。由于在核算出口增加值时，对中间投入中的国内投入系数计算也是利用了投入产出表，而中国的投入产出表每 5 年编制一次，利用投入产出表对贸易增加值进行分析的文献主要集中在 2002 年、2007 年等。因此与现有文献 2002 年和 2007 年的研究结果进行比较，才能判断其可行性如何。

从表 4 - 15 对比结果来看，本节估算结果和目前主要文献中对中国制造业出口增加值率的估算结果比较接近，如本节核算的 2007 年中国出口增加值率为 57.49%，而 Chen 等（2012）、Koopman 等（2012a）和祝坤福等（2013）核算的结果分别为 59.1%、60.6% 和 59.1%。此外，我们还对国内外基于其他数据库及方法的核算结果进行了比较，如 Kee 和 Tang（2013）、Upward 等（2013）、张杰等（2013）、罗长远和张军（2014）的结果虽有些差别，但总体来说结果比较接近。由于使用的数据库不同，且核算的方法也不尽相同，得出的结果出现稍微的差异也是情理之中的。但总体来看，本书和已有研究计算结果的相近性也表明我们基于企业工业增加值和出口增加值间的内在关联来核算出口增加值的可行性。

表 4 - 15　与已有研究文献结果对比

文献来源	文献的核算结果及使用数据库	本书核算结果
Koopman 等（2012a）	2002 年为 53.9%，2007 年为 60.6%；中国投入产出表和海关贸易数据库	2002 年为 58.43%，2007 年为 57.49%
Koopman 等（2012b）	2004 年为 63.6%；GTAP 数据库	2004 年为 58.35%
Chen 等（2012）	2002 年为 46.6%，2007 年为 59.1%；编制的 2002 年和 2007 年投入产出表	2002 年为 58.43%，2007 年为 57.49%
Kee 和 Tang（2013）	2000 年为 58%，2006 年为 66%；工业企业数据库和海关贸易数据库	2001 年为 58.2%，2006 年为 57.23%
Upward 等（2013）	2003 年为 53%，2006 年为 60%；工业企业数据库和海关贸易数据库	2003 年为 57.91%，2006 年为 57.23%
祝坤福等（2013）	2002 年为 55.1%，2007 年为 59.1%；2002 年和 2007 年非竞争型投入产出表	2002 年为 58.43%，2007 年为 57.49%
张杰等（2013）	2002 年为 48.39%，2006 年为 57.7%；工业企业数据库和海关贸易数据库	2002 年为 58.43%，2006 年为 57.23%
罗长远和张军（2014）	2000 年为 79.41%，2005 年为 61.19%；OECD - WTO 的 TiVA 数据库	2005 年为 56.98%

资料来源：根据现有增加值贸易相关研究文献总结绘制，表中本书核算结果是以微观数据核算结果为主的。

第三节　中国制造业增加值贸易与双边贸易利益

贸易利益是一国进行国际贸易的原始动机和目的，也因此一直是国际贸易理论所关注的核心问题。客观准确地衡量贸易利益对把握一国贸易模式和结构，制定合适的贸易政策至关重要。但传统贸易方式对"世界制造"生产模式下各国贸易利益分配的度量造成了很大扭曲，增加值贸易则揭示了传统贸易方式度量下的"统计幻象"，还原了一国对外贸易中的真实贸易利得，把传统贸易统计引向了更符合新型国际分工的贸易利益统计上。因此，基于增加值贸易视角还原全球价值链背景下中国参与国际分工的真实双边贸易格局，对处于经济转型关键时期的中国，准确认识和把握在双边贸易及对外贸易格局中的地位和实际收益，进一步协调对外经贸关系，推动对外贸易的健康发展，进而构建新型开放型经济新体制，有效推进区域经济一体化进程来说具有重要的现实意义。

为深入理解增加值贸易和传统贸易方式对贸易流度量的差异，本节以中美双边贸易为例，对两种贸易统计方式下双边贸易度量的差异进行分析和比较。之所以选择中美两国，是因为中美作为世界上较大的贸易国，其双边贸易关系更具有代表性，且中美贸易关系也一直是国际社会关注的焦点。目前以增加值贸易为视角研究中美双边贸易的文献还不太多，主要有曾铮和张路路（2008）在考虑进口成分带动的国内价值增值的基础上对中美双边贸易利益分配及主要制造业贸易利得进行了分析，但文中忽略了进口成分中可能包含国内增加值的情况；张咏华（2013）基于增加值贸易框架对比了传统贸易统计和增加值贸易统计下的中美贸易差额，并从技术层次对行业结构进行了分析；王岚和盛斌（2014）利用 Stehrer（2012）的贸易增加值分析框架对中美两国不同行业价值链分工差异和获利能力变化进行了研究。而本节则主要利用第三章以最终吸收为标准的双边贸易增加值分解框架，运用 WIOD 数据库，在对中美贸易流进行彻底分解的基础上，从增加值贸易角度对中美双边贸易格局进行分析，不仅从国家整体层面还从行业要素密集度角度还原中美双边贸易中的真实贸易利得和贸易结构，把握两国在全球国际分工中的地位差别和获利能力变化，为备受争议的中美双边贸易关系提供一定的经验证据，也为提升中国对美国出口的增值能力寻求着力点。

一　增加值贸易和总值贸易核算比较：中美双边贸易国家层面

我们首先从国家层面对两种贸易统计方式度量下的中美双边贸易额进

行比较分析。图 4 - 10 是从增加值出口和总值出口①角度对中美两国贸易规模的度量结果，其中增加值出口的界定是基于本书以出口产品的最终吸收为标准的分解框架，即一国所生产的用来满足其他国家最终需求的增加值，其本质与 Johnson 和 Noguera（2012）的研究相同。结果显示两种贸易统计方式下中美双边贸易额在整体上表现出较大差异，以传统贸易方式度量的贸易额明显大于增加值贸易方式，再次证实了传统贸易统计方式下度量的贸易额被夸大现象的存在。其中，中国对美国的增加值出口和总值出口间的差异要显著大于美国对中国的增加值出口和总值出口，且这种差异整体呈现扩大的趋势，反映出中美两国在全球生产链上所处分工地位不同而导致中国对美国出口中包括更多其他国家成分，也因此中国对美国的增加值出口和总值出口间的差距大于美国对中国的增加值出口和总值出口。

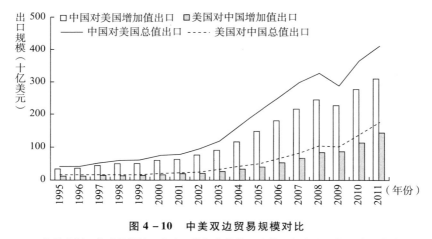

图 4 - 10　中美双边贸易规模对比

资料来源：笔者根据第三章出口增加值核算理论模型与方法（投入产出技术视角）运用 WIOD 数据库核算得到的增加值数据绘制。

图 4 - 11 进一步比较了增加值贸易和总值贸易统计方式下中美双边贸易差额的变化和差异。可以明显地看出，相比总值贸易差额，增加值贸易差额出现了大幅的"缩水"。在 1995～2011 年，增加值贸易差额占总值贸易差额的平均比例为 75.7%，即增加值贸易差额的平均"缩水"比例达 24.3%，说明以传统贸易统计方式计算的中美贸易顺差中有 1/4 左右是被

———————————

① 总值出口是传统贸易统计方式下的出口总额。

夸大的。这种差异自 2001 年中国入世以来整体呈现显著扩大趋势，并在 2004 年达到 67.93%，之后因 2008 年全球金融危机出现而有所缩小，但在 2011 年时仍达到了 70.59%。因此，从国家整体层面来看，传统贸易统计方式确实高估了中美双边贸易失衡，且高估的程度近年来还出现加大的趋势。

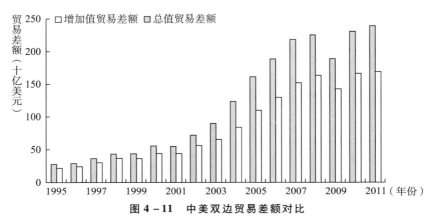

图 4 - 11　中美双边贸易差额对比

资料来源：笔者根据第三章出口增加值核算理论模型与方法（投入产出技术视角）运用 WIOD 数据库核算得到的增加值数据绘制。

二　增加值贸易和总值贸易核算比较：中美双边贸易产业层面

为把握增加值贸易和总值贸易方式下中美双边贸易额差异所产生的深层次原因，我们从产业层面进行了分析。首先从贸易规模角度对行业差异进行的分析如表 4 - 16 所示。可以看出，无论是出口还是进口，以增加值贸易核算的三类产业的中美贸易规模均小于传统贸易统计方式，说明传统贸易统计方式普遍夸大了对贸易规模的度量，造成了"统计幻象"的产生。具体来看，两种贸易度量方式下，相对于初级产品和资源产品及服务业，中美制造业贸易一直保持较大顺差且贸易规模被夸大的程度最为严重，1995～2011 年制造业增加值出口占总值出口的比例平均为 76.92%，最低时为 2005 年的 69.58%，说明中美制造业出口中有约 1/4 被错误地计入了中美贸易顺差中，是中美贸易顺差被夸大的主要原因。此外，对于初级产品和资源产品，无论是增加值贸易还是总值贸易，除个别年份外中国对美国基本保持逆差，且逆差额整体在增加，说明中国对美国的初级产品和资源产品的依赖性在加强；而对于服务业，两种方式下基本保持顺差，但以增加值贸易方式度量的顺差明显小于总值方式，且顺差逐渐缩小，至 2011 年则呈现逆差。这反映出以增加值贸易方式度量的美国服务业出口所带动的美国国内增加值更大，美国服务业在全球价值链上的分工地位高于中国。

表 4－16　中美增加值贸易和总值贸易规模产业层面对比

单位：十亿美元

年份	初级产品和资源产品				制造业				服务业			
------	增加值出口	增加值进口	总值出口	总值进口	增加值出口	增加值进口	总值出口	总值进口	增加值出口	增加值进口	总值出口	总值进口
1995	0.90	1.54	0.99	1.72	31.37	9.25	39.25	11.15	1.21	1.15	1.43	1.23
1996	1.05	1.09	1.12	1.21	33.43	9.53	40.16	11.41	1.08	1.12	1.22	1.18
1997	1.11	1.35	1.19	1.49	41.46	11.36	49.86	13.60	1.25	1.14	1.41	1.20
1998	0.86	0.90	0.91	0.99	45.18	11.19	53.47	13.36	3.52	0.86	3.89	0.92
1999	0.67	0.54	0.71	0.60	45.73	12.38	55.40	14.96	3.38	0.86	3.78	0.93
2000	1.16	0.79	1.26	0.89	53.47	13.79	67.41	16.98	5.09	1.28	5.86	1.40
2001	0.73	0.79	0.78	0.89	55.72	16.48	69.39	19.97	6.11	1.60	6.96	1.74
2002	0.91	0.72	0.98	0.81	66.41	16.94	84.58	20.55	8.66	2.52	9.97	2.74
2003	0.78	1.63	0.86	1.85	81.80	20.73	109.60	25.46	8.15	3.45	9.67	3.75
2004	1.05	3.13	1.18	3.60	104.82	26.39	149.98	34.02	10.97	4.11	13.51	4.55
2005	1.41	2.62	1.58	3.10	133.63	30.92	192.04	40.40	13.78	6.12	16.97	6.90
2006	1.37	2.90	1.53	3.45	164.74	39.29	233.85	51.57	15.54	10.73	19.20	12.15
2007	1.36	3.81	1.52	4.52	195.92	48.48	274.74	63.10	20.15	14.13	24.53	16.03
2008	1.63	6.02	1.81	7.24	215.94	55.13	292.33	71.71	28.89	23.14	34.65	25.98
2009	1.54	7.69	1.67	8.90	196.55	56.85	254.23	69.73	30.18	22.11	34.73	24.32
2010	1.84	9.36	2.03	11.00	237.88	68.88	318.25	86.62	39.45	35.79	46.42	39.87
2011	2.15	12.28	2.38	14.52	266.32	86.90	358.14	109.83	44.16	45.79	52.33	50.99

资料来源：根据第三章出口增加值核算理论模型与方法（投入产出技术视角）运用 WIOD 数据库核算得到的增加值数据计算得到。

为进一步分析增加值贸易和总值贸易的产业层面差别，表 4－17 从贸易结构角度对两种贸易统计方式下的差异进行了对比。可以看出，两种方式下中美两国贸易中的初级产品和资源产品以及制造业在总出口中的比重整体上都在下降,其中制造业占比下降幅度最大,而两国的服务业占比整体上均出现较大上升,反映出制造业虽依然处于中美贸易关系的主导地位,但服务业在中美贸易关系中的重要性在逐步提升。而经过增加值贸易方式调整后,无论是哪个贸易流向,与传统贸易统计方式下相比,初级产品和资源产品以及服务业在总出口中的占比均上升,而制造业在总出口中的比重则下降。这说明全球生产模式下制造业出口产品中往往包含更多其他国家的价值增值,而传统贸易统计方式更容易夸大制造业的出口规模和占比。

表 4 − 17　中美增加值贸易和总值贸易结构产业层面对比

单位:%

年份	初级产品和资源产品				制造业				服务业			
	增加值出口	增加值进口	总值出口	总值进口	增加值出口	增加值进口	总值出口	总值进口	增加值出口	增加值进口	总值出口	总值进口
1995	2.67	12.89	2.37	12.19	93.70	77.44	94.21	79.09	3.62	9.66	3.42	8.72
1996	2.94	9.31	2.62	8.74	94.02	81.17	94.50	82.67	3.04	9.52	2.88	8.58
1997	2.54	9.72	2.28	9.14	94.61	82.06	95.04	83.52	2.85	8.21	2.68	7.34
1998	1.74	6.95	1.57	6.51	91.16	86.38	91.75	87.45	7.09	6.67	6.68	6.04
1999	1.34	3.95	1.18	3.67	91.88	89.84	92.50	90.71	6.78	6.21	6.32	5.62
2000	1.94	4.95	1.69	4.60	89.54	86.96	90.45	88.12	8.52	8.09	7.86	7.29
2001	1.16	4.19	1.01	3.92	89.07	87.31	89.96	88.37	9.77	8.49	9.03	7.71
2002	1.20	3.59	1.03	3.37	87.40	83.93	88.54	85.27	11.40	12.48	10.43	11.36
2003	0.86	6.31	0.71	5.95	90.15	80.33	91.24	81.98	8.99	13.36	8.05	12.07
2004	0.90	9.31	0.71	8.54	89.71	78.48	91.08	80.68	9.39	12.21	8.21	10.78
2005	0.94	6.60	0.75	6.14	89.80	77.97	91.19	80.17	9.26	15.44	8.06	13.68
2006	0.75	5.48	0.60	5.14	90.24	74.24	91.86	76.77	8.55	20.28	7.54	18.09
2007	0.63	5.74	0.51	5.41	90.10	72.99	91.34	75.44	9.27	21.27	8.15	19.16
2008	0.66	7.15	0.55	6.90	87.61	65.40	88.91	68.34	11.72	27.45	10.54	24.76
2009	0.68	8.88	0.58	8.64	86.10	65.61	87.48	67.73	13.22	25.52	11.95	23.63
2010	0.66	8.21	0.55	8.00	85.21	60.41	86.79	63.00	14.13	31.39	12.66	29.00
2011	0.69	8.47	0.58	8.28	85.19	59.94	86.75	62.64	14.13	31.59	12.68	29.08

资料来源:根据第三章出口增加值核算理论模型与方法(投入产出技术视角)运用 WIOD 数据库核算得到的增加值数据计算得到。

　　鉴于制造业在中美贸易关系中的重要地位，本章在制造业要素密集度细分基础上比较了中美双边贸易额在两种贸易统计方式下的差异（见表4－18）。结果显示，无论是哪个贸易流向，至2011年两种贸易统计方式下知识密集型制造业出口都占据了制造业出口的半壁江山。但从中国对美国出口来看，知识密集型制造业逐步替代了劳动密集型制造业成为出口的主导；而美国对中国出口中知识密集型制造业虽一直占主导地位，但所占比重整体在下降。这说明中国制造业出口结构逐渐由增加值较低的传统劳动密集型制造业向增加值较高的知识密集型制造业转变，结构优化较为明显。而经增加值贸易方式调整后，与传统贸易统计方式下相比，只有中国对美国出口中的劳动密集型制造业和资本密集型制造业出口占比出现上升，其余均下降，特别是劳动密集型制造业，经增加值调整后的比例上升了约2个百分点，反映出中国传统劳动密集型制造业出口在全球生产链中的位置得到了提升，其增加值得以被包含在其他国家生产出口中。此外，中国对美国出口中知识密集型制造业增加值占比持续上升的同时，美国对中国出口中的占比却显著下降，这种"此消彼长"的发展态势说明在占据主导的知识密集型制造业双边贸易上中美两国呈现明显的相互竞争关系。

表4－18　中美制造业细分行业增加值出口和总值出口对比

单位：%

年份	中国对美国的出口						美国对中国的出口					
	劳动密集型制造业		资本密集型制造业		知识密集型制造业		劳动密集型制造业		资本密集型制造业		知识密集型制造业	
	增加值出口	总值出口	增加值出口	总值出口	增加值出口	总值出口	增加值出口	总值出口	增加值出口	总值出口	增加值出口	总值出口
1995	41.65	41.42	19.48	18.73	32.57	34.06	4.99	5.23	17.02	16.92	55.44	56.94
1996	39.59	39.44	21.09	20.40	33.33	34.65	5.16	5.34	17.01	16.90	59.00	60.44
1997	37.36	37.00	21.44	20.83	35.81	37.21	6.10	6.24	16.76	16.55	59.21	60.73
1998	35.53	35.27	19.53	18.96	36.10	37.53	5.76	5.93	16.93	16.60	63.69	64.92
1999	35.01	34.50	19.03	18.28	37.83	39.71	5.83	6.00	16.18	15.76	67.83	68.96
2000	33.50	32.59	17.60	16.84	38.44	41.02	5.88	6.01	15.40	15.07	65.68	67.03
2001	34.34	33.33	16.25	15.51	38.49	41.12	5.78	5.90	12.62	12.35	68.91	70.12
2002	33.81	32.33	14.69	13.92	38.90	42.29	6.16	6.37	12.04	11.89	65.72	67.02
2003	31.71	29.23	14.07	13.13	44.37	48.88	5.89	6.08	12.40	12.29	62.04	63.60

年份	中国对美国的出口						美国对中国的出口					
	劳动密集型制造业		资本密集型制造业		知识密集型制造业		劳动密集型制造业		资本密集型制造业		知识密集型制造业	
	增加值出口	总值出口	增加值出口	总值出口	增加值出口	总值出口	增加值出口	总值出口	增加值出口	总值出口	增加值出口	总值出口
2004	27.75	24.68	14.50	13.34	47.46	53.06	5.18	5.24	11.11	10.99	62.19	64.45
2005	26.89	23.55	13.64	12.59	49.27	55.05	4.84	4.89	11.83	11.80	61.30	63.49
2006	26.16	22.82	13.99	13.03	50.54	56.01	4.11	4.17	12.21	12.39	57.93	60.20
2007	24.99	21.80	12.75	12.06	52.37	57.49	3.69	3.68	14.08	14.34	55.22	57.42
2008	22.23	19.80	12.79	12.52	52.59	56.59	3.06	3.09	14.31	14.87	48.03	50.38
2009	21.13	19.14	11.18	10.88	53.79	57.46	2.72	2.77	13.16	13.45	49.73	51.52
2010	20.06	17.95	11.16	10.90	53.98	57.94	2.59	2.65	12.23	12.87	45.60	47.48
2011	19.04	17.01	11.88	11.78	54.26	57.96	2.42	2.47	14.62	15.42	42.90	44.76

资料来源：根据第三章出口增加值核算理论模型与方法（投入产出技术视角）运用 WIOD 数据库核算得到的增加值数据计算得到。

为深入分析两种贸易统计方式下中美贸易差额产生的原因，我们从各细分行业层面进行进一步探究。定义两种贸易统计方式下双边贸易差额的差异率指标，即差异率 = 1 - （增加值方式下双边贸易差额/总值方式下双边贸易差额），表示传统方式统计的贸易差额相比增加值方式下的夸大程度。图 4 - 12 和图 4 - 13 分别描述了两种统计方式下 1995～2011 年中美制造业各行业双边贸易差额的差异率变化。结果显示，1995～2011 年知识密集型制造业各行业的平均差异率最高，普遍高于劳动密集型和资本密集型制造业，而劳动密集型制造业的差异率最低。具体到各行业来看，首先，石油加工、炼焦及核燃料加工业作为国家战略性资源进口行业的平均差异率最高；其次，具有较高差异率的行业是电子和光学仪器及运输设备制造业等知识密集型行业，源于这些行业的国际分工程度普遍较高，中间投入多次跨越国境导致的重复计算成分较高；最后，差异率较小的则是其他制造业及可再生品，木材及其制品，其他非金属矿物制品业，纸浆、纸制品和印刷出版等行业，这些资源加工型行业的产出大部分被用于中间投入，因此其增加值方式和总值方式的差异率较小。从各行业两种统计方式下的差异率变化幅度来看，总值方式和增加值方式对劳动密集型制造业各行业的夸大程度逐渐减小，而知识密集型和资本密集型各制造业行业的夸大程度却在不断增大。其中，劳动密集型中的皮革、皮革制品和鞋类下降最大，其次是食品、饮料和烟草加工业，而木材及其制品和其他制造业及可再生品下降幅度最小，基本维持不变，而上升幅度最大的行业则是运输设备制造业、金属制品业。

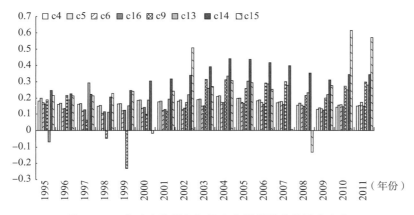

图 4 - 12　劳动密集型和知识密集型制造业差异率变化

资料来源：笔者根据第三章出口增加值核算理论模型与方法（投入产出技术视角）运用 WIOD 数据库核算得到的增加值数据绘制。

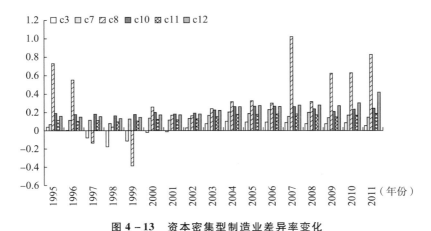

图 4 - 13　资本密集型制造业差异率变化

资料来源：笔者根据第三章出口增加值核算理论模型与方法（投入产出技术视角）运用 WIOD 数据库核算得到的增加值数据绘制。

三 贸易利益分解：中美双边贸易国家层面

产品生产环节的国际分割使得贸易利益在诸多参与国之间的分配变得更加模糊和复杂。而基于增加值贸易视角的贸易流价值解构则可以还原各生产参与国在全球价值链上所获得的真实贸易利益格局。因此，在上述对双边贸易流增加值核算的基础上，本节进一步对中美双边贸易流的增加值构成进行分解和研究，度量和分析中美两国在双边贸易中的真实获利能力。

表 4 - 19 是基于双边贸易的增加值分解框架对中美双边贸易额的价值增值在国家整体层面上进行的分解。结果显示以下方面。首先，从出口中的国内增加值来看，中国对美国出口中所包含的国内成分整体在降低，从 1995 年的 85.41% 下降至 2011 年的 77.36%；而美国对中国出口中的国内成分则基本保持不变，在 1995~2011 年平均达到 88.83%，高于同期中国对美国出口国内成分比例 9.31 个百分点。这说明中国从对美国出口中的获利能力明显下降，而美国从对中国出口的获利能力则依然保持不变，且在中美双边贸易关系中美国所获利益高于中国。其次，相对于出口中所包含的国内成分，国外成分则相对较少，但无论是哪种贸易流向，该比例整体上都呈现上升态势。其中，中国对美国出口中的国外成分比例从 1995 年的 14.58% 上升至 2011 年的 22.62%，上升了约 8 个百分点，而同期美国向中国出口中包含的国外成分从 10.46% 上升至 11.57%，仅上升了约 1 个百分点。因此，出口中国外成分的整体上升反映出中国参与国际分工的程度逐渐加深，在中美双边贸易利益的价值链上有越来越多的国家参与分配。再次，对于出口中的国内增加值折返，美国对中国出口中的折返比例要远大于中国对美国出口，说明中美两国在全球国际分工中的地位存在明显差异。美国位于全球生产链中的上游位置，而中国则位于下游，因此美国的增加值被更多地包含在其他国家出口中而返回本国。但中国出口中的国内增加值折返比例的整体上升也反映出中国在全球价值链上的地位有所提升。最后，中国对美国出口中所包含美国增加值成分的整体增加反映出中国对美国出口所拉动的美国自身增加值也整体上在增长，美国从中获利能力得到提升，且中国对美国出口中所拉动的其他国家的增加值份额从 1995 年的 12.81% 增加至 2011 年的 19.95%，其中最高是在 2005 年达到了

24.25%。这表明中国对美国出口不仅有利于美国价值增值的提升，也带动了世界其他参与国获利能力的很大提升。因此，中国对美国的出口对世界各参与国来说都是"多赢"的，简单地把中国对美国出口全部算入中美顺差进而抵触中国的做法不仅是有失公平的，而且对参与全球生产的各国来说都是有害无利的。

表 4 - 19　中美双边贸易增加值分解：国家层面

单位：%

年份	中国对美国的出口						美国对中国的出口					
	国内成分	其中		国外成分	其中		国内成分	其中		国外成分	其中	
		增加值出口	折返		美国	其他国家		增加值出口	折返		中国	其他国家
1995	85.41	85.39	0.03	14.58	1.78	12.81	89.53	85.11	4.43	10.46	0.06	10.41
1996	84.73	84.63	0.10	15.27	1.80	13.47	89.44	85.62	3.82	10.56	0.06	10.50
1997	84.74	84.63	0.11	15.26	1.92	13.34	89.65	85.37	4.28	10.35	0.07	10.28
1998	86.09	85.97	0.12	13.91	1.72	12.19	90.05	85.56	4.48	9.95	0.08	9.88
1999	84.30	84.18	0.12	15.69	1.88	13.82	89.18	84.59	4.59	10.82	0.08	10.73
2000	81.56	81.42	0.14	18.44	2.07	16.36	88.20	83.25	4.95	11.80	0.10	11.70
2001	82.41	82.25	0.17	17.58	2.06	15.52	88.92	84.40	4.52	11.07	0.11	10.97
2002	80.97	80.81	0.16	19.03	2.20	16.83	89.85	84.41	5.45	10.14	0.12	10.02
2003	77.27	77.10	0.17	22.72	2.51	20.21	89.71	83.64	6.07	10.29	0.13	10.15
2004	72.91	72.63	0.28	27.08	3.06	24.02	88.00	80.66	7.34	11.99	0.25	11.74
2005	72.59	72.30	0.29	27.38	3.14	24.25	87.54	79.54	8.01	12.45	0.28	12.18
2006	73.24	72.89	0.35	26.73	3.30	23.44	87.52	79.43	8.09	12.47	0.30	12.18
2007	74.11	73.72	0.39	25.87	3.23	22.64	87.46	79.94	7.53	12.53	0.30	12.23
2008	76.46	75.99	0.47	23.52	2.88	20.64	87.11	80.79	6.32	12.89	0.30	12.58
2009	79.95	79.44	0.51	20.04	2.63	17.41	90.23	84.74	5.49	9.77	0.27	9.50
2010	77.71	77.11	0.60	22.27	2.78	19.48	89.24	83.73	5.51	10.76	0.32	10.44
2011	77.36	76.66	0.70	22.62	2.67	19.95	88.42	83.56	4.87	11.57	0.34	11.24

　　资料来源：根据第三章出口增加值核算理论模型与方法（投入产出技术视角）运用 WIOD 数据库核算得到的增加值数据计算得到。

四　贸易利益分解：中美双边贸易产业层面

表4-20首先从三大类产业层面对中美双边贸易包含的国内和国外价值增值进行了解构。具体来看，中国对美国的出口中占主导地位的制造业国内成分出现最大幅度下降，从1995年的80.03%下降至2011年的65.90%，降低了约14个百分点，国外成分则出现明显增加，提升了约6个百分点；而同期美国对中国出口中制造业的国内成分也出现大幅下降，但国外成分下降幅度则较小。因此，在国际分工广度和深度不断增加的背景下，中国参与国际分工的程度不断加深，但制造业的获利能力明显降低，且伴随中国对美国的出口中中国制造业获利能力大幅降低，国外获利能力却出现明显提升。而同期服务业出口中，无论是哪个贸易流向，服务业的国内成分和国外成分都有较大提升，特别是国内成分。其中，中国对美国出口中服务业国内成分由1995年的3.10%增加至2011年的10.93%，同期美国对中国出口中则由8.63%提升至27.90%，说明中美两国在全球价值链上的贸易利益分配逐渐由制造业向服务业转移，且全球价值链上服务业出口的获利能力不断提升。虽然中国对美国出口中服务业比重及获利能力都还不高，但整体上升的趋势也反映出中国参与全球价值链的地位不断提升，逐渐从以附加值较低的制造业为主向高附加值的服务业转型，且中美双边贸易中服务业国内成分比例的同时上升，意味着中美两国在服务业上的获利能力同时提升，利益分配在中美两国之间则呈现较强的互补性。

表4-20　中美双边贸易增加值分解：产业层面

单位：%

年份	中国对美国的出口						美国对中国的出口					
	初级产品和资源产品		制造业		服务业		初级产品和资源产品		制造业		服务业	
	国内成分	国外成分	国内成分	国外成分	国内成分	国外成分	国内成分	国外成分	国内成分	国外成分	国内成分	国外成分
1995	2.28	0.08	80.03	14.29	3.10	0.22	11.45	0.78	69.46	9.38	8.63	0.30
1996	2.50	0.17	79.65	14.76	2.58	0.34	8.28	0.53	72.68	9.73	8.48	0.30
1997	2.16	0.15	80.17	14.80	2.42	0.31	8.63	0.56	73.73	9.52	7.29	0.27

年份	中国对美国的出口						美国对中国的出口					
	初级产品和资源产品		制造业		服务业		初级产品和资源产品		制造业		服务业	
	国内成分	国外成分	国内成分	国外成分	国内成分	国外成分	国内成分	国外成分	国内成分	国外成分	国内成分	国外成分
1998	1.50	0.09	78.47	13.17	6.11	0.65	6.18	0.39	77.92	9.35	5.95	0.21
1999	1.13	0.07	77.45	14.94	5.72	0.69	3.45	0.24	80.24	10.35	5.49	0.23
2000	1.58	0.13	73.02	17.29	6.96	1.02	4.28	0.35	76.85	11.08	7.07	0.37
2001	0.96	0.07	73.40	16.43	8.06	1.08	3.68	0.28	77.73	10.45	7.52	0.34
2002	0.97	0.07	70.76	17.62	9.23	1.33	3.15	0.24	75.60	9.43	11.11	0.48
2003	0.67	0.06	69.65	21.44	6.95	1.22	5.54	0.44	72.32	9.36	11.85	0.49
2004	0.66	0.07	65.41	25.51	6.84	1.50	7.99	0.65	69.47	10.82	10.55	0.52
2005	0.68	0.08	65.19	25.83	6.72	1.47	5.64	0.57	68.59	11.13	13.32	0.75
2006	0.55	0.06	66.43	25.27	6.26	1.40	4.68	0.51	65.24	10.93	17.60	1.04
2007	0.46	0.05	66.78	24.39	6.87	1.43	4.91	0.54	64.07	10.77	18.49	1.22
2008	0.51	0.05	67.00	21.73	8.96	1.73	6.10	0.81	57.16	10.45	23.84	1.63
2009	0.54	0.04	68.84	18.45	10.57	1.54	7.89	0.78	59.34	7.84	23.00	1.15
2010	0.51	0.05	66.22	20.38	10.98	1.84	7.21	0.82	54.10	8.24	27.92	1.71
2011	0.53	0.05	65.90	20.66	10.93	1.91	7.39	0.94	53.13	8.80	27.90	1.83

资料来源：根据第三章出口增加值核算理论模型与方法（投入产出技术视角）运用 WIOD 数据库核算得到的增加值数据计算得到。

　　表 4 - 21 中对制造业出口行业价值增值进行了进一步分解。从劳动密集型制造业来看，无论是中国对美国出口还是相反，其国内和国外成分均整体下降，其中中国对美国出口中国内成分比例下降最快，1995 ~ 2011 年下降了约 21 个百分点，说明中国以劳动力成本融入国际分工的优势逐渐消失，获利能力下降倒逼出口结构升级，劳动密集型制造业的生产链在全球进行重新配置。资本密集型制造业出口中的国内成分在中美双边贸易中整体都在下降，但中国对美国出口中国内成分下降得更快，美国对中国出口中国内成分虽也在下降，但获利能力高于中国；而国外成分则都在不同程度地提升。相对于劳动密集型和资本密集型制造业，知识密集型制造业出口逐渐占据中美双边贸易流中的主导地位，特别是中国对美国的出口，国内

成分和国外成分均整体呈现大幅上升，而美国对中国出口中则整体趋于下降。这些变化足以说明中国制造业出口中获利能力最强的已经由传统的劳动密集型制造业转变为增加值相对较高的知识密集型制造业，出口结构得到了较大优化。

表 4 - 21　中美制造业双边贸易行业层面增加值分解

单位：%

年份	中国对美国的出口						美国对中国的出口					
	劳动密集型制造业		资本密集型制造业		知识密集型制造业		劳动密集型制造业		资本密集型制造业		知识密集型制造业	
	国内成分	国外成分	国内成分	国外成分	国内成分	国外成分	国内成分	国外成分	国内成分	国外成分	国内成分	国外成分
1995	35.57	6.48	16.64	2.02	27.82	5.78	4.71	0.49	15.18	1.79	49.57	7.11
1996	33.52	5.76	17.87	2.65	28.26	6.35	4.80	0.51	15.13	1.80	52.75	7.42
1997	31.63	5.24	18.17	2.76	30.37	6.80	5.60	0.59	14.88	1.68	53.24	7.25
1998	30.56	4.59	16.82	2.24	31.09	6.35	5.37	0.54	15.14	1.51	57.41	7.30
1999	29.49	4.94	16.05	2.35	31.91	7.65	5.40	0.57	14.27	1.56	60.57	8.22
2000	27.29	5.26	14.36	2.60	31.37	9.43	5.37	0.62	13.49	1.66	57.99	8.80
2001	28.26	5.04	13.40	2.23	31.74	9.16	5.29	0.58	11.17	1.26	61.26	8.61
2002	27.34	5.00	11.91	2.14	31.51	10.49	5.71	0.62	10.73	1.20	59.16	7.61
2003	24.47	4.87	10.89	2.37	34.30	14.20	5.41	0.63	11.05	1.29	55.86	7.44
2004	20.18	4.62	10.58	2.91	34.65	17.98	4.63	0.59	9.71	1.36	55.13	8.88
2005	19.46	4.22	9.91	2.82	35.82	18.79	4.28	0.59	10.30	1.57	54.01	8.97
2006	19.10	3.86	10.26	2.91	37.07	18.50	3.63	0.51	10.64	1.80	50.97	8.62
2007	18.45	3.47	9.46	2.71	38.87	18.21	3.24	0.42	12.30	2.10	48.53	8.25
2008	16.93	2.93	9.81	2.81	40.40	16.00	2.69	0.38	12.47	2.43	42.01	7.64
2009	16.81	2.36	8.96	1.99	43.06	14.11	2.47	0.28	11.86	1.62	45.01	5.94
2010	15.52	2.49	8.69	2.27	42.01	15.63	2.32	0.30	10.94	1.92	40.84	6.01
2011	14.64	2.40	9.21	2.62	42.05	15.64	2.14	0.30	12.93	2.46	38.06	6.04

资料来源：根据第三章出口增加值核算理论模型与方法（投入产出技术视角）运用 WIOD 数据库核算得到的增加值数据计算得到。

中国制造业在全球价值链上的获利能力逐步攀升的同时，也给其他参与国带来了价值增值的提升，中国对美国出口中知识密集型制造业国外成分从 1995 年的 5.78% 上升到了 2011 年的 15.64%，上升了约 10 个百分点。从中美双边贸易关系来看，两国在劳动密集型及资本密集型制造业出口中的获利能力同时下降，反映出中美双边贸易中两国的价值增长点已经转移到了知识密集型制造业上。但在知识密集型制造业上，中国对美国出口中国内成分的明显上升却伴随着美国对中国出口中国内成分的急剧下降，说明中美两国在知识密集型制造业的贸易利益分配上呈现明显的竞争关系，存在贸易利益分配的此消彼长，中国在全球分工中的地位正逐步提升。

第五章　中国制造业出口增加值的微观影响机制分析

增加值贸易核算框架的构建和相关数据库的陆续公布为研究增加值贸易影响机制提供了理论基础和数据支持。本章在对现有增加值贸易影响机制的研究文献进行系统梳理的基础上，针对微观层面增加值影响机制研究存在的问题，运用第三章出口增加值核算方法得到的相关数据，通过构建反映企业行为决策的出口增加值决定模型来分析影响企业出口增加值的机制和途径。

第一节　增加值贸易微观影响机制的理论分析及研究假设

为考察一国企业出口增加值率的影响机制，基于 Koopman 等（2012b）、Kee 和 Tang（2013）、郑丹青和于津平（2014）等对出口增加值的研究，首先从单个企业角度分析企业出口增加值率的影响因素。企业作为微观经济实体，其生产总额 Y 由以下几个部分组成，即劳动力成本 wL、资本成本 rK、企业利润 π 和物质中间投入成本 $input$[①]，即：

$$Y = wL + rK + \pi + input \tag{5.1}$$

企业中间投入可能来自国内提供的中间投入 D，也可能来自国外进口的中间投入 IM，即：

$$Y = wL + rK + \pi + D + IM \tag{5.2}$$

---

① 以下文中所提到的中间投入均指企业的物质中间投入。

对于出口企业，其出口总额 X 是生产总额的一定比例，即：

$$X = \frac{X}{Y} \times (wL + rK + \pi + D + IM) \tag{5.3}$$

根据郑丹青和于津平（2014）的研究，企业的出口增加值为：

$$VT = X - VS - VSD = \frac{X}{Y} \times (wL + rK + \pi + D + IM) - VS - VSD$$

$$= \frac{X}{Y} \times (wL + rK + \pi) + \frac{X}{Y} \times DD \tag{5.4}$$

从而得到企业的出口增加值率为：

$$VTR = \frac{1}{Y} \times (wL + rK + \pi + DD) = 1 - \frac{ID}{Y} \tag{5.5}$$

其中，VS 为本国出口中包含的国外成分，VSD 为出口国内增加值中返回本国部分，DD 为完全由国内提供的直接中间投入，ID 为完全由国外进口的中间投入（不包括间接包含在内的国内成分）。

设 P^{DD} 为国内提供的直接中间投入价格，M^{DD} 为国内提供的直接中间投入数量，P^{ID} 为国外进口的中间投入价格，M^{ID} 为国外进口的中间投入数量，则有：

$$VTR = \frac{1}{Y} \times (wL + rK + \pi + P^{DD}M^{DD}) = 1 - \frac{P^{ID}M^{ID}}{Y} \tag{5.6}$$

考虑企业 i 在使用国内提供中间投入和进口中间投入时的决策行为。本书采用 Kee 和 Tang（2013）所使用的三要素 C – D 生产函数，令 M_{it} 为企业中间投入，即：

$$Y_{it} = A_{it}K_{it}^{\alpha_K}L_{it}^{\alpha_L}M_{it}^{\alpha_M} \tag{5.7}$$

$$\alpha_K + \alpha_L + \alpha_M = 1 \tag{5.8}$$

可得企业 i 的成本函数为：

$$C_{it} = w_t L_{it} + r_t K_{it} + P_t^M M_{it} \tag{5.9}$$

根据企业成本最小化原则，可得：

$$\frac{P_t^M M_{it}}{C_{it}} = \alpha_M \tag{5.10}$$

考虑企业中间投入同时包括国内提供的直接中间投入 M^{DD} 和国外进口中间投入 M^{ID} 时企业成本最小化的决策行为，并假设中间投入 M_{it} 为 CES 函数形式，则存在如下最小化方程：

$$\min P_t^{DD} M_{it}^{DD} + P_t^{ID} M_{it}^{ID}$$

$$\text{s. t. } M_{it} = \left(M_{it}^{DD\frac{\rho-1}{\rho}} + M_{it}^{ID\frac{\rho-1}{\rho}} \right)^{\frac{\rho}{\rho-1}},$$

$$P_t^M M_{it} = P_t^{DD} M_{it}^{DD} + P_t^{ID} M_{it}^{ID}$$

解成本最小化问题，可得：

$$\frac{P_t^{DD} M_{it}^{DD}}{P_t^M M_{it}} = \frac{1}{\left(\frac{P^{ID}}{P^{DD}}\right)^{1-\rho} + 1} \tag{5.11}$$

$$\frac{P_t^{ID} M_{it}^{ID}}{P_t^M M_{it}} = \frac{1}{\left(\frac{P^{ID}}{P^{DD}}\right)^{\rho-1} + 1} \tag{5.12}$$

假设追求利润最大化的企业采取特定的价格加成 μ，$Y_{it} = \mu \times C_{it}$，根据（5.10）式和（5.11）式，可得：

$$\frac{P_t^{DD} M_{it}^{DD}}{Y_{it}} = \frac{P_t^{DD} M_{it}^{DD}}{P_t^M M_{it}} \times \frac{P_t^M M_{it}}{Y_{it}} = \frac{\alpha_M}{\mu} \frac{1}{\left(\frac{P^{ID}}{P^{DD}}\right)^{1-\rho} + 1} \tag{5.13}$$

$$VTR = \frac{1}{Y} \times (wL + rK + \pi) + \frac{\alpha_M}{\mu} \frac{1}{\left(\frac{P^{ID}}{P^{DD}}\right)^{1-\rho} + 1} = 1 - \frac{\alpha_M}{\mu} \frac{1}{\left(\frac{P^{ID}}{P^{DD}}\right)^{\rho-1} + 1} \tag{5.14}$$

从上述企业生产决策分析中可以看出，影响企业出口增加值率的因素有两方面。首先是直接影响因素，包括企业生产过程中的中间投入份额、企业利润加成及进口中间投入与国内直接中间投入的相对价格。其次是间接影响因素，包括投入的劳动力成本、资本成本和企业利润。给定企业利润加成和中间投入份额，所有影响企业出口增加值率的因素中，进口中间投入与国内直接中间投入的相对价格最为重要，而影响该相对价格的主要因素是汇率和外资进入。

Kee 和 Tang（2013）经过研究指出外资进入是中国出口增加值率上升的主要推动因素，但认为汇率变化对中国出口增加值率的影响并不显著。而从上述影响机制推导可以看出汇率同外资进入一样是影响企业出口增加值率的重要因素。汇率影响企业出口增加值率的可能途径有以下方面。首先是汇率波动的价格传递效应影响企业出口增加值率。所谓汇率波动的价格传递效应（Exchange Rate Pass-through）是指汇率变动会对进出口商品价格产生一定程度的影响。虽然普遍的研究结论都承认汇率对进出口价格的传递是不完全的（Krugman et al.，1987；Dornbusch，1987；Goldberg and Knetter，1997；McCarthy，2000；Faruqee，2006），但也都认为汇率确实对进出口的商品价格产生影响。如 Dornbusch（1987）、Hooper 和 Mann（1989）研究认为国外企业相对于国内企业有较大的市场份额、企业的市场集中度较高及产品差异性大时汇率更易影响进出口商品的价格。陈六傅和刘厚俊（2007）认为汇率价格传递效应在商品的不同流通阶段会产生不同的差异，特别是进口产品在最终被送到消费者手中之前都是被作为中间投入的，其所经历的这些中间阶段则不可避免地要与其他投入要素相结合，从而最终商品都会受到汇率的影响。其次汇率也会通过财富效应、需求效应、成本效应及风险效应对外商直接投资产生影响。于津平（2007）从跨国公司对外直接投资行为的微观视角出发，通过建立理论分析模型研究了汇率变化对外商直接投资的影响。因此，汇率变动会通过以上途径对进口中间投入价格产生影响，进而影响企业出口增加值率。当汇率越高，人民币相对贬值时，则购买进口中间产品的成本越高，因此会减弱企业运用进口中间投入的动机，采用更多的本地中间产品，从而提高企业的出口增加值率，因此我们预期汇率会对企业出口增加值率可能产生正向影响。

而作为推动中国经济发展的外资进入对企业出口增加值率的影响主要是通过外资进入的出口溢出效应发挥作用的。从外资进入的出口溢出效应来看，外资进入影响企业出口增加值率的可能途径有以下几个。

首先是竞争效应。外资进入会导致市场竞争加剧，东道国企业不得不改进现有技术和提高资源利用效率来提高竞争力。在放松外资进入的部分限制作为中国入世条件的刺激下，外资大量涌入中国，对中国企业所处的市场环境带来了重大冲击和竞争压力。2001～2007 年，外资企业就业人数迅速增加，从 38.26% 增加到 52.19%，年平均增幅达到 5.31%；而内资企业从业人数则从 61.74% 下降到 47.81%。[①] 外资进入一定程度上改变了东

---

① 数据是根据中国工业企业数据库计算得到的。

道国现有市场结构，提高了竞争程度，竞争的提升则会有力地推动东道国企业经济效率的提高（Aitken and Harrison，1999），进而促进东道国企业出口增加值率的提升（张杰等，2013），表现为竞争促进效应。但外资进入也可能会通过竞争挤占内资企业市场份额（Cantwell，1989），进而推高平均生产成本，减少企业产量和利润，降低企业出口增加值率。因此，外资进入通过竞争途径对企业出口增加值率的影响既可能表现为正向的外资促进效应，也可能表现为负向的市场侵占效应（Market Stealing Effect）。

其次是模仿学习效应。外资企业作为跨国公司全球生产网络的一部分，具有生产技术、产品销售渠道、市场需求等方面信息的天然优势。而跨国公司所拥有的这些信息都具有准公共物品性质，因此外资进入则会产生信息外溢的可能性（Aitken et al.，1997）。东道国企业通过示范、模仿效应，人员流动以及产业间前后向关联效应等途径获得正的外部性，促进东道国企业提高生产率、降低成本、增加利润、提升企业出口增加值率。理论研究认为跨国公司的进入确实能促进东道国获得潜在生产率的提升（Caves，1974；MacDougall，1960）。这种生产率的溢出是通过外资的示范效应和人力资本流动产生的。外资企业具有较高的技术水平，由于本地企业和外资企业之间存在技术差距，本地企业可以通过观察模仿外资企业的生产活动进而获得正的示范效应。外资企业对员工的培训使其员工具有较高的素质，高素质的员工可以带来高质量的产品及高生产率，这些高素质的员工通过外资企业和内资企业间的流动，可以促进内资企业出口增加值率的提升。此外，外资进入会增加对当地劳动力市场的需求，而劳动力所获报酬是企业增加值的重要组成部分。从劳动力需求角度看，外资进入可能会增加企业出口增加值。但外资企业通过劳动力供求正向影响内资企业的工资水平（许和连等，2009），促使内资企业成本上升，或许会迫使企业放弃采用更多的国内中间投入，进而降低企业出口增加值率。

最后是外资进入对出口产生溢出的另外一个途径——产业关联效应（Kneller and Pisu，2007）也会对企业出口增加值率产生影响。外资企业对和其有产业关联的上下游企业会更有动机产生溢出效应（Dunning，1993），以提高中间投入的质量和数量（Javorcik，2004；Girma and Görg，2004；Blyde et al.，2005）。已有研究也证实外资企业会提高其中间供应商的生产效率和中间投入质量。作为集资本、管理和技术于一体的外商直接投资的进入，特别是进入下游企业，为了获得更高的利润，会通过产业关联效应，带动上游企业产品质量提升和品种增加（Rodriguez-Clare，1996；Kee and Tang，2013）以满足外资企业的要求，从而增加国内企业使用更好更多国内中间产品的可能性，间接提高企业国内增加值率。Brandt 等（2012）也指出中国入世使得企业层面上的进口份额并没有增加，但整体份额的增加体现在新进口商的进入带来的扩展边际的发生。Kee 和 Tang（2013）通过微观数据也验证了外资流入会激发上游企业提供更多中间产品种类，进而提高企业国内增加值率。但跨国公司全球供应链战略使其具有天然国外市场优势，外资进入会带来从国外进口中间产品的便利，使企业进口更多中间产品成为可能，而且伴随贸易的自由化，进口产品关税的降低，这些都使东道国企业利用更多进口中间产品成为可能（田巍、余淼杰，2013），进而降低东道国企业出口增加值率的增加。

　　无论是竞争效应、模仿学习效应还是产业关联效应，外资进入对企业出口增加值率的影响都不明确，可能是正向的促进作用，也可能是抑制作用，而且目前仅有的实证结果也显示外资进入对中国出口增加值率影响结果的不一致性。因此，有必要对外资进入影响中国企业出口增加值率进行进一步的验证。

　　此外，外资进入是一个动态过程，不仅包括外资存在还包括外资进入过程，不同行业对外资的引入和吸收速度不同，外资存在对内资企业出口增加值率的影响也取决于外资进入过程（Wang et al.，2012）。Wang 等（2012）、冯丹卿等（2013）实证结论均表明外资溢出效应不仅受行业中外资存在水平的影响，还受外资进入过程的影响。因此不仅要考虑外资存在，还要考虑外资进入过程，才能更全面地分析外资进入对企业出口增加值率的影响。

　　关于外资进入速度，Perez 在 1997 年就初步提出，但并未系统地进行理论和经验分析。而明确提出"外资进入速度"（Pace of Foreign Entry）概念的是 Wang 等（2012），他们从过程依赖的角度系统定义了外资进入速度，反映给定时间内外资进入某个行业的过程快慢。而冯丹卿等（2013）在 Wang 等（2012）的基础上，定义了"外资进入速度的调节作用"这一概念，通过分析认为外资进入速度对外资存在影响内资企业出口贸易起到了调节作用。作为外资载体，当跨国公司增加本地中间投入以及加强当地上下游企业的专业化和提高效率时，过快的外资进入速度会限制外资溢出效应（Markusen and Venables，1999；Lin and Saggi，2007；Navaretti and Venables，2004）。当地公司需要时间来了解和达到跨国公司的生产要求（Spencer，2008），而一定时间内外资进入速度过快，会导致本地企业没有足够时间建立起适应跨国公司要求的生产网络（Anderson et al.，2002），进而限制跨国公司对东道国当地中间投入的需求（Wang et al.，2002），影响东道国企业的出口增加值率。此外，在短时间内进入较多外资企业，可能会引发"羊群效应"，加剧竞争，导致企业出口增加值率下降。外资进入节奏（Irregularity of Foreign Entry）则反映在给定时间内外资进入东道国某行业的规律性。外资进入的不规律性扩张会遭受时间压缩的不经济性[①]（Time Compression Diseconomies），因此会对外资存在的生产率溢出产生负向调节作用（Vermeulen and Barkema，2002）。Wang等（2012）也认为内资企业更容易从稳定的及可预期的进入节奏的外资企业中获取正的外部性。由此，我们提出如下假设。

假设1：外资进入速度负向影响东道国企业出口增加值率，而外资进入的规律性正向影响东道国企业出口增加值率。

外资企业的所有权优势和投资动机因其来源国不同而有很大差异（Dunning，1988）。从流入中国内地的外资来源上看，港澳台（HMT）外资和发达国家（NCW）外资所表现出的截然不同的所有权优势，导致其进入中国内地后产生不同的资源利用模式。Wang等（2009）基于行业数据对外资进入的影响因素进行分析后发现，HMT外资和NCW外资在动机和行为上有很大不同。HMT外资由于其标准化和成熟的技术而倾向于低技术劳动密集型行业的出口活动（Davis，1996），而NCW外资则依靠其先进的技术优势倾向于技术密集型行业，更关注东道国市场（Shi，1998）。此外，Ruane和Sutherland（2005）对进入爱尔兰的外资企业出口溢出行为分析时指出，爱尔兰只是作为跨国公司的一个出口平台，外资进入的示范效应并没有得到发挥，也无法降低本土企业成本。HMT外资进入中国内地主要从事的是大进大出的加工贸易，这种模式也只是把中国内地作为一个装配平

[①] 时间压缩的不经济性（Time Compression Diseconomies）：在其他条件不变的情况下，成长过程的步调加速导致其报酬会呈现递减现象（Dierickx and Cool，1989）。

台，产生的溢出效应有限。而关注东道国市场的 NCW 外资作为全球生产网络的一部分，更容易通过前后向关联对东道国企业产生溢出，促进东道国企业提高中间投入的质量，也更有可能对东道国企业出口增加值率起到促进作用。因此，我们提出以下假设。

假设 2：NCW 外资进入相对于 HMT 外资更能促进中国内地企业出口增加值率的提升，即 NCW 外资进入会促进中国企业出口增加值率的提升，而 HMT 外资进入对中国内地企业出口增加值率的影响可能不大。

外资进入是种行业现象，产生的溢出效应也主要发生在行业层面（Spencer，2008），而非国家现象（Wang et al.，2009）。很多研究揭示了外资溢出效应的行业异质性（Buckley et al.，2007；Kokko，1994；Liu et al.，2000），外资进入的行业特性不同，如高技术水平行业和低技术水平行业，由于其自身技术特征和吸收水平差异，它们对企业出口增加值率的影响也会不同。从产业组织理论来讲，高技术行业往往具有更高的技术周转速度来应对需求、竞争等环境的变化（McCarthy et al.，2010），且高技术行业跨国公司的技术往往更为复杂而难以破解和模仿（Spencer，2008）。本地企业技术水平与跨国公司技术之间的差距限制了本地企业掌握和模仿跨国公司技术的速度，而低技术行业的模仿则相对较为容易。此外，高技术行业中本地企业和外资企业的技术差距可能会迫使跨国公司通过其全球供应链而非使用当地公司来提供中间产品（Hatani，2009），从而降低本地企业出口增加值率的提升。而对于低技术行业，与外资企业之间较小的技术差距使得本地企业可以较好地应对过快的外资进入速度和进入的不规律性。由此，我们提出如下假设。

假设 3：行业技术水平越高，对外资存在影响企业出口增加值率越可能产生负向调节作用，即高技术行业相对于低技术行业外资进入对企业出口增加值率的溢出作用越小。

第二节　外资进入、 出口和中国制造业出口增加值的特征事实

改革开放以来，伴随着各项引资政策，外资大量涌入中国，自 1994 年以来，中国吸引的外商直接投资一直居发展中国家之首。外资进入极大地

促进了中国经济的发展，也激励了东道国企业进行更多的出口活动（Aitken et al.，1997；Greenaway et al.，2004；刘修岩等，2011）。同期中国的对外贸易得到了迅速发展，特别是中国制造业出口经历了快速增长的过程。根据联合国统计数据，中国制造业出口总额占世界总出口的份额从2001年的4.3%增长到了2007年的10.1%。[①] 来源于不同国家的外资所表现出来的投资动机不同（Wang et al.，2009），因此把外资区分为港澳台外商直接投资（Hong Kong，Macao and Taiwan，HMT）和发达国家外商直接投资（Non-Chinese Western Countries，NCW）来分析不同来源的外资对企业出口增加值率的影响则更具有合理性。由图 5 - 1 可以直观地看到，入世以来，中国实际利用外资从 2001 年的 468.78 亿美元增加到 2013 年的 1175.86 亿美元，年均增长率达到 8%，其中港澳台外商直接投资从 2001 年的 200.1836 亿美元增长至 2013 年的 754.8438 亿美元，年均增长率达到 11.7%；非中国西方国家外商直接投资从 2001 年的 268.5964 亿美元增长至 2013 年的 421.0162 亿美元，年均增长率达到 3.8%。而同期中国的出口额从 2001 年的 2660.98 亿美元增长至 2013 年的 22093.72 亿美元，年均增长率高达 19.3%，经历了巨大的增长。在这种事实背景下，中国出口增加值率是否也得到了相应的增长呢？

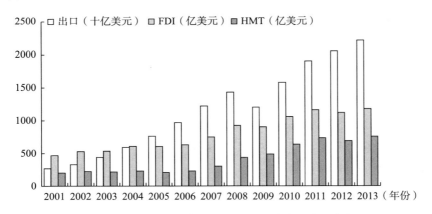

图 5 - 1　2001～2013 年中国实际利用外资和出口变化

资料来源：笔者根据 UN COMTRADE 数据库绘制。

①　数据来源于 UN COMTRADE 数据库。

　　增加值贸易统计方法的提出为重新认识各国在当今贸易格局中所获取的真实收益提供了切实可行的途径。中国是自 1995 年 WTO 运作以来遭受反倾销调查最多，并于 2006 年起连续 8 年遭受反补贴调查最多的国家。[①]这种现象揭示了一个重要问题，伴随中国出口的迅猛增加，中国到底从出口中获得了多大利益？而这也促使增加值贸易研究成为学术界关注的焦点。从现有研究来看，对于中国出口增加值率的核算结果并未得出一致结论，如 Upward 等（2013）利用微观企业数据核算发现中国出口增加值率在 2003～2006 年从 53% 增加到了 60%，而罗长远和张军（2014）利用 OECD‑WTO 的 TiVA 数据库核算发现中国出口本地增加值从 2000 年的 81.19% 下降至 2009 年的 67.37%。本书进一步完善了郑丹青和于津平（2014）提出的利用微观数据库核算中国出口增加值率的方法，测算结果如图 5‑2 所示。可以看出，自入世以来，中国出口增加值率在整体上有轻微下降趋势，但 2005 年开始出现回升，本书与罗长远和张军（2014）的研究得出了基本一致的趋势。尽管现有对出口增加值率的研究所采用的数据和方法不尽相同，可能会影响结果的可信性。但可以得出的结论是，中国出口的迅猛增加并未带来出口增加值率的相应幅度增加。区分外资来源对中国制造业出口增加值率进行进一步分类考察显示，内资企业[②]的出口

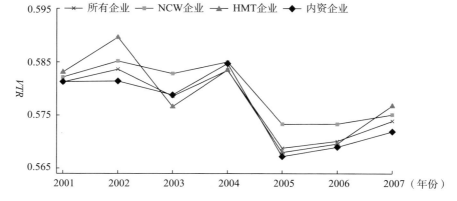

图 5 - 2　2001～2007 年中国制造业不同类型企业出口增加值率变化
资料来源：笔者根据中国工业企业数据库绘制。

---

① 商务部贸易调查局，http://finance.chinanews.com/cj/2014/09 - 29/6644127.shtml。
② 依据相关法规（国家工商总局规定，《中外合资经营企业法》），把企业股权结构中外资（包括港澳台投资和其他外国投资）股本比例小于 25% 的企业定义为内资企业。

增加值率低于外资企业，外资企业中 NCW 企业出口增加值率较高。但很明显的特征是，内外资企业出口增加值率的变化趋势呈现高度一致性。因此，这种现象背后是否蕴含外资进入对中国企业出口增加值率变化的某种溢出效应，外资进入的外溢效应是否会促进中国企业出口增加值率的提升，影响的机制又是怎样的，这构成了本章的研究动机。

第三节　中国制造业出口增加值微观影响机制的实证研究

一　模型设定

基于上述理论机制分析，在 Kee 和 Tang（2013）、Wang 等（2012）的基础上，我们建立如下计量模型：

$$VTR_{i,j,t} = F(VTR_{i,j,t-1}, VTR_{i,j,t-2}, FP_{j,t-1}, Pace_{j,t-1}, Irregularity_j, FP_{j,t-1} \times Pace_{j,t-1},$$
$$FP_{j,t-1} \times Irregularity_j, FP_{j,t-1} \times tech_{j,t}, FP_{j,t-1} \times Pace_{j,t-1} \times tech_{j,t},$$
$$FP_{j,t-1} \times Irregularity_{j,t-1} \times tech_{j,t}, X, D) \qquad (5.15)$$

具体包括如下几个模型。

模型1，考虑外资存在对企业出口增加值率的影响：

$$VTR_{i,j,t} = \alpha_0 + \alpha_1 VTR_{i,j,t-1} + \alpha_2 VTR_{i,j,t-2} + \alpha_3 FP_{j,t-1} + \beta X + \gamma D + \varepsilon_{i,j,t} \qquad (5.16)$$

模型2，外资进入速度及节奏对企业出口增加值率的影响：

$$VTR_{i,j,t} = \alpha_0 + \alpha_1 VTR_{i,j,t-1} + \alpha_2 VTR_{i,j,t-2} + \alpha_3 FP_{j,t-1} + \alpha_4 Pace_{j,t-1} +$$
$$\alpha_5 Irregularity_j + \beta X + \gamma D + \varepsilon_{i,j,t} \qquad (5.17)$$

模型3，考虑外资进入速度及节奏对外资存在的调节作用：

$$VTR_{i,j,t} = \alpha_0 + \alpha_1 VTR_{i,j,t-1} + \alpha_2 VTR_{i,j,t-2} + \alpha_3 FP_{j,t-1} + \alpha_4 Pace_{j,t-1} +$$
$$\alpha_5 Irregularity_j + \alpha_6 (FP_{j,t-1} \times Pace_{j,t-1}) +$$
$$\alpha_6 (FP_{j,t-1} \times Irregularity_j) + \beta X + \gamma D + \varepsilon_{i,j,t} \qquad (5.18)$$

模型4，行业技术水平对外资存在的调节作用：

$$VTR_{i,j,t} = \alpha_0 + \alpha_1 VTR_{i,j,t-1} + \alpha_2 VTR_{i,j,t-2} + \alpha_3 FP_{j,t-1} + \alpha_4 Pace_{j,t-1} +$$

$$\alpha_5 Irregularity_j + \alpha_6 (FP_{j,t-1} \times tech_{j,t}) + \beta X + \gamma D + \varepsilon_{i,j,t} \tag{5.19}$$

模型 5，行业技术水平对外资进入速度及节奏的调节作用：

$$VTR_{i,j,t} = \alpha_0 + \alpha_1 VTR_{i,j,t-1} + \alpha_2 VTR_{i,j,t-2} + \alpha_3 FP_{j,t-1} + \alpha_4 Pace_{j,t-1} +$$

$$\alpha_5 Irregularity_j + \alpha_6 (FP_{j,t-1} \times tech_{j,t}) +$$

$$\alpha_7 (FP_{j,t-1} \times Pace_{j,t-1} \times tech_{j,t}) +$$

$$\alpha_8 (FP_{j,t-1} \times Irregularity_{j,t-1} \times tech_{j,t}) + \beta X + \gamma D + \varepsilon_{i,j,t} \tag{5.20}$$

其中，i 为企业，j 为企业所在的三分位行业，t 为年份，X 为控制变量集合，D 为行业、省份和年份虚拟变量集合，调节变量 $tech$ 为行业技术水平虚拟变量。

（一）企业出口增加值率的核算及描述

被解释变量是企业出口增加值率 $VTR_{i,j,t}$。考虑到企业出口增加值率可能存在延续性，因此把因变量滞后一期及二期加入模型作为解释变量。而企业出口增加值率的计算，则基于平新乔和郝朝艳（2006）计算进口中间投入比例的方法进行扩展，并借鉴 Koopman 等（2012b）及郑丹青和于津平（2014）对出口增加值率的核算方法，利用微观企业数据进行核算。但在工业企业数据库中无法获得每个企业的进口信息，因此我们在平新乔和郝朝艳（2006）的基础上，利用中国国家统计局公布的投入产出表来计算企业层面中间投入中的国内投入成分。前提假设：第一，所有部门在使用同一部门的中间投入时，进口投入比例相同；第二，同一部门的最终产品生产和中间产品生产中进口投入比例相同。在以上假设基础上，可以得到行业 i 被其他任一行业用于中间进口投入的比例为 λ_i，即为行业 i 的总进口／（总产出 + 进口消费 − 出口）。再利用投入产出表的直接消耗系数矩阵 $A = \begin{pmatrix} a_{11} & \cdots & a_{1n} \\ \vdots & \ddots & \vdots \\ a_{n1} & \cdots & a_{nn} \end{pmatrix}$，每行乘以相同的比例 λ_i 即得进口消耗系数矩阵 A^M。根据 $A^D + A^M = A$，可以得到国内直接消耗系数矩阵 A^D。考虑到国内各生产部门间的循环活动，在计算增加值时不仅要考虑中间投入中的直接进口投入成分，还要考虑间接进口投入成分。因此，进口投入的完全消耗系数矩阵为 $B^M = A^M (I - A^D)^{-1}$，该矩阵的列向加总即得部门 j 在生产过程中所投入的所有进口中间投入比例。各部门扣除所有进口投入比例即得到国内中间投入比例。在获得行业生产过程中国内中间投入比例的基础上，借鉴郑丹青和于津平（2014）利用微观数据核算企业增加值的方法，核算出企业出口增加值，进而得出每个企业的出口增加值率。

经过核算，中国2001~2007年企业出口增加值率整体呈轻微下降趋势，表明入世以后中国出口的迅猛增加并未带来出口增加值率的相应增加。对区分外资来源的进一步分组考察后显示，内资企业出口增加值率低于外资企业，但内外资企业出口增加值率的变化趋势呈现高度一致性。因此，这种现象背后是否蕴含外资进入对我国企业出口增加值率变化的某种溢出效应，外资进入是否促进了中国企业出口增加值率的提升，这也是本章的主要研究动机。为证明本章核算企业出口增加值率方法的可行性，我们与近年来国内外对中国出口增加值率的核算结果进行了对比。鉴于目前以投入产出表为主流的核算方法，本书主要与现有文献2002年和2007年的研究结果进行比较来判断其可行性。根据比较，本书估算结果和目前主要文献中对中国出口增加值率的估算结果比较接近，如2007年本书核算结果为57.49%，而Chen等（2012）、Koopman等（2012a）和祝坤福等（2013）核算结果分别为59.1%、60.6%和59.1%；基于其他数据库及方法的核算结果中，Upward等（2013）、张杰等（2013）对2006年的核算结果分别为60%、57.7%，本书核算结果为57.23%。因使用数据库及核算方法的差异，结果出现稍微差别也是情理之中的。但总体来看，本节和已有研究结果的相近性也表明上述核算出口增加值率方法的可行性。

（二）模型其他解释变量

首先是主要解释变量，包括以下方面。（1）外资存在水平 $FP_{j,t}$。以内资企业所在三分位行业中外资企业总资本占该行业总资本比重表示。鉴于本章研究目的及外资存在溢出效应的滞后性，以外资企业资本比重的滞后一期进入模型。（2）外资进入速度 $Pace_{j,t}$。借鉴冯丹卿等（2013）以行业中外资企业总资本占该行业总资本比重的变化率表示，即 $Pace_{j,t} = \dfrac{FP_{j,t} - FP_{j,t-1}}{FP_{j,t-1}}$。同样考虑本期外资进入速度影响的滞后性，以滞后一期进入模型。（3）外资进入节奏 $Irregularity_j$。刻画2001~2007年外资进入某特

定行业中的规律性，反映外资进入波动性大小。借鉴 Wang 等（2012）以

外资进入速度的标准差表示，即 $Irregularity_j = \sqrt{\dfrac{\sum_{t=1}^{T}(Pace_{j,t} - \overline{Pace_j})^2}{T-1}}$，

其中 $\overline{Pace_j}$ 为一定时间行业 j 中外资平均进入速度，T 为 2001～2007 年的年数。（4）交互项。本书借鉴 Wang 等（2012）及冯丹卿等（2013）关于外资进入速度和节奏调节作用的界定，以外资存在和进入速度的交互项 $FP_{j,t-1} \times Pace_{j,t-1}$ 衡量外资进入速度如何调节外资存在对企业出口增加值率的影响；外资存在和进入节奏的交互项 $FP_{j,t-1} \times Irregularity_j$，反映进入节奏对外资存在影响企业出口增加值率的调节作用；外资存在和行业技术水平的交互项 $FP_{j,t-1} \times tech_{j,t}$，表示行业技术水平对外资存在作用效应的影响；三项交互项 $FP_{j,t-1} \times Pace_{j,t-1} \times tech_{j,t}$ 和 $FP_{j,t-1} \times Irregularity_j \times tech_{j,t}$ 则分别衡量了行业技术水平差异对外资进入速度和进入节奏所产生的调节作用的影响。

其次是控制变量[①]集合 X。基于影响机制分析和现有研究文献，我们控制了以下变量。（1）企业层面变量。企业内外资虚拟变量 $type_{i,j,t}$，控制内外资企业本身差异对企业出口增加值率可能产生的影响，内资企业赋值为 1，外资企业赋值为 0；企业生产率 $ATFP_{i,j,t}$，采用 Head 和 Ries（2003）、李春顶（2010）提出的近似全要素生产率的参数估计法；劳动力成本 $LC_{i,j,t}$，借鉴 Wang 等（2009）的做法，以企业人均主营业务应付工资总额与应付福利总额之和表示；资本成本 $ROC_{i,j,t}$，以企业利息支出与负债总额比值表示；企业利润 $profit_{i,j,t}$，企业利润总额占销售总额的比值；企业人力资本水平 $human_{i,j,t}$，借鉴 Xu 和 Lu（2009）以工资反映人力资本水平的做法并考虑到企业异质性的存在，以本年应付工资总额占销售总额比值来表示；企业资本要素密集度 $capital_{i,j,t}$，以人均占用固定资产总额表示；企业年龄 $age_{i,j,t}$，以企业成立年和样本观察年的时间差表示；企业研发虚拟变量 $rd_{i,j,t}$，有研发投入赋值为 1，否则赋值为 0；企业规模虚拟变量 $size_{i,j,t}$，职工人数在 500 人以上赋值为 1，否则赋值为 0。（2）行业层面变

[①]　考虑到变量之间可能存在的共线性问题，本书对各变量进行了方差膨胀因子（VIF）检验，得到各变量的 VIF 值在 1～1.76，远远小于临界值 10，因此不存在严重的多重共线性问题。

量。行业竞争度 $hhi_{i,j,t}$，以三分位行业赫芬达尔－赫希曼指数度量，反映市场化竞争程度，竞争程度越高，市场环境越公平；实际有效汇率 $REER$，采用以贸易加权得到的行业层面的实际有效汇率；行业技术水平虚拟变量 $tech$[①]，用来控制行业技术水平差异对企业出口增加值率的影响。（3）虚拟变量集合 D，控制了企业所处三分位行业的固定效应、省份效应以及年份效应。

二 数据处理及模型估计方法

本章数据来源于国家统计局所统计的规模以上工业企业数据，该数据库所含样本大且时间跨度长，能有效减少估计的近似偏差，提高估计效率，并为我们在更长跨期内考察企业出口增加值率的动态变化提供可靠的依据。考虑到中国入世前后相关政策的变化，本章主要采用中国工业企业数据库中 2001～2007 年的规模以上制造业企业数据。对于数据库中所存在的异常观察值，本章主要借鉴汤二子等（2011）、Cai 和 Liu（2009）及谢千里等（2008）的做法，进行以下处理。首先，鉴于 2003 年新实施的《国民经济行业分类》，本章对 2003 年前后的行业代码进行了调整以保证统计口径的一致性。其次，剔除异常值。对于存在明显统计错误的样本，如本应非负的变量却出现负值（工业总产值、主营业务收入、工业增加值、企业的中间投入等）、出现不符合会计原则的（工业增加值或中间投入大于总产出、固定资产净值大于原值等）以及非正常营业的（销售额增长率大于 100% 或者小于 0 的）予以剔除。此外，删除了就业人数小于 8 人的样本企业，并使用 Winsorization 方法对于样本极端值在 1% 标准下进行了处理。数据以 2000 年为基期进行价格平减，价格指数来源于《中国统计年鉴》。此外，汇率数据根据国际货币基金组织（IMF）提供的双边贸易汇率及 UN COMTRADE 的贸易数据计算得到。

为准确估计外资进入对企业出口增加值率的影响，本章控制了与企业自身特征有关的一系列企业层面以及行业层面的变量。考虑到可能存在的出口增加值率较高的行业或许会吸引更多外资进入而造成的内生性问题，

---

① 基于 Anwar 和 Nguyen（2011）的方法，把制造业分为高技术水平和低技术水平行业，高技术水平行业赋值为 1，低技术水平行业赋值为 0。

本章对较高出口增加值率的行业以及较低出口增加值率的行业在 2001 ~ 2007 年企业数目变化进行了比较，结果并未发现出口增加值率高的行业引进外资企业的数目显著高于出口增加值率低的行业，因而判断出口增加值率的高低并不是外资进入的原因。还有一些既有可能影响外资进入又有可能影响企业出口增加值率的因素，如企业的雇员能力、管理能力等被观测不到的异质性因素，以及控制变量与企业出口增加值率之间可能存在的双向因果关系而导致的内生性问题，本章采取动态面板的两步系统 GMM 方法进行估计。在对差分方程和水平方程分别选择了合适的工具变量滞后期后，各计量模型均通过了基于二阶残差相关性的 AR 检验以及工具变量有效性的 Hansen 检验。

三　实证结果分析

（一）总体检验结果

表 5 - 1 是分别考虑外资存在（模型 1）、外资进入速度及节奏（模型 2）和调节作用（模型 3）对企业出口增加值率影响的估计结果。结果显示外资存在确实对中国内地企业出口增加值率产生显著正向影响，表明外资存在对企业出口增加值率产生的促进作用超过了抑制作用。从各模型回归系数来看，外资存在对企业出口增加值率的影响相当稳健，符号及显著性未发生实质性改变。外资存在每增加 1 个百分点，企业出口增加值率提升大约 1.1 个百分点。外资存在的溢出效应提高了内资企业的生产率或带动了企业使用更多本地中间投入，进而提升了企业出口增加值率。外资进入速度系数显著为负，表明外资进入速度过快会抑制企业出口增加值率的提升，验证了假设 1 的内容。但外资进入节奏系数显著为正，说明外资进入不规律性反而促进企业出口增加值率的提升，源于外资进入不规律性会增加内资企业依托外资企业进口中间产品的风险，转而采用更多本土中间投入从而增加企业出口增加值率。

在考虑外资进入速度及节奏对外资存在影响企业出口增加值率的调节作用后，结果显示外资进入速度及节奏对外资存在影响企业出口增加值率都起到正向调节作用，说明外资进入速度越快或不规律性越强，反而会促进外资存在对企业出口增加值率的溢出效应。外资倾向于进入东道国生产

表 5 - 1 　外资进入对企业出口增加值率影响的总体回归结果

	（NCW + HMT）外资		
	模型 1	模型 2	模型 3
VTR_{-1}	0.291 ***	0.290 ***	0.291 ***
	(4.46)	(4.46)	(4.47)
VTR_{-2}	0.0282 *	0.0282 *	0.0281 *
	(1.90)	(1.90)	(1.90)
FP_{-1}	0.0111 ***	0.0118 ***	0.0108 ***
	(4.75)	(5.04)	(4.59)
$Pace_{-1}$		- 0.00148 ***	- 0.00535 ***
		(- 2.74)	(- 2.98)
$Irregularity_{-1}$		0.00464 ***	0.00446 ***
		(8.91)	(8.47)
$FP_{-1} \times Pace_{-1}$			0.00719 **
			(2.42)
$FP_{-1} \times Irregularity$			0.00213 **
			(2.19)
$REER$	0.0823 ***	0.0824 ***	0.0828 ***
	(5.26)	(5.29)	(5.34)
$ATFP$	0.0689 ***	0.0689 ***	0.0689 ***
	(35.54)	(35.55)	(35.53)
LC	- 0.000808 ***	- 0.000808 ***	- 0.000807 ***
	(- 11.28)	(- 11.28)	(- 11.28)
ROC	- 0.0201 ***	- 0.0201 ***	- 0.0201 ***
	(- 29.18)	(- 29.21)	(- 29.20)
$profit$	0.0186 ***	0.0186 ***	0.0186 ***
	(21.99)	(22.02)	(22.01)
$human$	0.0455 ***	0.0455 ***	0.0455 ***
	(21.44)	(21.44)	(21.44)
rd	- 0.00481 ***	- 0.00481 ***	- 0.00480 ***
	(- 13.37)	(- 13.39)	(- 13.37)

续表

	(NCW + HMT) 外资		
	模型 1	模型 2	模型 3
age	- 0.00000539	- 0.00000531	- 0.00000474
	(- 0.37)	(- 0.37)	(- 0.33)
size	0.00235 ***	0.00235 ***	0.00235 ***
	(6.09)	(6.09)	(6.11)
capital	0.0172 ***	0.0172 ***	0.0172 ***
	(27.45)	(27.46)	(27.44)
hhi	0.167 *	0.176 *	0.185 **
	(1.88)	(1.94)	(2.07)
type	- 0.00238 ***	- 0.00238 ***	- 0.00238 ***
	(- 5.94)	(- 5.96)	(- 5.94)
cons	0.182 ***	0.143 ***	0.142 ***
	(8.24)	(6.57)	(6.53)
年份效应	控制	控制	控制
行业效应	控制	控制	控制
省份效应	控制	控制	控制
N	118065	118058	118058
AR (1)	0.000	0.000	0.000
AR (2)	0.562	0.594	0.592
Hansen Test	0.259	0.258	0.262

注：括号内数字为聚类到企业层面后得到的稳健性 t 值，*** 、** 和 * 分别表示 1%、5% 和 10% 的显著性水平。

率较高的行业（Aitken et al. , 1997），东道国生产率越高，越有利于外资溢出效应的吸收，因此对于外资存在越高的行业，外资进入速度越快反而越有利于企业出口增加值率的提升。此外，企业内外资虚拟变量系数显著为负，说明内外资企业出口增加值率存在显著差异，且外资企业出口增加值率高于内资企业，正如事实分析中所显示的结果。

当对内外资企业进行分组回归时显示，外资进入对内资企业出口增加值率存在显著正向促进作用，而对外资企业本身出口增加值率却不显著，说明外资进入对内资企业出口增加值率确实存在某种溢出机制。表 5 - 1 结果显示，实际有效汇率确实对企业出口增加值率产生显著正向促进作用，也验证了在分析企业出口增加值的影响因素中，汇率作用也不可忽视，且从回归系数来看，外币汇率上升 1 个单位时，会促使我国企业出口增加值率提升约 8.23 个百分点，反映出汇率波动通过影响进口商品的价格效应影响了企业中间投入的抉择，进而影响了企业出口增加值率。

（二）区分外资来源的检验结果

如表 5 - 2 所示，当区分外资来源分别考察 NCW 外资进入和 HMT 外资进入对中国内地企业出口增加值率的影响时，NCW 外资存在对企业出口增加值率产生显著正向促进作用，而 HMT 外资存在的影响却不显著。关注东道国市场的 NCW 外资更能发挥外溢效应，带动东道国企业出口增加值率的提升，而倾向于投资劳动密集型行业从事出口的 HMT 外资，并没有对企业出口增加值率提升产生外溢效应，从而验证了假设 2 的内容。从回归系数来看，NCW 外资的促进作用大于整体外资存在的促进水平，说明 NCW 外资是提升中国企业出口增加值率的主要推动力。从外资进入速度对企业出口增加值率的影响来看，无论是 NCW 外资还是 HMT 外资均不显著，当不考虑其他外资来源时，对单一来源外资的预期使得进入速度快慢并不影响企业出口增加值率的变化。而 NCW 外资和 HMT 外资的进入节奏则都显著正向影响企业出口增加值率。但从外资来源看，外资来源不同，外资进入速度及节奏并没有对外资存在影响企业出口增加值率起到调节作用。

表 5 - 2　NCW 外资和 HMT 外资进入对企业出口增加值率影响的检验结果

	NCW 外资			HMT 外资		
	模型 1	模型 2	模型 3	模型 1	模型 2	模型 3
VTR_{-1}	0.279***	0.278***	0.278***	0.296***	0.292***	0.291***
	(4.24)	(4.20)	(4.20)	(4.51)	(4.38)	(4.38)
VTR_{-2}	0.0300**	0.0304**	0.0304**	0.0268*	0.0272*	0.0272*
	(2.02)	(2.03)	(2.03)	(1.80)	(1.81)	(1.81)
FP_{-1}	0.0183***	0.0186***	0.0172***	-0.000711	-0.00112	0.000208
	(5.88)	(6.06)	(5.36)	(-0.24)	(-0.38)	(0.07)

续表

	NCW 外资			HMT 外资		
	模型 1	模型 2	模型 3	模型 1	模型 2	模型 3
$Pace_{-1}$		0.000236	− 0.0000278		− 0.000141	0.00000394
		(0.66)	(− 0.04)		(− 1.38)	(0.02)
$Irregularity$		0.0125***	0.0114***		0.00226***	0.00315***
		(4.44)	(4.20)		(8.04)	(4.02)
$FP_{-1} \times Pace_{-1}$			0.000919			− 0.000454
			(0.32)			(− 0.58)
$FP_{-1} \times Irregularity$			0.00338			− 0.00325
			(1.17)			(− 1.31)
$REER$	0.140***	0.141***	0.141***	0.138***	0.142***	0.142***
	(7.52)	(7.55)	(7.55)	(8.55)	(8.04)	(8.02)
$ATFP$	0.0693***	0.0694***	0.0694***	0.0688***	0.0689***	0.0689***
	(35.30)	(35.17)	(35.16)	(35.22)	(34.85)	(34.87)
LC	− 0.000818***	− 0.000818***	− 0.000818***	− 0.000808***	− 0.000811***	− 0.000811***
	(− 11.19)	(− 11.17)	(− 11.17)	(− 11.17)	(− 11.16)	(− 11.16)
ROC	− 0.0202***	− 0.0202***	− 0.0202***	− 0.0201***	− 0.0201***	− 0.0201***
	(− 28.94)	(− 28.92)	(− 28.92)	(− 28.97)	(− 28.74)	(− 28.75)
$profit$	0.0187***	0.0187***	0.0187***	0.0185***	0.0186***	0.0186***
	(21.84)	(21.81)	(21.80)	(21.80)	(21.58)	(21.59)
$human$	0.0458***	0.0459***	0.0459***	0.0453***	0.0455***	0.0455***
	(21.35)	(21.27)	(21.27)	(21.22)	(21.06)	(21.06)
rd	− 0.00478***	− 0.00479***	− 0.00478***	− 0.00473***	− 0.00475***	− 0.00475***
	(− 13.29)	(− 13.30)	(− 13.30)	(− 13.21)	(− 13.24)	(− 13.24)
age	− 0.00000537	− 0.00000512	− 0.00000499	− 0.00000886	− 0.00000892	− 0.00000892
	(− 0.37)	(− 0.35)	(− 0.34)	(− 0.61)	(− 0.61)	(− 0.61)
$size$	0.00237***	0.00236***	0.00236***	0.00234***	0.00235***	0.00235***
	(6.10)	(6.08)	(6.08)	(6.06)	(6.09)	(6.09)
$capital$	0.0173***	0.0173***	0.0173***	0.0172***	0.0172***	0.0172***
	(27.30)	(27.22)	(27.21)	(27.23)	(27.03)	(27.04)
hhi	0.299***	0.330***	0.332***	0.280***	0.221***	0.220***
	(4.00)	(4.54)	(4.53)	(3.40)	(2.81)	(2.79)

	NCW 外资			HMT 外资		
	模型 1	模型 2	模型 3	模型 1	模型 2	模型 3
type	− 0.00245 ***	− 0.00246 ***	− 0.00246 ***	− 0.00240 ***	− 0.00243 ***	− 0.00243 ***
	(− 6.08)	(− 6.09)	(− 6.09)	(− 5.99)	(− 6.02)	(− 6.03)
cons	0.131 ***	0.0555 ***	0.0593 ***	0.0861 ***	0.127 ***	0.127 ***
	(7.19)	(2.63)	(2.85)	(4.71)	(7.09)	(7.10)
年份效应	控制	控制	控制	控制	控制	控制
行业效应	控制	控制	控制	控制	控制	控制
省份效应	控制	控制	控制	控制	控制	控制
N	117987	117938	117938	117912	117830	117830
AR (1)	0.000	0.000	0.000	0.000	0.000	0.000
AR (2)	0.670	0.711	0.711	0.544	0.576	0.577
Hansen Test	0.177	0.160	0.160	0.301	0.288	0.282

注：括号内数字为聚类到企业层面后得到的稳健性 t 值，*** 、** 和 * 分别表示 1%、5% 和 10% 的显著性水平。

（三） 行业技术水平对外资进入影响企业出口增加值率的调节作用

考虑到外资进入存在典型的行业技术特征，表 5 - 3 反映了行业技术水平对外资进入影响中国内地企业出口增加值率变化的调节作用。结果显示，行业技术水平虚拟变量显著为正，说明行业技术水平是影响企业出口增加值率的重要因素，行业技术水平越高，企业出口增加值率越高。那么，如前所述，行业技术水平不同是否影响了外资进入对企业出口增加值率的作用呢？当控制行业技术水平本身差异之后，结果显示行业技术水平显著调节外资存在对企业出口增加值率的影响，且调节作用因外资来源不同而存在差异。当考虑所有外资时，行业技术水平对外资存在影响企业出口增加值率起负向调节作用，说明技术水平越高的行业，外资存在的促进作用越小，外资大量进入引发"羊群效应"，加剧了竞争①，从而使负向抑制作用大于正向溢出效应，验证了假设 3 的内容。区分外资来源进行考察

---

① 对高技术行业中外资存在最高及最低行业中的企业数目在 2001 ~ 2007 年的变化进行比较后发现，确实存在"羊群效应"，外资存在较高的行业进入的外资企业数也远远大于外资存在水平较低的行业。

时，行业技术水平所呈现的调节作用明显不同，行业技术水平对 NCW 外资存在影响企业出口增加值率产生负向调节作用，而对 HMT 外资存在则表现为正向促进作用，这完全符合 NCW 外资和 HMT 外资不同投资动机及资源利用模式的特点。NCW 外资更倾向于进入技术水平较高的行业，HMT 外资倾向于进入劳动密集型行业。此外，行业技术水平差异并不对外资和 HMT 外资整体进入速度影响企业出口增加值率起到调节作用，但 NCW 外资和 HMT 外资整体进入节奏却正向调节外资存在对企业出口增加值率的促进作用。

表 5 - 3　行业技术水平对外资进入影响企业出口增加值率的回归结果

	NCW + HMT 外资		NCW 外资		HMT 外资	
	模型 4	模型 5	模型 4	模型 5	模型 4	模型 5
VTR_{-1}	0.289 ***	0.287 ***	0.280 ***	0.279 ***	0.296 ***	0.297 ***
	(4.48)	(4.47)	(4.27)	(4.27)	(4.39)	(4.39)
VTR_{-2}	0.0281 *	0.0284 *	0.0297 **	0.0299 **	0.0263 *	0.0262 *
	(1.92)	(1.95)	(2.01)	(2.03)	(1.73)	(1.72)
FP_{-1}	0.0186 ***	0.0186 ***	0.0235 ***	0.0231 ***	- 0.00690 **	- 0.00700 **
	(7.21)	(7.19)	(7.40)	(7.18)	(- 2.03)	(- 2.05)
$Pace_{-1}$	- 0.00160 ***	- 0.00175 ***	0.000141	0.0000430	- 0.000137	- 0.000189
	(- 2.95)	(- 2.91)	(0.39)	(0.11)	(- 1.33)	(- 1.15)
$Irregularity$	0.00414 ***	0.00387 ***	0.0151 ***	0.0155 ***	0.00206 ***	0.00258 ***
	(8.29)	(7.71)	(5.77)	(5.96)	(7.33)	(3.38)
$tech$	0.0181 ***	0.0187 ***	0.0162 ***	0.0164 ***	0.00832 ***	0.00833 ***
	(13.20)	(13.55)	(14.63)	(14.22)	(9.44)	(9.46)
$FP_{-1} \times tech$	- 0.0139 ***	- 0.0152 ***	- 0.00936 ***	- 0.0109 ***	0.0165 ***	0.0179 ***
	(- 7.68)	(- 8.24)	(- 4.97)	(- 5.14)	(2.78)	(2.81)
$FP_{-1} \times Pace_{-1} \times tech$		0.00320		0.00160		0.000564
		(1.50)		(1.04)		(0.93)
$FP_{-1} \times Irregularity \times tech$		0.00221 **		0.00643		- 0.00207
		(2.22)		(1.52)		(- 0.84)
$REER$	0.0851 ***	0.0852 ***	0.138 ***	0.138 ***	0.142 ***	0.142 ***
	(5.67)	(5.67)	(7.38)	(7.42)	(8.07)	(8.06)

续表

	NCW + HMT 外资		NCW 外资		HMT 外资	
	模型 4	模型 5	模型 4	模型 5	模型 4	模型 5
ATFP	0.0690***	0.0690***	0.0693***	0.0693***	0.0688***	0.0688***
	(35.79)	(35.92)	(35.29)	(35.42)	(34.47)	(34.40)
LC	-0.000807***	-0.000808***	-0.000816***	-0.000817***	-0.000809***	-0.000809***
	(-11.32)	(-11.33)	(-11.19)	(-11.20)	(-11.14)	(-11.13)
ROC	-0.0201***	-0.0201***	-0.0202***	-0.0202***	-0.0201***	-0.0201***
	(-29.31)	(-29.36)	(-29.01)	(-29.06)	(-28.58)	(-28.57)
profit	0.0186***	0.0186***	0.0187***	0.0187***	0.0185***	0.0185***
	(22.13)	(22.19)	(21.88)	(21.94)	(21.38)	(21.35)
human	0.0455***	0.0455***	0.0458***	0.0458***	0.0454***	0.0453***
	(21.59)	(21.67)	(21.33)	(21.41)	(20.82)	(20.78)
rd	-0.00481***	-0.00481***	-0.00478***	-0.00478***	-0.00474***	-0.00474***
	(-13.39)	(-13.39)	(-13.32)	(-13.32)	(-13.24)	(-13.24)
age	-0.00000622	-0.00000575	-0.00000555	-0.00000534	-0.00000849	-0.00000854
	(-0.43)	(-0.40)	(-0.38)	(-0.37)	(-0.59)	(-0.59)
size	0.00234***	0.00235***	0.00236***	0.00236***	0.00235***	0.00235***
	(6.08)	(6.08)	(6.08)	(6.08)	(6.10)	(6.10)
capital	0.0172***	0.0172***	0.0173***	0.0173***	0.0172***	0.0172***
	(27.63)	(27.72)	(27.30)	(27.40)	(26.78)	(26.74)
hhi	0.154**	0.150**	0.187***	0.171***	0.147**	0.148**
	(2.79)	(2.57)	(3.08)	(2.79)	(2.29)	(2.30)
type	-0.00239***	-0.00239***	-0.00244***	-0.00244***	-0.00240***	-0.00240***
	(-5.98)	(-6.00)	(-6.07)	(-6.07)	(-5.90)	(-5.89)
cons	0.140***	0.141***	0.0435**	0.0420**	0.128***	0.128***
	(6.63)	(6.68)	(2.08)	(2.01)	(7.30)	(7.25)
年份效应	控制	控制	控制	控制	控制	控制
行业效应	控制	控制	控制	控制	控制	控制
省份效应	控制	控制	控制	控制	控制	控制
N	118058	118058	117938	117938	117830	117830

	NCW + HMT 外资		NCW 外资		HMT 外资	
	模型 4	模型 5	模型 4	模型 5	模型 4	模型 5
AR（1）	0.000	0.000	0.000	0.000	0.000	0.000
AR（2）	0.595	0.612	0.674	0.686	0.534	0.528
Hansen Test	0.285	0.286	0.181	0.180	0.302	0.301

注：括号内数字为聚类到企业层面后得到的稳健性 t 值，***、** 和 * 分别表示 1%、5% 和 10% 的显著性水平。

对于模型中的其他变量，无论是考虑整体外资进入，还是区分外资来源或者考虑行业技术水平差异，这些控制变量的系数及显著性均没有发生较大改变，这也验证了模型的稳健性。实际有效汇率的上升通过改变进口中间投入和国内中间投入的相对价格来对企业出口增加值率产生显著促进作用。首先，从控制变量对企业出口增加值率的影响来看，企业生产率、企业利润、企业人力资本水平、企业规模、资本要素密集度及行业竞争度对企业出口增加值率的提升均产生正向促进作用，表明企业所在的市场环境越公平，企业生产率越高，企业利润越多，越能吸引高素质的职工，因而模仿和学习外资企业的先进技术和方法的能力越强，则企业出口增加值率提升得越快，所以提高企业生产率、企业资本要素密集度是提升出口增加值率的重要途径。其次，劳动力成本和资本成本上升则都显著抑制了企业出口增加值率的提升。劳动力成本和资本成本的上升则直接增加了企业的投入成本，挤压企业盈利空间，从而迫使企业使用其他成本较低的中间投入，如相对便宜的国外进口中间产品，从而降低企业出口增加值率。中国人口红利消失、劳动力成本上升以及实体经济企业融资困难现象的存在，使得企业投入成本趋高，是抑制中国企业出口增加值率提升的不可忽视的原因。劳动力成本对企业出口增加值率的负向影响效应也说明中国目前企业出口增加值率的上升并非来源于劳动力成本的上升。再次，对于研发虚拟变量，则呈现显著负向作用，说明外资进入会妨碍中国企业通过自主研发促进出口增加值率提升的努力，且中国企业的研发投入并未真正促进企业出口增加值率的提升，反而占用了企业资源从而抑制了企业出口增加值率的提升。因此，如何发挥研发对中国制造业企业出口增加值率的提升作用也是值得研究的问题。

第六章　中国制造业出口增加值的
宏观影响机制分析

第四章的特征事实分析表明中国制造业呈现"高出口额，低增加值"的出口增长特征，从微观视角对中国制造业出口增加值影响机制的深入研究后得出外资进入和汇率是影响中国制造业出口增加值的重要因素。而对增加值贸易的探讨应该将研究视角从一国层面上升到跨国生产建立起的全球生产、贸易和收入格局上，才能解决现有依据出口核算增加值方法的不足（夏明、张红霞，2015）。因此，为全面准确把握中国制造业出口增加值变化的影响机制，本章进一步在全球生产网络背景下从国家部门层面对影响中国制造业出口增加值的宏观因素进行分析。

第一节　增加值贸易宏观影响机制模型构建

基于 Noguera（2012）的研究思路，我们从反映全球生产关联的国际投入产出模型出发，同时考虑国家间前向和后向产业关联，推导出反映增加值贸易宏观影响机制的增加值贸易近似引力模型。

一　国际投入产出表及模型

国际投入产出表反映了国家部门间的产业关联，近年来成为分析增加值贸易的主要工具。考虑 N 国 G 部门的国际投入产出模型，具体如表 6-1 所示。

表 6 – 1　N 国 G 部门国际投入产出表

投入＼产出		中间使用				最终使用				总产出
	国家	I 国	J 国	$\cdots$	N 国	I 国	J 国	$\cdots$	N 国	
	部门	$1,\cdots,G$	$1,\cdots,G$		$1,\cdots,G$					
中间投入 I 国	$1,\cdots,G$	Z_{ii}	Z_{ij}	$\cdots$	Z_{iN}	F_{ii}	F_{ij}	$\cdots$	F_{iN}	Y_i
J 国	$1,\cdots,G$	Z_{ji}	Z_{jj}	$\cdots$	Z_{jN}	F_{ji}	F_{jj}	$\cdots$	F_{jN}	Y_j
$\vdots$	$\vdots$	$\vdots$	$\vdots$	$\vdots$	$\vdots$	$\vdots$	$\vdots$	$\vdots$	$\vdots$	$\vdots$
N 国	$1,\cdots,G$	Z_{Ni}	Z_{Nj}	$\cdots$	Z_{NN}	F_{Ni}	F_{Nj}	$\cdots$	F_{NN}	Y_N
增加值	$1,\cdots,G$	V_i	V_j		V_N					
总投入	$1,\cdots,G$	Y_i	Y_j		Y_N					

资料来源：笔者根据 Timmer 等（2012）关于对 WIOD 数据库的介绍绘制得到。

其中，Z_{ij} 表示 j 国某部门生产单位产品投入的 i 国某部门的中间投入量，是 $G \times G$ 矩阵；F_{ij} 表示 j 国对 i 国某部门产品的最终使用，是 $G \times 1$ 矩阵；Y_i 是 i 国部门总产出，是 $G \times 1$ 矩阵；V_i 为 i 国部门增加值矩阵，是 $1 \times G$ 矩阵。令 $A = \begin{pmatrix} A_{11} & A_{12} & \cdots & A_{1N} \\ A_{21} & A_{22} & \cdots & A_{2N} \\ \vdots & \vdots & \vdots & \vdots \\ A_{N1} & A_{N2} & \cdots & A_{NN} \end{pmatrix}$ 为 $NG \times NG$ 矩阵，是国家间双边投入产出系数矩阵，其中 A_{ij} 是 i 国产品作为中间投入被 j 国使用的系数矩阵，是 $G \times G$ 矩阵；其元素 $a_{ij}^{\alpha\beta} = Z_{ij}^{\alpha\beta} / Y_j^{\beta}$（$\alpha$、$\beta$ 表示行业部门）表示 j 国 β 部门总投入中消耗的 i 国 α 部门的中间投入比重；$\sum_i a_{ij}$ 表示 j 国中间投入占总投入的比重，反映了全球生产网络中国家部门间的后向关联。总产出矩阵 $Y = \begin{pmatrix} Y_i \\ Y_j \\ \vdots \\ Y_N \end{pmatrix}$ 是 $NG \times 1$ 矩阵；最终需求矩阵 $F = \begin{pmatrix} F_{11} & F_{12} & \cdots & F_{1N} \\ F_{21} & F_{22} & \cdots & F_{2N} \\ \vdots & \vdots & \vdots & \vdots \\ F_{N1} & F_{N2} & \cdots & F_{NN} \end{pmatrix}$ 是 $NG \times NG$ 矩阵，反映了双边国家间的最终需求，其中 F_{ij} 是 i 国产品作为最终需求被 j 国使用的系数矩阵，是 $G \times G$ 矩阵。根据投入产出模型行向平衡关系，$Y = AY + F = (I - A)^{-1} F$，考虑具体某行时存在：

$$y_{ij} - \sum_k a_{ik} y_{kj} = f_{ij} \qquad (6.1)$$

$$\text{令 } H = \begin{pmatrix} H_{11} & H_{12} & \cdots & H_{1N} \\ H_{21} & H_{22} & \cdots & H_{2N} \\ \vdots & \vdots & \vdots & \vdots \\ H_{N1} & H_{N2} & \cdots & H_{NN} \end{pmatrix} \text{为国家间分配系数矩阵，是 } NG \times NG \text{ 矩}$$

阵，其中 H_{ij} 是 i 国产出中分配给 j 国使用的系数矩阵，是 $G \times G$ 矩阵，其元素 $h_{ij}{}^{\alpha\beta} = Z_{ij}{}^{\alpha\beta}/Y_i{}^{\alpha}$ 表示 i 国 α 部门的总需求中分配给 j 国 β 部门的中间需求比重；$\sum\limits_i h_{ij}$ 表示 j 国中间需求占总需求的比重，反映了全球生产网络中国家部门间的前向关联。增加值矩阵 $V = \begin{pmatrix} V_i & V_j & \cdots & V_N \end{pmatrix}$ 为 $1 \times NG$ 矩阵。根据投入产出模型列向平衡关系，$Y = HY + V' = (I - H)^{-1}V'$，考虑具体某列时存在：

$$y_{ij} - \sum_k h_{ik} y_{kj} = v_{ij} \tag{6.2}$$

二　基于国际投入产出模型的增加值贸易分解

根据上述国家投入产出模型的行向和列向平衡关系，我们尝试运用稳态的一阶泰勒近似对增加值贸易变化进行近似表示。

由（6.1）式和（6.2）式可得：

$$v_{ij} = f_{ij} + \sum_k a_{ik} y_{kj} - \sum_k h_{ik} y_{kj} \tag{6.3}$$

令 $\dot{z} = (z - z^*)/z^*$，其中 z 代表任何变量，$*$ 表示稳态值。对（6.3）式进行稳态的一阶泰勒近似可得：

$$v_{ij}^* \dot{v}_{ij} = f_{ij}^* \dot{f}_{ij} + \sum_k a_{ik}^* y_{kj}^* (\dot{a}_{ik} + \dot{y}_{kj}) - \sum_k h_{ik}^* y_{kj}^* (\dot{h}_{ik} + \dot{y}_{kj}) \tag{6.4}$$

为了方便表示，以下省略了稳态值的 $*$ 表示。令 $\hat{y}_j = \begin{pmatrix} \hat{y}_{1j} \\ \hat{y}_{2j} \\ \vdots \\ \hat{y}_{Nj} \end{pmatrix}, \hat{f}_j = \begin{pmatrix} \hat{f}_{1j} \\ \hat{f}_{2j} \\ \vdots \\ \hat{f}_{Nj} \end{pmatrix},$

$$\hat{v}_j = \begin{pmatrix} \hat{v}_{1j} \\ \hat{v}_{2j} \\ \vdots \\ \hat{v}_{Nj} \end{pmatrix}, \hat{a}_j = \begin{pmatrix} \hat{a}_{1j} \\ \hat{a}_{2j} \\ \vdots \\ \hat{a}_{Nj} \end{pmatrix}, \hat{h}_j = \begin{pmatrix} \hat{h}_{1j} \\ \hat{h}_{2j} \\ \vdots \\ \hat{h}_{Nj} \end{pmatrix}, \hat{a} = \begin{pmatrix} \hat{a}_1 \\ \hat{a}_2 \\ \vdots \\ \hat{a}_N \end{pmatrix}, \hat{h} = \begin{pmatrix} \hat{h}_1 \\ \hat{h}_2 \\ \vdots \\ \hat{h}_N \end{pmatrix}。Y_j \equiv [\mathrm{diag}(y_{ij})]、F_j \equiv$$

$[\mathrm{diag}(f_{ij})]$ 和 $V_j \equiv [\mathrm{diag}(v_{ij})]$ 分别是以 y_j、f_j 和 v_j 中元素为对角元素的 $NG \times NG$ 对角矩阵。此外，令 $M_{a_j} \equiv M_a[\mathrm{diag}(M_j y_j)]$，其中 $M_a \equiv [\mathrm{diag}(a_1)$, $\mathrm{diag}(a_2), \cdots, \mathrm{diag}(a_N)]$ 为 $NG \times (NG)^2$ 矩阵，$M_j \equiv I \otimes 1_{NG \times 1}$ 为 $(NG)^2 \times NG$ 矩阵，I 为 $NG \times NG$ 单位矩阵。同理，令 $M_{h_j} \equiv M_h[\mathrm{diag}(M_j y_j)]$，其中 $M_h \equiv [\mathrm{diag}(h_1), \mathrm{diag}(h_2), \cdots, \mathrm{diag}(h_N)]$ 为 $NG \times (NG)^2$ 矩阵。由此，根据（6.4）式，对于国家 j，可得：

$$V_j \hat{v}_j = F_j \hat{f}_j + AY_j \hat{y}_j + M_{a_j} \hat{a} - HY_j \hat{y}_j - M_{h_j} \hat{h} \tag{6.5}$$

令 $v_{ij} \equiv r_i y_{ij}$，表示包含在国家产出转移中的增加值成分，其中 r_i 为 i 国的增加值率。$R \equiv [\mathrm{diag}(r_i)] = \begin{bmatrix} r_1 & 0 & \cdots & 0 \\ 0 & r_2 & \cdots & 0 \\ \vdots & \vdots & \vdots & \vdots \\ 0 & 0 & \cdots & r_N \end{bmatrix}$ 是以 r_i 中元素为对角元

素的 $NG \times NG$ 对角矩阵。根据稳态的一阶泰勒近似，存在 $\hat{v}_{ij} \equiv \hat{y}_{ij}$。则（6.5）式可以写为：

$$\hat{v}_j = Y_j^{-1}(R - A + H)^{-1} F_j \hat{f}_j + Y_j^{-1}(R - A + H)^{-1}(M_{a_j} \hat{a} - M_{h_j} \hat{h}) \tag{6.6}$$

令 $G = (R - A + H)^{-1}$，当 $i = j$ 时，G 矩阵就退化为 R 的逆矩阵，反映了国内产业间关联。当 $i \neq j$ 时[1]，G 矩阵可以表示为如下形式：

$$G = \begin{pmatrix} 0 & -A_{12} + H_{12} & \cdots & -A_{1N} + H_{1N} \\ -A_{21} + H_{21} & 0 & \cdots & -A_{2N} + H_{2N} \\ \vdots & \vdots & \vdots & \vdots \\ -A_{N1} + H_{N1} & -A_{N2} + H_{N2} & \cdots & 0 \end{pmatrix}^{-1}$$ 。此时，矩阵 G

① 鉴于本书对增加值贸易的研究目的，因此主要考虑 $i \neq j$ 的情况。

表示 j 国 β 产业超过 i 国 α 产业产出中所使用的来自 i 国 α 产业的中间投入比例，反映了两国产业的上下游关系及相应产业在生产链上的相对位置。其中 g_{ik} 为第 ik 个元素，若值为正，表示 j 国 β 产业相对于 i 国 α 产业位于下游，为净需求；若值为负，表示 j 国 β 产业相对于 i 国 α 产业位于上游，是净供给[①]。（6.6）式可进一步表示为：

$$\hat{v}_{ij} = \sum_k \frac{g_{ik}f_{kj}}{y_{ij}}\hat{f}_{kj} + \sum_k \sum_l \frac{g_{ik}a_{kl}y_{lj}}{y_{ij}}\hat{a}_{kl} - \sum_k \sum_l \frac{g_{ik}h_{kl}y_{lj}}{y_{ij}}\hat{h}_{kl}$$

上式分子分母分别乘以 r_i，可得：

$$\hat{v}_{ij} = \sum_k \frac{r_i g_{ik}f_{kj}}{v_{ij}}\hat{f}_{kj} + \sum_k \sum_l \frac{r_i g_{ik}a_{kl}y_{lj}}{v_{ij}}\hat{a}_{kl} - \sum_k \sum_l \frac{r_i g_{ik}h_{kl}y_{lj}}{v_{ij}}\hat{h}_{kl} \tag{6.7}$$

定义 $s_{ikj} = \dfrac{r_i g_{ik}f_{kj}}{v_{ij}}$，$\phi_{iklj} = \dfrac{r_i g_{ik}a_{kl}y_{lj}}{v_{ij}}$，$\eta_{iklj} = \dfrac{r_i g_{ik}h_{kl}y_{lj}}{v_{ij}}$。其中，$s_{ikj}$ 表示 i 国包含在 k 国最终产品中被 j 国所吸收的增加值份额；ϕ_{iklj} 是 i 国包含在 k 国的中间产品中经由其他国家，最终被 j 国作为中间投入吸收的增加值份额，是基于后向关联引起的增加值份额变动；η_{iklj} 是 i 国包含在 k 国中间产品中经由其他国家，最终被 j 国作为中间需求的增加值份额，是基于前向关联引起的增加值份额变动。对于从任意其他国家 l 被 j 国以最终产品吸收的 y_{lj}，可以分解为以最终产品被直接吸收部分和以中间产品经由其他国家使用并最终被 j 国吸收部分，即 $y_{lj} = f_{lj} + \sum_h a_{lh}y_{hj}$，分别代入 ϕ_{iklj} 和 η_{iklj}，则表示经由第三国参与的全球生产链的所有直接和间接前向关联和后向关联变动系数。

将以上定义的指数代入（6.7）式，可以写为：

$$\hat{v}_{ij} = \sum_k s_{ikj}\hat{f}_{kj} + \sum_k \sum_l \phi_{iklj}\hat{a}_{kl} - \sum_k \sum_l \eta_{iklj}\hat{h}_{kl} \tag{6.8}$$

（6.8）式就是双边贸易增加值变动的分解模型，从 i 国到 j 国的增加值变动取决于三个方面：所有贸易伙伴国的最终产品需求变动引起的增加值变化，基于后向和前向关联系数引起的增加值变化，以及参与全球生产

[①] 根据直接消耗系数和直接分配系数的定义，$h_{ij} - a_{ij} = \dfrac{Z_{ij}}{Y_i} - \dfrac{Z_{ij}}{Y_j} = \dfrac{a_{ij}(Y_j - Y_i)}{Y_i}$。

链的所有贸易伙伴国的国际投入产出直接消耗系数和直接分配系数结构变动引起的增加值变化。

三　考虑中间产品的总值贸易引力模型

借鉴 Noguera（2012）考虑中间产品贸易时推导出的总值贸易扩展引力模型。当使用国内增加值 V_j 和中间投入 Z_j 时的 C – D 生产函数为：

$$Y_j = V_j^{1-a_j} Z_j^{a_j} \tag{6.9}$$

其中，a_j 为中间投入占总产出的份额。中间投入满足包含来自国内外中间投入组合的 CES 生产函数：

$$Z_j = \sum_i (\beta_i^{\frac{1-\rho}{\rho}} Z_{ij}^{\frac{\rho-1}{\rho}})^{\frac{\rho}{\rho-1}} \tag{6.10}$$

其中，Z_{ij} 为 j 国使用的来自 i 国的中间投入，β_i 为其他国家对 i 国产品的偏好参数，ρ 为各中间投入间的替代弹性。考虑 j 国具有 CES 偏好的消费者对 i 国最终产品的消费需求，令 σ 为最终消费品间的替代弹性，$\sigma > 1$。存在效用最大化函数：

$$F_j = \sum_i (\beta_i^{\frac{1-\sigma}{\sigma}} F_{ij}^{\frac{\sigma-1}{\sigma}})^{\frac{\sigma}{\sigma-1}}$$

$$\text{s. t. } P_j^v V_j = \sum_i F_{ij} \cdot p_{ij} \tag{6.11}$$

其中，P_j^v 为 j 国增加值价格。当考虑贸易成本时，存在 $p_{ij} = p_i \tau_{ij}$，其中 p_{ij} 为 i 国生产的产品运到 j 国最终消费者手中的价格，p_i 是 i 国产品的价格，当 $i \neq j$ 时，$\tau_{ij} > 1$。当 P_j^v 和 $p_i \tau_{ij}$ 给定时，通过解企业利润最大化和消费者效用最大化函数，可以得出最优中间投入和最终需求：

$$z_{ij} = p_i \tau_{ij} Z_{ij} = (\frac{\beta_i p_i \tau_{ij}}{P_j^z})^{1-\rho} a_j y_j \tag{6.12}$$

$$f_{ij} = p_i \tau_{ij} F_{ij} = (\frac{\beta_i p_i \tau_{ij}}{P_j^f})^{1-\rho} (1-a_j) y_j \tag{6.13}$$

其中，y_j 为 j 国名义产出价值，P_j^z 和 P_j^f 分别为 j 国生产过程中中间投入和最终消费品的价格。根据市场出清条件，存在：

$$y_i = \sum_j e_{ij} = \sum_j (z_{ij} + f_{ij}) \tag{6.14}$$

根据（6.12）式、（6.13）式和（6.14）式，令 $\theta_j \equiv y_j/y_w$，其中 y_w 为世界名义总产出。在 $\sigma = \rho$ 和 $P_j^z = P_j^f \equiv P_j$ 的假设前提下，可以得出跨国生产下国家间的中间投入和最终产品出口的引力模型，如下：

$$z_{ij} = \frac{y_i a_j y_j}{y_w} \left(\frac{\tau_{ij}}{\prod_i P_j} \right)^{1-\sigma} \tag{6.15}$$

$$f_{ij} = \frac{y_i (1 - a_j) y_j}{y_w} \left(\frac{\tau_{ij}}{\prod_i P_j} \right)^{1-\sigma} \tag{6.16}$$

其中，$\prod_i = \left[\sum_j \theta_j \left(\frac{\tau_{ij}}{P_j} \right)^{1-\sigma} \right]^{\frac{1}{1-\sigma}}, P_j = \left[\sum_i \theta_i \left(\frac{\tau_{ij}}{\prod_i} \right)^{1-\sigma} \right]^{\frac{1}{1-\sigma}}$ 为均衡价格指数。对（6.15）式和（6.16）式进行对数线性化，可得考虑中间产品时的总值贸易引力模型：

$$\hat{z}_{ij} = \hat{f}_{ij} = \hat{y}_i + \hat{y}_j - \hat{y}_w + (1 - \sigma)(\hat{\tau}_{ij} - \hat{\prod}_i - \hat{P}_j) \tag{6.17}$$

四　增加值贸易引力模型

我们在总值贸易引力模型基础上，结合（6.8）式关于双边贸易增加值变动的分解模型，进一步推导出增加值贸易引力模型。根据 $a_{ij} = \frac{z_{ij}}{y_j}$，$h_{ij} = \frac{z_{ij}}{y_i}$ 及 $\hat{z}_{ij} = \hat{f}_{ij}$，经过对数线性化处理之后可得 $\hat{a}_{ij} = \hat{z}_{ij} - \hat{y}_j$，$\hat{h}_{ij} = \hat{z}_{ij} - \hat{y}_i$。结合（6.17）式对（6.8）式进行代换，可以得到：

$$\hat{v}_{ij} = \sum_k s_{ikj} [\hat{y}_k + \hat{y}_j - \hat{y}_w + (1 - \sigma)(\hat{\tau}_{kj} - \hat{\prod}_k - \hat{P}_j)] + \sum_k \sum_l \phi_{iklj} [\hat{y}_k -$$
$$\hat{y}_w + (1 - \sigma)(\hat{\tau}_{kl} - \hat{\prod}_k - \hat{P}_l)] - \sum_k \sum_l \eta_{iklj} [\hat{y}_l -$$
$$\hat{y}_w + (1 - \sigma)(\hat{\tau}_{kl} - \hat{\prod}_k - \hat{P}_l)] \tag{6.18}$$

为简单起见，假设双边贸易成本是对称的，即对任何双边贸易国家 i 和 j，都满足 $\tau_{ij} = \tau_{ji}$，存在 $\prod_i = P_i$。（6.18）式可以写为：

$$\hat{v}_{ij} = \sum_k \left(s_{ikj} + \sum_l \phi_{iklj} - \sum_l \eta_{ilkj} \right) \hat{y}_k + \sum_k s_{ikj} \hat{y}_j - \sum_k \left(s_{ikj} + \sum_l \phi_{iklj} - \sum_l \eta_{iklj} \right) \hat{y}_w -$$
$$(1 - \sigma) \sum_k s_{ikj} \hat{P}_j - (1 - \sigma) \sum_k \left(s_{ikj} + \sum_l \phi_{iklj} - \sum_l \eta_{ilkj} + \sum_l \phi_{ilkj} - \sum_l \eta_{iklj} \right) \hat{P}_k +$$

$$(1 - \sigma) \sum_k s_{ikj} \dot{\tau}_{kj} + (1 - \sigma) \sum_k \sum_l (\phi_{iklj} - \eta_{iklj}) \dot{\tau}_{kl} \qquad (6.19)$$

令 $\varphi_{ikj} = s_{ikj} + \sum_l \phi_{iklj} - \sum_l \eta_{ilkj}$，$\varphi_{ikj}^w = s_{ikj} + \sum_l \phi_{iklj} - \sum_l \eta_{iklj}$，$\varphi_{ikj}^{\tau} = \phi_{iklj} - \eta_{iklj}$，$\varphi_{ikj}^P = s_{ikj} + \sum_l \phi_{iklj} - \sum_l \eta_{ilkj} + \sum_l \phi_{ilkj} - \sum_l \eta_{iklj}$。对于任何时期 t，以及上一期 $t-1$ 为稳态，（6.19）式可以写为：

$$\dot{v}_{ijt} = \sum_k \varphi_{ikj,t-1} \dot{y}_{kt} + \sum_k s_{ikj,t-1} \dot{y}_{jt} - \sum_k \varphi_{ikj,t-1}^w \dot{y}_{wt} - (1 - \sigma) \sum_k s_{ikj,t-1} \dot{P}_{jt} -$$
$$(1 - \sigma) \sum_k \varphi_{ikj,t-1}^P \dot{P}_{kt} + (1 - \sigma) \sum_k s_{ikj,t-1} \dot{\tau}_{kjt} + (1 - \sigma) \sum_k \varphi_{ikj,t-1}^{\tau} \dot{\tau}_{klt} \qquad (6.20)$$

对于任何变量 z，都存在 $\dot{z}_{it} \approx \ln z_{it} - \ln z_{i,t-1}$，根据式（6.20）可以得到双边贸易增加值变化的估计模型为：

$$\Delta \ln v_{ijt} = \sum_k \varphi_{ikj,t-1} \Delta \ln y_{kt} + \sum_k s_{ikj,t-1} \Delta \ln y_{jt} - \sum_k \varphi_{ikj,t-1}^w \Delta \ln y_{wt} - (1 - \sigma) \sum_k s_{ikj,t-1} \Delta \ln P_{jt} -$$
$$(1 - \sigma) \sum_k \varphi_{ikj,t-1}^P \Delta \ln P_{kt} + (1 - \sigma) \sum_k s_{ikj,t-1} \Delta \ln \tau_{kjt} + (1 - \sigma) \sum_k \varphi_{ikj,t-1}^{\tau} \Delta \ln \tau_{klt}$$
$$(6.21)$$

（6.21）式是全球生产模式下基于国际投入产出模型推导出的双边国家增加值出口变化的引力模型。可以看出全球生产链下，各贸易国和世界总产出水平及国家间的贸易成本是影响出口增加值变化的主要影响因素。

第二节　基于增加值视角的中国制造业贸易成本测度事实分析

对增加值贸易宏观影响机制研究后发现，贸易成本是影响一国出口增加值的关键宏观因素，特别是推进中国和沿线国家及地区经济贸易联系，促进区域经济一体化和全球化重大举措"一带一路"倡议的提出和实施，对消化中国制造业过剩产能、调整经济结构、促进产业转移具有重要战略意义。从政策沟通到设施联通、贸易畅通、资金融通和民心相通，"五通"领域为中国制造业进一步融入全球经济提供了新的合作平台。虽然运输成本和关税的大幅下降为国际贸易的迅猛发展提供了契机，但仍然无法忽略贸易成本对贸易产生的影响。"贸易畅通"作为实施"一带一路"倡议的基础和重点，特别是在全球生产链下生产环节的国际分割使得越来越多的国家依据其自身优势参与全球生产，在传统贸易统计方式下中间产品多次跨越边境带来关税和贸易成本被多次计算的背景下，准确认识中国制造业贸易成本的现状及演变就具有重要的现实意义。Yi（2003，2010）就曾指出生产环节的国际分割放大了贸易成本对贸易的影响。而增加值贸易统计方式的发展为准确还原各国在全球生产链上的真实贡献提供了方法，出口增加值也成为衡量一国出口拉动国内生产总值的重要指标，并被广泛使用。那么，传统方法度量的贸易成本和以增加值方式衡量的贸易成本相比是否存在扭曲？可能存在多大程度的夸大效应？回答这些问题是在新型国际分工下正确度量贸易成本，考察其对国际贸易的影响，从而保持贸易畅通的重要前提和基础。

一 贸易成本测算模型构建

Anderson 和 Van Wincoop（2003）在一般均衡框架下，考虑不完全竞争下的单部门经济，消费者追求多样化和差异化产品的效用最大化，并采用位似偏好的 CES 效用函数，推导出了反映贸易流和双边距离之间关系的引力模型。具体如下：

$$x_{ij} = \frac{y_i y_j}{y^W} \left(\frac{t_{ij}}{\prod_i P_j} \right)^{1-\sigma} \tag{6.22}$$

该式中，x_{ij} 表示 i 国向 j 国的名义出口，y_i 和 y_j 分别是 i 国和 j 国的名义收入，$y^W \equiv \sum_j Y_j$ 则表示世界所有国家的总收入。t_{ij} 为外生给定的双边贸易成本；$\prod_i$ 和 P_j 表示 i 国和 j 国的价格指数，又分别被称为向外和向内多边阻力；$\sigma > 1$ 是产品替代弹性。但以上模型受限于固定的贸易成本方程、双边贸易成本对称性及不随时间变化的贸易成本代理变量的假设。因此，Novy（2013）基于 Anderson 和 Van Wincoop（2003）的模型，克服以上假设限制，推导出了多边阻力的分解方法，从而对上述模型进行了改进。

Novy（2013）对传统引力模型的改进是建立在以下认知基础上的。当一国与其他国家的贸易成本下降时，则原来在本国国内消费的产品就会出口，该国出口将增加。所以，双边贸易成本改变不仅会影响国际贸易，也会影响国内贸易，贸易成本与国内贸易规模也必然有紧密联系。根据

（6.22）式可得 i 国的国内贸易规模：

$$x_{ii} = \frac{y_i y_i}{y^W}(\frac{t_{ii}}{\prod_i P_i})^{1-\sigma}$$

（6.23）

从而可以得到 i 国向内和向外多边阻力变量：

$$\prod_i P_i = (\frac{x_{ii}}{y_i} / \frac{y_i}{y^W})^{\frac{1}{\sigma-1}} t_{ii}$$

（6.24）

当给定 t_{ii} 时就可以很容易衡量出多边阻力变量，而不依赖于不随时间变化的贸易成本代理变量。为得到不依赖于多边阻力的双边贸易流的决定模型，根据（6.22）式可以得到 j 国向 i 国出口的引力模型 $x_{ji} = \frac{y_i y_j}{y^W}(\frac{t_{ji}}{\prod_j P_i})^{1-\sigma}$，并与（6.22）式相乘，即得到一个包含 i 国和 j 国两国的多边阻力的双向引力模型，整理可得：

$$x_{ij} x_{ji} = (\frac{y_i y_j}{y^W})^2 (\frac{t_{ij} t_{ji}}{\prod_i P_i \prod_j P_j})^{1-\sigma}$$

代入多边阻力（6.24）式，得到相对于国内贸易的双边国际贸易成本：

$$\frac{t_{ij} t_{ji}}{t_{ii} t_{jj}} = (\frac{x_{ii} x_{jj}}{x_{ij} x_{ji}})^{\frac{1}{\sigma-1}}$$

（6.25）

考虑到国内贸易成本以及双边国际贸易成本的不对称性（$t_{ii} \neq t_{jj}$，$t_{ij} \neq t_{ji}$），对（6.25）式取几何平均并转换为关税等价贸易成本，则可以得到：

$$\tau_{ij} = (\frac{t_{ij} t_{ji}}{t_{ii} t_{jj}})^{\frac{1}{2}} - 1 = (\frac{x_{ii} x_{jj}}{x_{ij} x_{ji}})^{\frac{1}{2(\sigma-1)}} - 1$$

（6.26）

（6.26）式是不受限于传统引力模型的假设，更方便获得数据及体现随时间动态变化特征的双边国际贸易成本的有效衡量方法。Novy（2013）改进的引力模型为测度双边国际贸易成本提供了更为方便可靠的方法，也因此得到了广泛的应用。但目前基于上述方法进行的国际贸易成本的衡量无一例外采用的都是传统贸易统计方式下的总值贸易数据，但总值贸易数据中的重复计算部分也不可避免地使基于传统总值贸易流测度的双边贸易成本测度发生扭曲。因此，我们尝试从增加值视角利用第三章中基于最终吸收标准对双边贸易流进行部门层面分解所得到的增加值贸易数据，对 Novy（2013）的贸易成本测度模型进行改进，从增加值角度分析双边国家部门层面贸易成本的变化。

本节利用第三章中双边国家增加值贸易综合分解框架得到的双边国家增加值贸易数据，对（6.26）式的贸易成本测算模型进行改进，可以得到如下基于增加值视角的国家部门间贸易成本测度模型：

$$\tau_{ij} = \left(\frac{x_{ii}x_{jj}}{va_{ij}va_{ji}}\right)^{\frac{1}{2(\sigma-1)}} - 1 \tag{6.27}$$

其中，va_{ij} 是 i 国对 j 国在部门层面的出口增加值。

二　数据来源及说明

利用改进的增加值视角的贸易成本测算公式（6.27）来测度中国制造业对外贸易成本，首先要获取的数据就是中国和贸易伙伴国的出口增加值及其他国家对中国的出口增加值数据。本书基于（3.20）式的增加值分解框架，利用世界投入产出数据库提供的 1995～2011 年的世界投入产出表进行双边国家增加值核算。世界投入产出数据库（WIOD）是目前被广泛使用的反映国家之间产业关联、时间上连续的投入产出数据库，包括 41 个主要经济体，涵盖了国民经济活动的 35 个行业部门，其中制造业 14 个。因此，利用 WIOD 数据库分解后，我们得到一个包含 41 个国家和地区，35 个行业部门的 1995～2011 年的双边国家之间的增加值贸易数据库。鉴于我们主要考察制造业贸易成本变化的目的，因此选取了以上增加值贸易数据库中双边国家制造业出口增加值数据，具体包括 14 个行业，主要有纺织原料及其制品（c4），皮革、皮革制品和鞋类（c5），木材及其制品（c6），其他制造业及可再生品（c16），食品、饮料和烟草加工业（c3），纸浆、纸制品和印刷出版（c7），石油加工、炼焦及核燃料加工业（c8），橡胶与塑料制品业（c10），其他非金属矿物制品业（c11），金属制品业（c12），化学工业（c9），机械设备制造业（c13），电子和光学仪器（c14），运输设备制造业（c15）。为直观考察制造业各行业平均贸易成本的变化，本书从各行业技术类别角度进行了进一步分析。其中，技术类别的具体划分方法参照欧盟统计局《欧盟经济活动统计分类》（NACE 第 1 修订版）在二分位水平上对制造业行业技术的划分，主要分为低技术行业（c3、c4、c5、c6、c7、c16）、中低技术行业（c8、c10、c11、c12）、中高和高技术行业（c9、c13、c14、c15）。

此外，对于各国国内贸易数据，利用 WIOD 数据库，在市场出清条件下，根据各国的总产出扣除出口额就可以间接得到国内贸易额，即 $x_{ii} = y_i - x_i$，其中 $x_i = \sum_{i \neq j} x_{ij}$。此外，对于反映消费者偏好的产品替代弹性 σ 来说，较低的替代弹性反映出消费者对价格及贸易成本的敏感性较差，因此会产生更多的贸易。根据 Anderson 和 Van Wincoop（2004）的研究结果，替代弹性 σ 在 5 ~ 10。因此，借鉴已有文献的通用做法，本书把 σ 设定为 8，并分别采用 σ 为 5 和 10 时贸易成本的变化来考察结果的合理性。

三　贸易成本测算结果分析

（一）中国制造业整体对外贸易成本分析

为分析增加值贸易方式和传统贸易方式下贸易成本测度可能存在的偏差，本书首先对比了不同产品替代弹性在两种贸易统计方式下中国制造业整体对外贸易成本的测算差异，并定义反映此"偏差"程度的差异率指标，

$$差异率 = \frac{增加值方式核算的贸易成本 - 传统方式核算的贸易成本}{传统方式核算的贸易成本} \times 100\%,$$

表示以增加值贸易方式测度的贸易成本与传统贸易方式度量的贸易成本之间的差异度。具体结果如表 6 - 2 所示，可以看出，两种方式下测度的贸易成本存在很大差异，以增加值贸易方式测算的贸易成本要明显高于总值方式下的贸易成本，说明传统贸易统计中的重复计算问题带来的"虚高"贸易额致使贸易成本测度整体偏低，扭曲现象存在。从具体的差异率指标来看，当 σ 分别取 5、8 和 10 时，传统贸易方式下测度的中国制造业对外贸易成本分别偏低了 11.9070%、8.5635% 和 7.8100%。虽然不同替代弹性对贸易成本影响的绝对数值差异很大，但关注替代弹性变化对贸易成本变化趋势的影响则更有意义。正如 Novy（2013）的结论，不同替代弹性的变化并不影响贸易成本的变化趋势。

表 6 - 2　中国制造业贸易成本变化：两种方式的比较

年份	$\sigma = 5$			$\sigma = 8$			$\sigma = 10$		
	总值方式	增加值方式	差异率（％）	总值方式	增加值方式	差异率（％）	总值方式	增加值方式	差异率（％）
1995	6.0170	7.0408	17.0149	1.8882	2.0960	11.0001	1.2541	1.3747	9.6115
1996	6.0923	6.6816	9.6716	1.9132	2.0438	6.8251	1.2707	1.3485	6.1200
1997	5.7107	6.2907	10.1560	1.8352	1.9668	7.1712	1.2260	1.3050	6.4382
1998	5.7556	6.3265	9.9191	1.8381	1.9657	6.9394	1.2270	1.3033	6.2243
1999	5.4870	6.0509	10.2769	1.7863	1.9159	7.2552	1.1975	1.2757	6.5231
2000	5.1332	5.7450	11.9187	1.6968	1.8387	8.3646	1.1423	1.2282	7.5185
2001	4.9426	5.5065	11.4102	1.6693	1.8054	8.1542	1.1282	1.2112	7.3548
2002	4.6554	5.1918	11.5208	1.6037	1.7368	8.2984	1.0889	1.1706	7.5062
2003	4.3873	4.9200	12.1430	1.5311	1.6666	8.8468	1.0433	1.1271	8.0318
2004	4.2072	4.7132	12.0264	1.4827	1.6160	8.9869	1.0129	1.0960	8.2073
2005	4.2252	4.8033	13.6829	1.4772	1.6232	9.8830	1.0085	1.0990	8.9807
2006	4.0806	4.6333	13.5540	1.4492	1.5955	10.0923	0.9920	1.0834	9.2158
2007	3.9500	4.4890	13.6459	1.4174	1.5615	10.1680	0.9725	1.0628	9.2883
2008	4.0293	4.5862	13.8228	1.4343	1.5808	10.2150	0.9825	1.0740	9.3158
2009	4.1943	4.5997	9.6639	1.4761	1.5851	7.3879	1.0083	1.0767	6.7776
2010	4.0121	4.4371	10.5923	1.4266	1.5443	8.2494	0.9774	1.0516	7.5992
2011	3.8438	4.2841	11.4554	1.3840	1.5062	8.8249	0.9511	1.0283	8.1152
平均	4.7484	5.3117	11.9070	1.6064	1.7440	8.5635	1.0872	1.1715	7.8100

注：根据贸易成本的测算公式可知两种方式测算的贸易成本其实是关税等价，得出的是个数值，没有单位。余同。

资料来源：笔者利用 WIOD 数据库计算得到。

　　图 6 - 1 结果显示，无论替代弹性如何，两种方式测算的贸易成本均整体呈现下降幅度，说明 1995 年以来，中国积极融入全球经济一体化的效应明显，制造业对外贸易成本普遍下降。虽然两种方式测度的贸易成本都整体呈现下降趋势，但下降幅度存在差异。σ 分别取 5、8 和 10 时，1995 ～ 2011 年传统贸易方式下贸易成本下降分别为 56.54％、36.43％ 和 31.86％，增加值贸易方式下贸易成本下降幅度分别为 64.35％、39.16％ 和 33.69％，以增加值贸易方式测度的中国制造业整体对外贸易成本下降得更快。因此，两种方式测度贸易成本间的差异反映出传统贸易方式下对贸易成本的测度确实存在扭曲，以增加值贸易方式测度贸易成本更能准确揭示中国对外开放程度不断深入的特征事实。

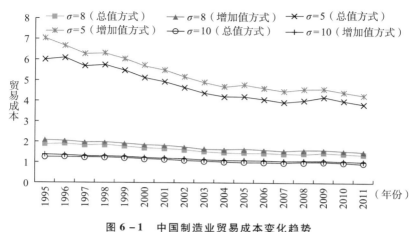

图 6-1　中国制造业贸易成本变化趋势

资料来源：笔者利用 WIOD 数据库绘制。

（二）中国制造业各行业贸易成本变化分析

表6-3和表6-4中报告了当 $\sigma=8$ 时，中国制造业各行业基于增加值数据测算的 1995~2011 年对外贸易成本变化状况。具体来看，中国制造业中平均贸易成本最高的是石油加工、炼焦及核燃料加工业，平均贸易成本达到 2.3514。其次是食品、饮料和烟草加工业，其他非金属矿物制品业，纸浆、纸制品和印刷出版，木材及其制品，平均贸易成本都超过 2。这些行业大多是关系国计民生，具有战略意义的产品，特别是石油加工、炼焦及核燃料加工业，食品、饮料和烟草加工业等，更容易受到其他国家对市场的干预，从而开放度较低，贸易成本偏大。其余行业的平均贸易成本均小于 2，其中橡胶与塑料制品业，金属制品业和运输设备制造业的平均贸易成本居中，大约在 1.75。而其余各行业的平均贸易成本较小，在 1.1~1.5，其中电子和光学仪器行业的平均贸易成本最小，为 1.1293。从变化趋势来看，1995~2011 年中国所有制造业贸易成本均出现不同程度的下降，说明中国制造业积极融入全球化进程，对外开放程度不断加深。下降最快的行业是机械设备制造业，下降幅度达到 72.86%，这与中国鼓励机械设备制造业、提升企业生产力及国际竞争力的导向密切相关。其次是其他制造业及可再生品行业，下降幅度达 72.30%，而纸浆、纸制品和印刷出版和木材及其制品行业下降幅度则是较小的，分别为

15.26% 和 15.98%。

表 6-3　中国低技术制造业行业对外贸易成本变化（$\sigma = 8$）

技术类型	低技术行业					
行业\年份	c3	c4	c5	c6	c7	c16
1995	2.6363	1.6732	1.4490	2.2725	2.3354	2.1231
1996	2.5088	1.8646	1.5268	2.2545	2.3186	1.9521
1997	2.4207	1.7473	1.5277	2.1889	2.2528	1.8040
1998	2.4264	1.6294	1.4796	2.1285	2.2743	1.7359
1999	2.4246	1.5814	1.5265	2.0988	2.1644	1.7237
2000	2.1914	1.4397	1.4506	2.1732	2.1866	1.5834
2001	2.3694	1.4210	1.3760	2.1153	2.1570	1.5799
2002	2.3223	1.3609	1.4068	2.0736	2.0351	1.4320
2003	2.2232	1.2859	1.3125	1.9844	2.0213	1.3057
2004	2.1829	1.2456	1.1527	1.9705	2.0086	1.2457
2005	2.1728	1.2407	1.1287	1.9506	2.0691	1.2071
2006	2.1305	1.2598	1.1909	1.9422	2.0368	1.2556
2007	2.0722	1.2527	1.1154	1.9041	2.0451	1.1730
2008	2.1276	1.1976	1.1252	2.0146	2.0926	1.1338
2009	2.1273	1.2283	1.0767	2.0206	2.0988	1.2140
2010	2.0119	1.2014	1.1078	2.0410	2.0846	1.1831
2011	1.8651	1.2187	1.1467	1.9594	2.0262	1.2322
增加值方式平均	2.2478	1.4028	1.3000	2.0643	2.1298	1.4638
总值方式平均	2.1419	1.2899	1.2084	1.9424	2.0015	1.3610
差异率（%）	4.9475	8.7591	7.5827	6.2733	6.4100	7.5522

资料来源：笔者利用 WIOD 数据库计算得到。

　　从两种方式测度贸易成本的差异率来看，差异率较大的是电子和光学仪器行业，石油加工、炼焦及核燃料加工业，分别约为 14.35% 和 13.88%，而这两个行业的平均贸易成本则分别是最小和最大的。中国是世界上最主要的石油进口国之一，以海上运输为主的运输方式使得国际运输成本较大，而且大量的进口成分也是两种贸易方式核算的贸易成本差异率较大的主要原因。但电子和光学仪器行业作为中高和高技术行业，其差异率如此之大反映出中国电子和光学仪器行业通过大量进口中间零部件，进行国内组装出口的事实。其余制造业行业中，高平均贸易成本行业的差异率则普遍较小，如食品、饮料和烟草加工业，两种贸易方式间的差异率为4.95%，这和行业生产过程中使用较少中间进口产品的特点相吻合。

表 6-4　中国中低及中高和高技术制造业行业对外贸易成本变化（$\sigma=8$）

技术类型	中低技术行业				中高和高技术行业			
行业 年份	c8	c10	c11	c12	c9	c13	c14	c15
1995	2.7379	2.1914	2.7954	1.8810	1.9780	1.8171	1.4369	2.0162
1996	2.7440	1.9586	2.6848	1.9502	1.8346	1.6868	1.4288	1.9001
1997	2.4748	2.0720	2.2616	1.8482	1.5914	1.8700	1.4808	1.9954
1998	2.5890	2.0511	2.3863	1.8453	1.6277	1.8682	1.3382	2.1394
1999	2.5614	1.9857	2.3201	1.7900	1.5268	1.7339	1.3470	2.0376
2000	2.5421	1.8958	2.2381	1.8664	1.5052	1.6036	1.1996	1.8665
2001	2.3918	1.8481	2.1723	1.7715	1.5340	1.5444	1.1886	1.8063
2002	2.2718	1.8232	2.1633	1.6344	1.4724	1.4000	1.0718	1.8472
2003	2.2662	1.7261	2.1112	1.5928	1.4826	1.3464	1.0608	1.6127
2004	2.1316	1.6656	2.0503	1.5972	1.4420	1.2847	0.9607	1.6858
2005	2.3773	1.6133	2.0603	1.5859	1.4044	1.2489	0.9901	1.6754
2006	2.0866	1.5723	2.0056	1.5990	1.4119	1.2248	0.9626	1.6587
2007	2.1925	1.5296	2.0043	1.5803	1.3358	1.1107	0.9286	1.6175
2008	2.3089	1.5199	2.0217	1.5873	1.3433	1.1193	0.9592	1.5805
2009	2.2640	1.4815	2.0170	1.6095	1.3428	1.0882	0.9814	1.6413
2010	1.9932	1.4407	2.0189	1.6280	1.3132	1.0739	0.9580	1.5639
2011	2.0413	1.4030	1.9371	1.5917	1.2855	1.0512	0.9047	1.4232
增加值方式平均	2.3514	1.7516	2.1911	1.7035	1.4960	1.4160	1.1293	1.7687
总值方式平均	2.0648	1.6050	2.0702	1.5528	1.3617	1.2935	0.9876	1.6095
差异率（%）	13.8840	9.1339	5.8401	9.7008	9.8585	9.4670	14.3493	9.8915

资料来源：笔者利用 WIOD 数据库计算得到。

从制造业各行业技术类别划分来看，中高和高技术行业的平均贸易成本普遍较低，低技术和中低技术行业中各行业平均贸易成本差异较大。经过各组贸易成本的简单算术平均之后，图 6 - 2 给出了不同技术类别的主要贸易成本变化趋势。从整体来看，中低技术行业的平均贸易成本最高，其次是低技术及中高和高技术行业。变化趋势显示，1995～2011 年三组技术类别制造业行业的平均贸易成本虽都有波动，但整体均呈现下降趋势，反映出中国制造业积极融入全球价值链，参与国际分工，对外开放程度不断提升。下降幅度显示，中高和高技术行业的下降幅度最大，达 35.64%，年均下降率达到 2.72%，中低技术和低技术行业的下降幅度分别为 27.41% 和 24.35%。从三种技术类别行业平均贸易成本差异率来看，中高和高技术行业的差异率最大，最小的是低技术行业，说明中国中高和高技术制造业虽出口额增长迅猛，但仍未摆脱大量进口高技术零部件组装的分工地位，获得的贸易利益有限。

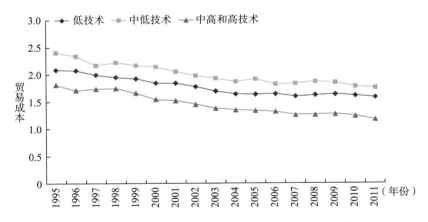

图 6 - 2　不同技术类别制造业行业对外贸易成本变化

资料来源：笔者利用 WIOD 数据库绘制。

（三）　中国与主要贸易伙伴的贸易成本分析

为分析中国制造业对外双边贸易成本的变化，本书选取了 10 个中国大陆的主要贸易伙伴，分别是欧盟、美国、日本、韩国、中国台湾、澳大利亚、俄罗斯、巴西、印度、印度尼西亚，WIOD 数据库中所包含的其余国家作为一个整体来分析，双边贸易成本测算结果如表 6 - 5 所示。从整体来看，中国大陆与主要贸易伙伴之间的贸易成本均整体呈现下降趋势，但贸易成本水平及下降幅度存在较大差异。其中，中国与欧盟的双边贸易成本最高，均值达 1.9682，其次是巴西（1.7473）和俄罗斯（1.6176）。而贸易成本均值较低的除中国台湾外，依次是日本（0.8994）、美国（0.9592）和韩国（0.9814）。已有研究表明地理因素和历史渊源是影响双边贸易成本的重要因素（Novy，2008）。作为近邻的中日韩三国，深远的历史文化联系和较高的经济开放度造就了双边国家间的较低贸易成本。美国一直是全球经济的"领头羊"，中国积极参与国际分工的契机和美国产业链密不可分，因此中美贸易成本较低。拥有 27 个成员国的欧盟，其内部一体化的成立产生的创造和转移效应使得中国和欧盟间有较高的贸易成本。

表 6 – 5　中国大陆与主要贸易伙伴的贸易成本

年份	欧盟	美国	日本	韩国	中国台湾	澳大利亚	俄罗斯	巴西	印度	印度尼西亚	世界其他国家
1995	2.4036	1.0746	1.0217	1.0213	0.8770	1.5001	1.5660	1.9908	1.2890	1.7074	1.7236
1996	2.3305	1.0848	1.0222	0.9855	0.8394	1.4183	1.6977	1.9754	1.2686	1.6740	1.7157
1997	2.2417	1.0070	0.9500	1.0067	0.8612	1.2153	1.7153	1.8609	1.3520	1.5202	1.6649
1998	2.2523	1.0267	0.9583	1.0202	0.8779	1.2224	1.6450	1.9553	1.1144	1.5218	1.6183
1999	2.1604	1.0195	0.9675	1.0471	0.9054	1.2027	1.7064	1.9787	1.2125	1.4719	1.6981
2000	2.0791	1.0015	0.9322	1.0043	0.8785	1.1680	1.7085	1.9086	1.0889	1.4185	1.5760
2001	2.0329	0.9944	0.9174	0.9794	0.8892	1.1750	1.6386	1.8563	1.1670	1.4236	1.5717
2002	1.9484	0.9773	0.8855	0.9558	0.8644	1.1417	1.5845	1.7805	1.1667	1.4173	1.5223
2003	1.8770	0.9456	0.8605	0.9271	0.8287	1.1328	1.5588	1.7460	1.1648	1.4039	1.3540
2004	1.8207	0.9098	0.8179	0.9009	0.8001	1.1078	1.6141	1.6468	1.1307	1.3248	1.3067
2005	1.8317	0.9039	0.8129	0.9459	0.8203	1.0943	1.6232	1.6402	1.1475	1.2849	1.2997
2006	1.7921	0.8985	0.8249	0.9648	0.7858	1.1331	1.5955	1.6512	1.1806	1.2498	1.2873
2007	1.7450	0.8943	0.8442	0.9718	0.7789	1.1281	1.6136	1.6197	1.2014	1.2611	1.2583
2008	1.7703	0.8910	0.8660	0.9661	0.8079	1.1829	1.5658	1.5510	1.2028	1.3372	1.2660
2009	1.7623	0.9256	0.8897	1.0104	0.8655	1.1960	1.5852	1.5932	1.2424	1.3657	1.2874
2010	1.7239	0.8870	0.8698	0.9949	0.8373	1.1852	1.5771	1.5101	1.1412	1.2957	1.2320
2011	1.6878	0.8646	0.8496	0.9821	0.7900	1.1343	1.5035	1.4396	1.0951	1.2255	1.1978
增加值方式平均	1.9682	0.9592	0.8994	0.9814	0.8416	1.1964	1.6176	1.7473	1.1862	1.4061	1.4459

年份	欧盟	美国	日本	韩国	中国台湾	澳大利亚	俄罗斯	巴西	印度	印度尼西亚	世界其他国家
总值方式平均	1.8308	0.8735	0.8495	0.8861	0.7742	1.1239	1.5485	1.6525	1.1240	1.3157	1.3511
差异率（％）	7.5033	9.8039	5.8702	10.7600	8.7098	6.4473	4.4618	5.7360	5.5343	6.8695	7.0097

资料来源：笔者利用 WIOD 数据库计算得到。

从中国大陆与主要贸易伙伴之间贸易成本的下降速度来看，下降最快的是欧盟（42.41％），其次是印度尼西亚（39.32％）和巴西（38.29％）。作为世界上最大的发展中国家和全球最大的经济体，中国和欧盟是彼此重要的贸易伙伴之一，双赢的经贸合作给彼此经济带来了诸多活力，也促成了双边贸易成本的迅速下降。印度尼西亚和巴西分别作为东盟和金砖五国的重要成员国之一，中国和东盟自由贸易区及金砖五国经贸往来的迅速发展促使了贸易成本的大幅下降。中国和贸易伙伴间贸易成本的变化说明中国对外开放度不断提升的同时，也更加注重贸易的均衡发展。而中国和俄罗斯的贸易成本虽整体呈现下降趋势，却是整体先升后降的，且下降幅度只有 4.16％，俄罗斯作为中国"一带一路"沿线的重点国家及"全面战略协作伙伴国"，两国间的贸易成本还有很大的下降空间。两种方法度量的贸易成本差异率显示，中国和韩国及美国的双边贸易成本的差异率较大，达到 10.76％和 9.80％，和俄罗斯及巴西间的差异率较小，反映出中国在积极参与由发达国家主导的全球生产链上，和美国、韩国、欧盟之间存在较大技术差异，位于价值链的中低端，和日本较低的差异率则说明中国和日本在全球生产链中分工参与存在较大相似性。

以上从增加值贸易视角，在对 Novy（2013）贸易成本进行改进的基础上，基于第三章增加值贸易的分解数据，对 1995～2011 年中国制造业各行业对外贸易成本及和主要贸易伙伴的双边贸易成本变化进行了测度，并对传统贸易方式和增加值贸易方式下贸易成本的差异进行了动态分析。分析结果表明以下几点。首先，传统贸易方式对贸易成本的测度普遍低于增加值贸易方式下测度的贸易成本，1995～2011 年平均偏低了 11.9070％（$\sigma = 5$）、8.5635％（$\sigma = 8$）和 7.8100％（$\sigma = 10$），说明传统贸易方式下测度的贸易成本确实存在扭曲，增加值贸易方式下测度的贸易成本更能准确揭示贸易成本下降的特征事实。其次，从制造业整体来看，1995～2011 年，中国制造业贸易成本下降了 39.16%（$\sigma = 8$），下降趋势十分明显，反映出中国积极参与国际分工，顺应全球经济一体化趋势，对外开放程度不断加深。再次，从制造业各行业来看，平均贸易成本都整体呈现下降趋势，但下降幅度存在明显差异。中高和高技术行业的平均贸易成本普遍较小，下降幅度最大，但两种测度方式下的差异率很大；其次是中低技术和低技术行业，低技术行业的贸易成本下降幅度最小，差异率也较小。这说明中国制造业虽积极融入国际分工，但仍需依赖核心的中间进口零部件，处于价值链低端地位。最后，从主要贸易伙伴来看，中国与美国、日本、韩国的平均贸易成本较低，与欧盟的贸易成本最高。但与欧盟、东盟的印度尼西亚及金砖五国的巴西的贸易成本下降幅度较大，反映出中国不断加深对外开放程度的同时更加注重均衡开放战略。

第三节　中国制造业出口增加值宏观影响机制的实证研究

在 Anderson 和 Van Wincoop（2003）、Noguera（2012）、Johnson 和 Noguera（2014）研究基础上，本书进一步对中国制造业出口增加值的宏观影响机制进行了实证研究，对贸易成本影响中国制造业出口增加值变化的作用效应进行经验层面分析。为研究贸易成本对出口增加值的影响，本节在上述增加值贸易宏观影响机制推导的基础上，采用贸易成本最常用的两个代理变量——距离和贸易协定分别进行实证研究。

一　距离对中国制造业出口增加值影响的实证分析

距离是非政策贸易成本中最常用的代理变量，考察距离对双边国家增加值贸易的影响效应和动态变化具有重要的现实意义。为分析距离对双边国家增加值贸易变化的影响，借鉴 Johnson 和 Noguera（2014）的做法，贸易成本定义为有关距离的随时间变化的函数，即 $\ln(\tau_{ijt}) = \delta_t \ln(dist_{ij})$，其中 δ_t 是衡量随时间变化的距离系数。可以得到有关距离的增加值贸易估计模型：

$$\ln v_{ijt} = \alpha_1 \ln y_{it} + \alpha_2 \ln y_{jt} + \alpha_3 y_{wt} + \beta_t \ln dist_{ij} + \varepsilon_{ijt} \qquad (6.28)$$

其中，v_{ijt} 是 t 时期 i 国向 j 国的出口增加值，y_{it} 是出口国 i 国 t 时期的总产出，y_{jt} 是进口国 j 国 t 时期的总产出，$dist_{ij}$ 是贸易伙伴国 i 国和 j 国之间的距离。为了更清楚地把握增加值贸易变化的贸易成本弹性，我们还同时分析了传统贸易统计方式下总出口的贸易成本弹性。模型如下：

$$\ln e_{ijt} = \alpha_1 \ln y_{it} + \alpha_2 \ln y_{jt} + \alpha_3 y_{wt} + \beta_t \ln dist_{ij} + \varepsilon_{ijt} \qquad (6.29)$$

其中，e_{ijt} 是 t 时期 i 国向 j 国的总出口额。通过对（6.28）式和（6.29）式的估计，我们可以揭示 1995~2011 年随时间变化的双边增加值贸易变化的贸易成本弹性。

1995~2011 年贸易成本弹性的变化如图 6-3 所示，从图中可以看出，无论是对增加值贸易还是对总值贸易，距离都产生削减抑制作用。从绝对值系数大小来看，总值贸易的距离弹性均大于增加值贸易的距离弹性，并且两者之间的差异整体上越来越大。增加值贸易的距离弹性随时间整体呈现下降趋势，说明随着经济的发展，距离对增加值贸易虽然是负向作用，但该抑制作用趋于下降。总值贸易的距离弹性整体也出现轻微下降，但下降幅度远小于增加值贸易。

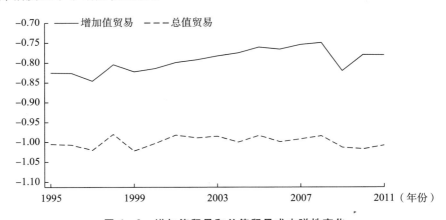

图 6-3　增加值贸易和总值贸易成本弹性变化

资料来源：笔者利用 WIOD 数据库绘制。

为解决不随时间变化但影响距离弹性因素可能产生的遗漏变量问题，根据 Baier 和 Bergstrand（2007）提出的，差分可以有效解决利用横截面数据进行引力模型回归所可能产生的偏差。因此，我们对（6.28）式进行了差分，可得：

$$\Delta \ln v_{ijt} = \eta_1 \Delta \ln y_{it} + \eta_2 \Delta \ln y_{jt} + \phi_t \ln dist_{ij} + \gamma_{ijt} \qquad (6.30)$$

其中，$t = \{1995, 2011\}$，经过差分，误差项 γ_{ijt} 中已经剔除掉了不随时间变化的影响因素，系数 ϕ_t 则反映了 1995～2011 年距离弹性对增加值贸易影响的变化。为衡量距离弹性结果的稳健性，本节还同时在模型中增加了其他三个常用的贸易成本代理变量：双边国家间是否使用共同语言（*Common Language*）、是否为邻国（*Contiguity*）以及是否有殖民关系（*Colony*）。估计结果如表 6-6 和表 6-7 所示。

表 6-6 和表 6-7 分别列示了运用不同贸易成本代理变量后，距离以及其他贸易成本代理变量对双边国家增加值贸易和总值贸易变化的影响。结果显示，无论是增加哪种贸易代理变量，距离的贸易成本弹性系数的符号和显著性均未发生实质性的变化，证实了结果的稳健性，且距离的增加值贸易弹性和总值贸易弹性均为负向显著，说明距离的增加无论是对双边贸易国家间的总值贸易流，还是对增加值贸易都呈现明显的抑制作用，但对总值贸易流的抑制作用要大于对增加值贸易的抑制作用。此外，从其他贸易成本代理变量的影响结果来看，相邻贸易伙伴国关系确实对提升双边贸易国间的增加值贸易和总值贸易都有明显的促进作用，且对于增加值贸易的推进作用更为明显。而是否使用共同语言以及是否存在殖民关系的影响并不稳定。因此，以上回归结果反映了双边贸易国家间的距离远近是影响双边增加值贸易的重要因素，且距离越远，抑制作用越明显。

表 6-6　增加值贸易变化的回归结果

	（A1）	（A2）	（A3）	（A4）	（A5）
$\Delta \ln y_i$	1.025 ***	1.014 ***	1.021 ***	1.021 ***	1.011 ***
	（66.18）	（64.11）	（65.67）	（65.78）	（63.90）
$\Delta \ln y_j$	0.945 ***	0.933 ***	0.941 ***	0.941 ***	0.931 ***
	（64.62）	（62.42）	（64.69）	（64.31）	（62.60）
$\ln dist$	-0.768 ***	-0.712 ***	-0.762 ***	-0.753 ***	-0.711 ***
	（-34.49）	（-29.15）	（-34.13）	（-34.06）	（-29.25）

续表

	（A1）	（A2）	（A3）	（A4）	（A5）
Contiguity		0.510 ***			0.413 ***
		（4.71）			（3.38）
Common Language			0.331 ***		0.182
			（3.06）		（1.59）
Colony				0.457 ***	0.277 *
				（3.58）	（1.91）
cons	− 12.727 ***	− 12.905 ***	− 12.690 ***	− 12.754 ***	− 12.867 ***
	（− 43.56）	（− 45.48）	（− 43.41）	（− 43.88）	（− 45.19）
N	1539	1539	1539	1539	1539
R²	0.867	0.869	0.868	0.868	0.870

注：括号内为聚类到国家对（Country Pair）层面后得到的稳健性 t 值，*** 和 * 分别表示 1% 和 10% 的显著性水平。

表 6 - 7　总值贸易变化的回归结果

	（B1）	（B2）	（B3）	（B4）	（B5）
$\Delta \ln y_i$	0.919 ***	0.907 ***	0.912 ***	0.914 ***	0.903 ***
	（50.94）	（49.01）	（50.93）	（50.51）	（49.27）
$\Delta \ln y_j$	1.038 ***	1.026 ***	1.031 ***	1.033 ***	1.021 ***
	（52.35）	（50.75）	（51.93）	（52.17）	（50.68）
ln*dist*	− 0.991 ***	− 0.934 ***	− 0.981 ***	− 0.974 ***	− 0.934 ***
	（− 34.57）	（− 28.76）	（− 34.03）	（− 34.07）	（− 28.93）
Contiguity		0.511 ***			0.369 ***
		（4.54）			（2.83）
Common Language			0.560 ***		0.416 ***
			（4.43）		（3.13）
Colony				0.533 ***	0.276 *
				（3.86）	（1.81）
cons	− 11.463 ***	− 11.639 ***	− 11.394 ***	− 11.491 ***	− 11.553 ***
	（− 33.91）	（− 35.11）	（− 33.85）	（− 34.18）	（− 34.84）
N	1485	1485	1485	1485	1485
R²	0.795	0.798	0.798	0.797	0.800

注：括号内为聚类到国家对（Country Pair）层面后得到的稳健性 t 值，*** 和 * 分别表示 1% 和 10% 的显著性水平。

二 贸易协定对中国制造业出口增加值影响的实证分析

衡量贸易成本最常用的还有双边国家或者区域间的贸易协定。Johnson 和 Noguera（2014）通过对采用区域贸易协定前后的增加值贸易和总值贸易量变化分析后发现，贸易协定的签订使用对增加值贸易和总值贸易产生不同的影响。因此，本节基于 1995~2011 年增加值贸易和总值贸易数据，检验不同贸易协定的使用对双边国家增加值贸易和总值贸易可能产生的影响。

贸易协定相关数据主要来源于 Baier 和 Bergstrand（2007）的经济一体化协定数据库①，涵盖了 1960~2012 年双边国家间的贸易协定，主要包含了 6 类主要贸易协定：（1）单方面优惠待遇（One-way Preferential Agreements）；（2）互惠贸易协定（Two-way Preferential Agreements）；（3）自由贸易协定（Free Trade Agreements）；（4）关税同盟（Customs Unions）；（5）共同市场（Common Markets）；（6）经济同盟（Economic Unions）。我们同时还定义了几个区域贸易协定使用指标：当双边国家间存在以上第（3）类至第（6）类贸易协定类型中的任何一种，则视为存在区域贸易协定 RTA，赋值为 1；并进一步根据贸易协定的类型进行了分类分析，定义优惠贸易协定 PTA，即当双边贸易国家间采用单方面优惠待遇或者互惠贸易协定时赋值为 1，自由贸易协定 FTA 以及更深入的贸易协定 CU、CM、EU，即订立关税同盟、共同市场或经济同盟中的任何一种的赋值为 1。依据（6.28）式，建立如下计量模型：

$$\ln v_{ijt} = \alpha_0 + \alpha_1 \ln y_{it} + \alpha_2 \ln y_{jt} + \alpha_3 y_{wt} + \alpha_4 TradeAgreement_{ijt} + \varepsilon_{ijt} \qquad (6.31)$$

$$\ln e_{ijt} = \beta_0 + \beta_1 \ln y_{it} + \beta_2 \ln y_{jt} + \beta_3 y_{wt} + \beta_4 TradeAgreement_{ijt} + \varphi_{ijt} \qquad (6.32)$$

其中，$TradeAgreement_{ijt}$ 表示 t 时期国家 i 和国家 j 间贸易协定状况，借鉴 Baier 和 Bergsrand（2007）的研究，以下是采用面板数据的固定效应进行回归分析的结果，并进行了一阶差分分析作为稳健性检验。

表 6-8 中报告了区域贸易协定对双边国家增加值贸易和总值贸易的影响效应的回归结果。结果表明，订立贸易协定对于双边国家来说，无论是对总值贸易还是对增加值贸易的提升都起到明显的促进作用，弹性

---

① 数据库来源于 http://www.nd.edu/~jbergstr。书中使用了 2015 年 9 月版本。

系数分别达到 0.187 和 0.097。因此，贸易协定的签订确实推进了双边国家间的贸易流增加，也对双边国家的出口增加值起到了显著促进效应。在对贸易协定类型进行进一步区分后分析发现，随着所签订的贸易协定的深度增加，贸易协定所涉及优惠的力度越大，对双边国家贸易的正向促进作用越强。其中，从双边国家的增加值贸易来看，单方面优惠待遇和互惠贸易协定并不能对增加值贸易出口产生促进作用，而自由贸易协定以及更深入的贸易协定（关税同盟）则对增加值贸易起到了显著的推进作用，并且随着贸易协定的深入，这种推进作用效应越来越大，如自由贸易协定 *FTA* 的弹性为 0.078，而关税同盟 *CU* 的弹性则为 0.084，增加了 0.6 个百分点。和增加值贸易一样，总值贸易的贸易协定弹性也随着贸易协定的深入而产生越来越大的促进作用，且促进作用更为明显，提升了 7.2 个百分点。因此，贸易协定的签订确实是促进一国出口增加值提升的重要途径。

表 6-8　增加值贸易和总值贸易的贸易协定影响回归结果

	（A1）	（A2）	（B1）	（B2）
$\ln y_i$	0.810 ***	0.811 ***	0.942 ***	0.927 ***
	（31.51）	（31.02）	（27.36）	（25.82）
$\ln y_j$	0.901 ***	0.911 ***	0.807 ***	0.782 ***
	（36.21）	（35.64）	（22.64）	（21.24）
$\ln y_w$	-0.540 ***	-0.554 ***	-0.645 ***	-0.625 ***
	（-12.93）	（-13.49）	（-11.61）	（-10.95）
RTA	0.097 ***		0.187 ***	
	（3.16）		（4.32）	
PTA		-0.068 *		0.077
		（-1.94）		（1.34）
FTA		0.078 **		0.182 ***
		（2.50）		（4.00）
CU		0.084 **		0.254 ***
		（2.16）		（4.86）

续表

	（A1）	（A2）	（B1）	（B2）
cons	− 5. 810 ***	− 5. 677 ***	− 5. 144 ***	− 5. 017 ***
	（ − 16. 70）	（ − 16. 61）	（ − 10. 97）	（ − 10. 35）
N	26250	26250	26250	26250
R²	0. 797	0. 798	0. 629	0. 629

注：括号内为聚类到国家对（Country Pair）层面后得到的稳健性 t 值，***、** 和 * 分别表示 1%、5% 和 10% 的显著性水平。A1 和 A2 列分别报告了不同贸易协定类型对增加值贸易的影响结果，B1 和 B2 列是不同贸易协定类型对总值贸易的影响结果。更深入的贸易协定仅以 CU 为代表进行回归。

为验证表 6 - 8 结果的稳健性，正如 Wooldrige（2010）所说，一阶差分可以解决固定效应下一些观测不到的个体异质性带来的遗漏变量问题，提高较长时间面板数据的估计有效性，故我们对增加值贸易及总值贸易的贸易协定效应分析分别进行了一阶差分回归，结果如表 6 - 9 所示。结果显示，无论是增加值贸易还是总值贸易，贸易协定效应的显著性和符号基本没有发生变化，证明了结果的稳健性，也再次验证了贸易协定的签订对提升双边国家间增加值贸易和总值贸易的重要意义。同时对于模型其他一些双边国家增加值贸易的变量而言，贸易伙伴国自身的总产出也是促进双边国家增加值出口提升的重要因素。

表 6 - 9　增加值贸易和总值贸易的贸易协定影响差分回归结果

	（A1）	（A2）	（B1）	（B2）
$\Delta \ln y_i$	0. 513 ***	0. 512 ***	0. 759 ***	0. 758 ***
	（24. 82）	（24. 78）	（19. 28）	（19. 20）
$\Delta \ln y_j$	0. 749 ***	0. 748 ***	0. 449 ***	0. 449 ***
	（38. 93）	（38. 94）	（14. 61）	（14. 59）
$\Delta \ln y_w$	0. 119 ***	0. 118 ***	0. 116 *	0. 114 *
	（2. 87）	（2. 83）	（1. 89）	（1. 86）
ΔRTA	0. 075 ***		0. 076 **	
	（3. 27）		（2. 42）	
ΔPTA		0. 019		0. 030
		（1. 08）		（0. 76）

	（A1）	（A2）	（B1）	（B2）
ΔFTA		0.078 ***		0.081 **
		（3.34）		（2.38）
ΔCU		0.084 ***		0.089 **
		（2.99）		（2.32）
cons	－0.002 *	－0.002	0.001	0.001
	（－1.66）	（－1.64）	（0.54）	（0.56）
N	24960	24960	24960	24960
R^2	0.259	0.259	0.114	0.114

　　注：括号内为聚类到国家对（Country Pair）层面后得到的稳健性 t 值，***、** 和 * 分别表示 1%、5% 和 10% 的显著性水平。A1 和 A2 列分别报告了不同贸易协定类型对增加值贸易的影响结果，B1 和 B2 列是不同贸易协定类型对总值贸易的影响结果。

第七章 提升中国制造业出口增加值的路径研究

全球价值链已经无所不在，深入经济活动的各个方面。自 20 世纪 80 年代末 90 年代初国际分工出现重大转型以来，以全球价值链分工模式为特征的新型国际分工成为经济全球化的新常态（Baldwin and Lopez-Gonzalez，2015）。这也是国际分工格局发展到"北－北"模式（发达国家之间）、"南－北"模式（发达国家与发展中国家之间）、"南－南"模式（发展中国家之间）并存的必然结果。国际分工在产业间分工—产业内分工—产品内分工的深入发展，反映了全球经济国际化演进过程，产品生产流程被分割为连续的若干阶段，类似一条连续的"光谱"，各国依据其自身比较优势参与产品特定生产阶段或环节，进而形成了跨区域或跨国性的全球生产链。在此全球生产链上，产品生产的各个环节依托各国不同的禀赋优势在全球范围内进行资源优化配置，不同生产阶段具有不同的增值能力，位于生产链上不同位置的各参与国获得的收益不同，从而构成了特定产品的完整价值链。

中国顺应经济全球化的发展趋势，实施改革开放战略，以劳动力成本优势积极参与国际分工，逐渐成为全球生产链中的重要组成部分，不仅带动了贸易伙伴国获利能力的提升，也取得了自身辉煌的经济成就。然而，增加值贸易统计方式研究的兴起表明，出口规模并不代表相应增加值的获得，中国出口产品附加值依然不高。受 2008 年金融危机带来全球经济低迷的影响，作为全球第二大经济体的中国受到了强烈的冲击，许多中小企业濒临倒闭，跨国公司缩减规模，而且仅核算出口增加值大小并不能全面把握中国制造业参与全球价值链的真实地位，把中国制造业出口增加值放到全球范围的生产、贸易和收入格局下进行比较分析，才能准确把握中国制造业的国际分工地位，并为寻求提升中国制造业增加值的路径提供依据。在中国人口红利的消失、劳动力成本优势逐渐减弱、跨国公司向外转移趋势明显的背景下，基于增加值的分解框架构建参与全球价值链的相关指标，从而正确认识中国制造业参与全球价值链分工的程度、演变历程及所处地位，是寻求中国对外贸易产业结构优化途径，提高中国制造业在全球价值链中的获利能力，保持中国经济持续稳定增长，摆脱全球价值链低端锁定状态的必行之路。本章基于以上动机，利用第三章增加值贸易综合分解框架得出的增加值贸易数据库，通过勾勒中国制造业参与全球价值链的进程及动态演变，更好地了解和把握当前的分工现状和竞争格局，剖析中国制造业出口在全球价值链中的发展潜力，为中国制造业出口增加值的提升路径寻找切入点。

第一节　中国制造业融入全球价值链的事实分析

UNCTAD（2013）的相关数据表明，全球贸易中约60%是中间产品贸易和服务。中间产品贸易和服务连接了全球价值链分工模式下生产的高度分散化和跨越国界的复杂生产网络。检视中间产品贸易和服务是分析全球价值链分工与贸易的第一步（程大中，2015）。Verdoorn（1960）、Balassa（1966）等对欧洲经济共同体的研究指出，中间产品贸易在西欧内部起到重要作用；Grubel和Lloyd（1975）认为产业内贸易的产品大多是中间产品而非最终产品；Vanek（1963）把中间产品贸易引入了经典H-O模型进行扩展；Ethier（1982）、Dixit和Grossman（1982）、Sanyal和Jones（1982）、Helpman（1984）都尝试把中间产品贸易纳入理论模型。由此可见，无论是从经验研究，还是从理论研究，中间产品贸易都举足轻重。自从Hummels等（2001）首次提出垂直专业化指标以来，基于进口中间产品测算的垂直专业化程度指标成为衡量一国国际分工地位的重要方法。后来学者如Yi（2003）、Athukorala（2005）、Dean等（2008）、Koopman等（2010）、Dean等（2007）、Upward等（2013）等都是基于此思路来测算进口中间投入成分进而度量一国参与国际分工的程度。而测算全球价值链分工程度最重要的途径是利用投入产出技术，基于反映国家之间产业关联的国际投入产出表进行分析。国际投入产出表直观地区分了国家产业部门间的中间使用和最终使用，避免了利用其他数据如微观企业数据进行分析时的主观界定、归类引起的偏误。[①] 为直观反映近年来中国制造业参与全球价值链分工程度变化的特征事实，我们利用 WIOD 数据库从进口中间投入的角度来考察。

本节我们利用第三章中以出口产品最终吸收为标准的双边国家、双边国家部门及一国对外总出口的增加值分解模型所得到的增加值细分数据，构建了以下三个从"中间产品－增加值"角度衡量的中国和其他国家生产关联的指标来反映中国制造业参与全球价值链分工的程度。令 M^{CHN_r} 为 r 国从中国进口中间产品中所包含的中国增加值，M^{r_CHN} 为中国制造业出口中使用的 r 国进口中间产品包含的 r 国增加值，M^{CHN_CHN} 为中国制造业出口中使用的进口中间产品中包含的中国增加值，M^{r_r} 为中国制造业出口到 r 国产品中包含的 r 国增加值。

（7.1）式为指标 $GVCI^{CHN\_r}$，表示中国制造业出口中被其他国家作为中间产品进口中包含的中国增加值占总中间产品的比重。中国制造业作为中间产品的提供者，反映了中国与其他国家产业间的前向关联，即其他国家对中国进口中间产品的依赖程度。指数越高，表示中国作为中间产品提供者的能力越强，其他国家对中国中间产品的依赖程度越高。

$$GVCI^{CHN\_r} = \frac{\sum_r M^{CHN\_r}}{\sum_r M^{CHN\_r} + \sum_r M^{r\_CHN} + M^{CHN\_CHN} + \sum_r M^{r\_r}} \tag{7.1}$$

（7.2）式为指标 $GVCI^{r\_CHN}$，表示中国制造业出口使用的中国从其他国家进口中间产品中包含的国外增加值占总中间投入总增加值的比重。其中，中国作为中间产品的需求者，反映了中国对其他国家进口中间产品的依赖程度，是中国各产业和其他国家产业间的后向关联。指数越大，则表示中国对其他国家产业的中间产品依赖程度越高。

$$GVCI^{r\_CHN} = \frac{\sum_r M^{r\_CHN}}{\sum_r M^{CHN\_r} + \sum_r M^{r\_CHN} + M^{CHN\_CHN} + \sum_r M^{r\_r}} \tag{7.2}$$

[①] 现有研究中，区分中间产品和最终产品的主要方法有海关分类方法、海关贸易体制分类法、联合国 UN-BEC 分类法、投入产出表分类法。

（7.3）式为指标 $GVCI^{CHN\_CHN}$，表示中国制造业出口中使用的进口中间产品中包含的中国增加值占总中间产品总增加值的比重，反映中国对本国国内中间产品提供的依赖程度。指数越大，表示中国制造业出口依赖本国中间产品的程度越大。

$$GVCI^{CHN\_CHN} = \frac{M^{CHN\_CHN}}{\sum_r M^{CHN\_r} + \sum_r M^{r\_CHN} + M^{CHN\_CHN} + \sum_r M^{r\_r}} \qquad (7.3)$$

表 7-1 反映了 1995~2011 年从"中间产品－增加值"角度衡量的中国制造业参与全球价值链程度的测算结果。我们首先基于 Hummels（2001）提出的垂直专业化指标从整体上考察中国制造业参与国际分工程度的变化。VS 指标显示中国制造业参与全球生产链的程度日益加深，出口中使用的国外进口中间产品中包含国外增加值比重不断提高。在中国制造业参与国际分工不断加深背景下，"中间产品－增加值"指标进一步揭示了中国制造业和其他国家的产业关联变化。$GVCI^{CHN\_r}$ 指标测算结果显示其他国家对中国制造业中间投入的依赖程度从整体来看呈现波动中下降趋势，从 1995 年的 81.78% 下降至 2011 年的 72.58%，下降了约 9 个百分点。具体来看，经历了上升—下降—上升—下降的"M"形变化历程，特别是入世后该指数下降明显，金融危机后有所回升。究其原因，可能是中国入世降低了外资企业的进入门槛，大量外资进入对贸易产生替代效应，部分中间产品转为中国国内生产，从而减少了国外从中国进口中间产品的比率。这可以从 $GVCI^{CHN\_CHN}$ 指标整体上升的趋势中有所反映。$GVCI^{CHN\_CHN}$ 指标上升趋势显著，从 1995 年的 0.98% 上升到了 2011 年的 3.79%，表明中国制造业出口的中间产品生产中依赖本国提供中间产品的程度加深，也反映出中国制造业提供国内中间产品的生产能力整体在提升。此外，中国对其他国家中间产品的依赖程度也整体在提高，这从整体增加的 $GVCI^{r\_CHN}$ 指标中可以看出，表明中国制造业逐步向全球生产链上游移动的事实。

表 7-1　1995~2011 年中国制造业参与全球价值链程度

单位：%

年份	$GVCI^{CHN\_r}$	$GVCI^{r\_CHN}$	$GVCI^{CHN\_CHN}$	VS
1995	81.78	0.35	0.98	16.68
1996	84.03	0.22	1.10	14.64

年份	$GVCI^{CHN\_r}$	$GVCI^{r\_CHN}$	$GVCI^{CHN\_CHN}$	VS
1997	83.96	0.24	1.18	14.52
1998	84.96	0.24	1.28	13.52
1999	83.14	0.31	1.41	15.20
2000	79.67	0.46	1.64	18.16
2001	80.22	0.53	1.94	17.44
2002	78.20	0.73	2.28	19.12
2003	74.32	1.03	2.58	22.49
2004	69.57	1.26	2.53	26.65
2005	69.24	1.25	2.47	26.91
2006	69.70	1.28	2.65	26.13
2007	70.53	1.23	2.71	25.21
2008	72.70	1.14	2.85	23.15
2009	75.74	1.10	3.49	19.70
2010	73.01	1.33	3.68	22.08
2011	72.58	1.38	3.79	22.28

　　资料来源：根据 WIOD 数据库计算得到。其中 VS 指标是根据 Hummels（2001）提出的垂直专业化指标测算得到的。

　　为了反映中国制造业和其他国家产业关联的深层次变化，我们进一步从行业层面进行了分析，结果如表 7 - 2 所示。垂直专业化指标显示 1995 ~ 2011 年中国制造业大部分行业参与国际分工的程度在不断加深。其中，石油加工、炼焦及核燃料加工业（c8）的垂直专业化程度增加最为显著，从 1995 年的 19.99% 增加至 2011 年的 39.76%，主要因为中国是世界上最重要的石油进口国之一。中国制造业行业中仅有纺织原料及其制品（c4），皮革、皮革制品和鞋类（c5），其他制造业及可再生品（c16）三个行业的垂直专业化程度出现下降，其中下降较大的是纺织原料及其制品（c4），皮革、皮革制品和鞋类（c5），分别下降了约 3 个和 6 个百分点，且这三个行业都属于劳动密集型低技术行业，反映了中国传统劳动密集型制造业参与国际分工的优势逐渐减弱。那么，在大多数行业参与国际分工程度加深背景下，中国制造业和其他国家产业的关联程度如何变化呢？

表 7 – 2　中国制造业各行业参与全球价值链程度

单位：%

行业	$GVCI^{CHN\_r}$		$GVCI^{r\_CHN}$		$GVCI^{CHN\_CHN}$		VS	
	1995 年	2011 年	1995 年	2011 年	1995 年	2011 年	1995 年	2011 年
c3	91.88	87.97	0.09	0.26	0.65	2.00	8.22	10.53
c4	82.37	84.84	0.26	0.27	1.38	1.64	16.59	13.60
c5	79.52	84.71	0.11	0.24	0.47	1.48	19.35	13.74
c6	84.29	82.88	0.14	0.34	0.50	1.65	15.23	15.28
c7	85.34	80.35	0.17	0.52	0.79	2.33	13.68	17.01
c8	78.83	55.75	0.25	2.09	0.85	2.74	19.99	39.76
c9	84.35	72.90	0.33	1.44	1.24	4.70	14.22	21.85
c10	81.80	75.50	0.23	0.80	0.58	2.74	17.03	21.34
c11	89.37	83.15	0.08	0.33	0.42	1.60	10.17	15.04
c12	84.46	71.09	0.27	1.54	1.01	3.92	14.34	23.99
c13	84.73	74.90	0.23	1.03	0.87	3.49	14.18	21.49
c14	77.08	66.99	0.69	1.99	1.06	4.82	21.02	27.80
c15	83.80	76.78	0.12	0.63	0.40	2.16	15.52	20.75
c16	84.02	83.31	0.15	0.45	0.53	2.76	14.92	13.79

资料来源：根据 WIOD 数据库计算。

表 7 – 2 中 $GVCI^{CHN\_r}$ 指标行业计算结果显示，只有纺织原料及其制品（c4），皮革、皮革制品和鞋类（c5）行业的指标有所上升外，其他各行业指标均出现下降。中国制造业大部分行业作为中间产品提供者被其他国家依赖的程度整体在下降，只有传统劳动密集型行业的依赖程度有所上升，说明中国在全球价值链上依然是处于较低端的劳动密集型产品提供者。$GVCI^{r\_CHN}$ 和 $GVCI^{CHN\_CHN}$ 指数都呈现上升的结果表明，中国制造业依赖其他国家提供中间产品和国内中间产品进行生产的程度越来越高，反映出中国制造业行业在价值链上逐步向上游攀升的同时，国内提供中间产品满足自身需求的能力也在不断提升。2011 年，除石油加工、炼焦及核燃料加工业（c8）外，中国制造业行业中电子和光学仪器（c14）、金属制品业（c12）、化学工业（c9）、机械设备制造业（c13）的 $GVCI^{CHN\_CHN}$ 指数都超过了 3%，$GVCI^{r\_CHN}$ 指数超过 1%，且这些行业都属于知识密集型行业，反映出中国知识密集型制造业对本国中间产品需求不断提高的同时，也对其他国家提

供中间产品的依赖程度越来越高，知识密集型制造业已经成为中国制造业参与全球价值链的重要产业，中国制造业参与全球价值链的结构呈现明显优化趋势。

从以上反映中国制造业参与全球价值链程度的"中间产品－增加值"比率指标及垂直专业化指标可以看出，中国制造业对其他国家中间产品和国内提供中间产品的依赖程度不断提高，且对国内中间产品的依赖程度超过了同期对其他国家中间产品提供的依赖程度，其他国家对中国制造业的依赖程度整体在波动中有所下降，垂直专业化指数的不断提升表明中国制造业整体参与国际分工的程度不断加深。因此，我们要提问：这种变化背后中国制造业在全球价值链上的地位如何变化？中国制造业是否正从中间产品的提供者向中间产品需求者的角色转换？各行业参与全球价值链程度变化的差异背后，行业全球价值链的长度变化如何？各行业在全球价值链中的地位变化有何差异？

第二节　中国制造业全球价值链刻画及路径演进

基于对中国制造业参与全球价值链分工程度特征事实的分析，为回答上述问题，我们在 Fally（2011，2012）对全球价值链长度刻画的基础上进行了扩展，不仅考虑全球价值链的空间长度，还借鉴王岚和李宏艳（2015）引入行业增值能力差异的做法，同时从嵌入位置和增值能力两个角度刻画中国制造业各行业在全球价值链中的前向及后向关联长度，进而勾勒出中国制造业参与全球价值链的完整"空间－经济"距离长度，剖析中国制造业在全球价值链上的地位变化及与其他国家的关联，从而寻找提升中国制造业参与全球价值链的有效路径。

一　全球价值链长度及地位指标构建

（一）后向关联长度指标构建

在 N 国 G 部门国际投入产出模型下，定义 s 国 i 部门的全球价值链后向关联度指标 GBL 指数（GVC-Status Backward-Linkage）：

$$GBL_{si} = va_{si} + \sum_{r=1}^{N} \sum_{j=1}^{G} \mu_{rj,si} GBL_{rj} \qquad (7.4)$$

其中，GBL_{si}和GBL_{rj}分别表示s国i部门产品和r国j部门产品的全球价值链地位后向关联度指数；va_{si}表示s国i部门的直接增加值系数；$\mu_{rj,si}$是s国i部门生产单位产品需要投入的r国j部门产品价值，该指数反映了s国i部门产品生产出来所经历生产阶段的加权平均值，其权重为各生产阶段贡献的增加值，既包含s国i部门本身的增值能力，也包含生产i部门产品时需要投入的其他中间产品的加权平均生产阶段。（7.4）式写成N国G部门的矩阵形式，为$GBL = [I-\mu]^{-1}[va]$。其中，μ是由$\mu_{rj,si}$元素构成的$NG \times NG$矩阵，$[I-\mu]^{-1}$为N国G部门下国际投入产出表中的完全需求系数矩阵的转置，$[va]$为$NG \times 1$的直接增加值系数矩阵。

GBL指数的经济学含义为反映某特定行业产品生产出来需要投入来自其部门本身及其他国家部门的中间产品所经历的增值幅度，包括两部分。第一部分是该行业自身所实现的增值幅度。按照 Fally（2011）的假设，本部门直接增值的生产阶段为 1，因此这部分是该行业的直接增加值系数，反映了该行业本身的"增值能力"，该部分的值越大，则反映来自该部门本身的获利能力越大，越有利于其国际分工地位的提升。第二部分为生产该部门产品所需要投入的其他国家部门中间投入所实现的增值幅度。这部分越大，则依赖于其他国家部门中间投入的程度越大，该国部门参与国际分工的程度越深，其后向关联度越大。

（二）前向关联长度指标构建

在N国G部门国际投入产出模型下，定义s国i部门的全球价值链前向关联度指标 GFL 指数（GVC – Status Forward-Linkage）：

$$GFL_{si} = va_{si} + \sum_{r=1}^{N} \sum_{j=1}^{G} \varphi_{si,rj} GFL_{rj} \qquad (7.5)$$

其中，GFL_{si}和GFL_{rj}分别表示s国i部门产品和r国j部门产品的全球价值链地位前向关联度指数；va_{si}表示s国i部门的直接增加值系数；$\varphi_{si,rj}$是国际投入产出表中s国i部门产品被r国j部门作为中间投入的直接消耗系数，该指数反映了s国i部门作为产品的提供者到最后需求所经历的加权平均生产阶段，既包括该部门本身的增值能力，也包括生产 i 部门产品被其他国家部门用作中间投入时的加权平均生产阶段，其权数为各生产阶段贡献的增加值。（7.5）式写成 N 国 G 部门的矩阵形式，为 $GFL = [I - \varphi]^{-1} [va]$，其中 φ 是由 $\varphi_{si,rj}$ 元素构成的 $NG \times NG$ 矩阵，为 N 国 G 部门下国际投入产出表中的直接消耗系数矩阵，$[va]$ 是 $NG \times 1$ 直接增加值系数矩阵。

同理，GFL 指数的经济学含义是一国特定部门产品到达最终需求前所经历的加权平均生产阶段，反映了该部门产品在全球价值链上的前向关联程度。其中，（7.5）式右边第一项反映该部门本身的增值能力，第二部分则反映该部门与最终需求之间生产环节间的平均生产环节数。特定部门增值能力越强，产出中被其他国家部门用于中间投入的比重越高，该指数越大，则表示该部门与最终需求间的距离越远，越接近于全球价值链的上游。

（三）全球价值链长度指标构建

基于后向关联度和前向关联度指标，我们可以勾勒出特定国家部门产品的全球价值链长度。以 s 国 i 部门产品为例，存在该部门产品被生产出来所经历生产阶段数的后向关联度 GBL 指数及该部门产品到达最终需求所经历生产阶段的前向关联度 GFL 指数。因此，以前向和后向关联度之和来衡量特定国家部门的全球价值链长度，反映了特定部门产品从生产到最终需求所经历的所有生产阶段，即：

$$TL_{si} = GBL_{si} + GFL_{si} \tag{7.6}$$

其中，TL_{si} 表示 s 国 i 部门生产产品的全球价值链长度，GBL_{si} 和 GFL_{si} 则分别表示该国家部门的后向和前向关联长度指标。

根据以上三个指标，可以计算出各经济体特定部门的前向关联度、后向关联度和全球价值链长度，从动态角度分析中国制造业各部门参与全球价值链程度变化、在全球价值链上的地位是否提升以及全球价值链的长度如何变化。

（四）全球价值链地位指标

根据上述界定，前向关联长度指标表示了某特定国家部门的上游程度，该指数越大，越是位于生产链的上游。因此，我们以某特定国家部门的前向关联长度占该部门产品全球价值链长度的比重来衡量其全球价值链地位，即：

$$GS_{si} = GFL_{si}/TL_{si} \tag{7.7}$$

GS_{si} 表示 s 国 i 部门产品的全球价值链地位指标。该指标的经济含义在于，某特定部门产品的全球价值链上，前向关联长度所占比重越大，表明该产品被其他国家用作中间产品的环节越多，离最终需求距离越远，越是位于全球价值链的上游，因此在全球价值链上的地位越高。

二 中国制造业全球价值链长度度量

（一）中国制造业行业全球价值链长度

基于以上全球价值链长度指标，利用 WIOD 数据库对中国制造业 1995~2011 年各行业的全球价值链长度进行了测算，结果如表 7－3 所示。从中国制造业整体来看，1995~2011 年制造业全球价值链长度平均值从 1.9810 增长到了 3.1529。全球价值链的不断变长表明中国制造业部门产品从最初生产至最后到达最终需求所经历的生产阶段数在持续增加，产品的国际分工越来越细致，所经历的中间环节也越来越多。从具体行业来看，全球价值链长度在 1995 年时较长的部门是金属制品业（c12）、化学工业（c9）和纺织原料及其制品（c4），长度分别为 3.1266、2.4769 和 2.1321；同期全球价值链长度较短的部门是皮革、皮革制品和鞋类（c5），其他制造业及可再生品（c16），木材及其制品（c6）。到 2011 年全球价值链长度较长的行业则是电子和光学仪器（c14）、金属制品业（c12）和化学工业（c9），全球价值链长度分别达到 6.4994、5.3602 和 5.0523；同期全球价值链长度较短的行业则是其他制造业及可再生品（c16），皮革、皮革制品和鞋类（c5）和其他非金属矿物制品业（c11），全球价值链长度分别为 1.6484、1.7176 和 1.8752。

从中国制造业全球价值链长度变化幅度来看，制造业整体全球价值链长度 1995~2011 年涨幅达到 59.16%，年均增长率为 2.95%。制造业行业中只有其他非金属矿物制品业（c11）的全球价值链长度整体呈现减少趋势，从 1995 年的 2.0158 下降至 2011 年的 1.8752，其余各行业都整体呈现增长趋势。其中，电子和光学仪器（c14）、化学工业（c9）和纺织原料及其制品（c4）行业是全球价值链长度增长较快的，年均增长率分别达到7.22%、4.56% 和 4.52%。从行业特征来看，全球价值链长度较长的行业大都是知识密集型或资本密集型行业，其具有较高技术水平（如 c12、c9），而长度较短的行业则多是具有低技术水平的劳动密集型行业（如c16、c5）。但以纺织原料及其制品（c4）行业为代表的传统劳动密集型行业的全球价值链长度也有了较大增长。因此，我们要提问：中国制造业各行业的全球价值链长度变化到底是使用了更多的中间投入还是被其他国家作为中间投入而使得全球价值链的长度延长呢？中国制造业行业是否从中间产品的需求者向供应者的角色进行了转换？这种变化的行业间差异如何？

表 7 - 3　中国制造业各行业全球价值链长度

年份	1995	1997	1999	2001	2003	2005	2007	2009	2011
c3	1.9106	2.0292	1.9846	1.9664	2.0935	2.2140	2.4953	2.5622	2.6608
c4	2.1321	2.2124	2.3434	2.4747	2.6322	2.7970	3.2127	3.7667	4.3234
c5	1.3744	1.4284	1.4237	1.4364	1.4325	1.4861	1.5652	1.6347	1.7176
c6	1.5747	1.6683	1.6635	1.6893	1.6877	1.7389	1.9049	1.8662	1.9421
c7	1.9269	2.0012	2.0301	2.0541	2.0673	2.2051	2.1964	2.1870	2.2961
c8	1.8969	1.8651	1.8565	2.0546	2.0793	2.3214	2.2554	2.2707	2.4857
c9	2.4769	2.6882	2.7812	2.9580	3.2684	3.5621	4.2755	4.4264	5.0523
c10	1.8454	1.9909	2.0285	2.1183	2.1131	2.1340	2.4139	2.5203	2.8176
c11	2.0158	2.0405	1.9827	1.9525	1.8425	1.7986	1.8173	1.7879	1.8752
c12	3.1266	3.2516	3.1491	3.2347	3.4159	3.7082	4.9077	4.6980	5.3602
c13	2.1131	2.0552	2.1044	2.2005	2.2460	2.1101	2.5352	2.6402	2.8340
c14	2.1296	2.3425	2.6489	3.3605	3.5854	3.9087	5.1305	5.7566	6.4994
c15	1.7933	1.7878	1.8827	2.0222	2.1634	2.0681	2.3989	2.3953	2.6284
c16	1.4176	1.4829	1.4891	1.5013	1.4918	1.4674	1.5310	1.5907	1.6484
平均	1.9810	2.0603	2.0977	2.2160	2.2942	2.3943	2.7600	2.8645	3.1529

资料来源：根据 WIOD 数据库计算得到。

　　为回答以上问题，我们对全球价值链长度进行分解，分别从后向关联长度和前向关联长度进行分析。

（二）中国制造业行业后向关联长度

1995～2011 年中国制造业各行业的后向关联长度如表 7－4 所示。中国制造业 1995～2011 年的后向关联长度整体上是呈现减少趋势的，平均值从 1995 年的 0.9853 减少至 2011 年的 0.9812。具体来看，只有纺织原料及其制品（c4），皮革、皮革制品和鞋类（c5），木材及其制品（c6）及电子和光学仪器（c14）三个行业的后向关联长度出现增长外，其余各行业都呈现波动中减少的趋势。后向关联长度的减少反映出中国制造业大部分行业被生产出来所经历的生产阶段数在减少。那么该长度减少的原因是源于行业本身增值能力的下降还是生产过程中投入中间产品的减少呢？在对后向关联长度做进一步分解之后发现，1995～2011 年中国制造业行业中除其他制造业及可再生品（c16）外，其余各行业生产所需投入中间产品经历的生产阶段数都呈现上升趋势，而同时行业自身增值能力却趋于下降。因此，行业自身增值能力的下降是造成后向关联长度减少的主要原因。这些变化也说明中国制造业行业参与国际分工的程度在不断加深，但增值能力有所下降。

表 7－4 中国制造业各行业后向关联长度

年份	1995	1997	1999	2001	2003	2005	2007	2009	2011
c3	0.9941	0.9921	0.9931	0.9930	0.9920	0.9906	0.9900	0.9910	0.9894
c4	0.9845	0.9816	0.9818	0.9827	0.9824	0.9829	0.9850	0.9885	0.9870
c5	0.9786	0.9777	0.9787	0.9788	0.9795	0.9796	0.9822	0.9862	0.9853
c6	0.9845	0.9863	0.9872	0.9880	0.9862	0.9844	0.9840	0.9873	0.9846
c7	0.9867	0.9846	0.9854	0.9863	0.9841	0.9816	0.9787	0.9816	0.9795
c8	0.9869	0.9843	0.9867	0.9844	0.9814	0.9782	0.9769	0.9809	0.9757
c9	0.9860	0.9825	0.9837	0.9835	0.9811	0.9783	0.9780	0.9817	0.9792
c10	0.9839	0.9802	0.9820	0.9829	0.9804	0.9767	0.9763	0.9802	0.9782
c11	0.9901	0.9875	0.9889	0.9887	0.9867	0.9844	0.9834	0.9864	0.9842
c12	0.9860	0.9838	0.9866	0.9857	0.9823	0.9769	0.9741	0.9774	0.9730

年份	1995	1997	1999	2001	2003	2005	2007	2009	2011
c13	0.9860	0.9824	0.9856	0.9846	0.9811	0.9756	0.9741	0.9809	0.9772
c14	0.9782	0.9748	0.9747	0.9726	0.9692	0.9681	0.9692	0.9795	0.9813
c15	0.9831	0.9801	0.9839	0.9834	0.9785	0.9741	0.9731	0.9792	0.9764
c16	0.9857	0.9858	0.9870	0.9876	0.9864	0.9850	0.9846	0.9873	0.9856
平均	0.9853	0.9831	0.9847	0.9844	0.9822	0.9797	0.9793	0.9834	0.9812

资料来源：根据 WIOD 数据库计算得到。

（三）中国制造业行业前向关联长度

表 7 - 5 是中国制造业各行业 1995～2011 年的前向关联长度。可以看出，中国制造业整体呈现明显的增长态势。2011 年前向关联长度较长的行业是电子和光学仪器（c14）、金属制品业（c12）及化学工业（c9）。从变化幅度来看，除其他非金属矿物制品业（c11）的前向关联长度整体呈现减少趋势之外，其余各行业的前向关联长度均整体呈现增长趋势。其中，增长较快的是电子和光学仪器（c14）、纺织原料及其制品（c4）和化学工业（c9）行业。这些特征都和中国制造业各行业全球价值链长度的变化趋势一致，说明中国制造业各行业全球价值链长度的变化主要是前向关联长度的变化引起的。在对前向关联长度变化进一步分解之后发现，中国制造业行业被其他国家部门用作中间产品直至到达最终需求所经历的生产阶段数的增加是促使前向关联长度普遍增长的主要原因。

综上，中国制造业全球价值链长度不断变长，前向关联长度增加是主要原因。进一步分解发现，前向关联长度中的行业产品被其他国家部门用作中间产品到达最终需求所经历生产阶段数的增加是最终促使全球价值链变长的核心原因。前向关联长度的增加反映出行业上游度的提高。因此，中国制造业行业全球价值链长度的变化反映出入世以来中国以承接发达国家产业转移为契机积极参与全球生产链的构建，从最初作为中间产品的需求者正在逐步向中间产品的提供者进行转换，这种转换的实现反映出中国制造业在全球价值链上不断向上游移动。

表 7 - 5　中国制造业各行业前向关联长度

年份	1995	1997	1999	2001	2003	2005	2007	2009	2011
c3	0.9165	1.0371	0.9915	0.9735	1.1016	1.2234	1.5053	1.5711	1.6714
c4	1.1476	1.2308	1.3617	1.4920	1.6498	1.8141	2.2277	2.7782	3.3365
c5	0.3958	0.4507	0.4450	0.4576	0.4530	0.5065	0.5830	0.6484	0.7324
c6	0.5902	0.6820	0.6762	0.7012	0.7015	0.7545	0.9210	0.8789	0.9575
c7	0.9402	1.0166	1.0446	1.0678	1.0832	1.2235	1.2177	1.2054	1.3166
c8	0.9100	0.8808	0.8698	1.0703	1.0979	1.3432	1.2786	1.2898	1.5100
c9	1.4909	1.7057	1.7975	1.9745	2.2873	2.5838	3.2975	3.4447	4.0730
c10	0.8615	1.0107	1.0465	1.1354	1.1327	1.1573	1.4376	1.5401	1.8394
c11	1.0257	1.0531	0.9938	0.9638	0.8558	0.8142	0.8340	0.8015	0.8911
c12	2.1406	2.2677	2.1626	2.2490	2.4335	2.7313	3.9335	3.7206	4.3872
c13	1.1271	1.0728	1.1187	1.2159	1.2649	1.1345	1.5612	1.6594	1.8568
c14	1.1514	1.3677	1.6742	2.3879	2.6162	2.9406	4.1613	4.7771	5.5180
c15	0.8102	0.8077	0.8987	1.0388	1.1850	1.0940	1.4258	1.4161	1.6520
c16	0.4319	0.4971	0.5021	0.5137	0.5054	0.4824	0.5464	0.6034	0.6629
平均	0.9957	1.0772	1.1131	1.2315	1.3120	1.4145	1.7808	1.8811	2.1718

资料来源：根据 WIOD 数据库计算得到。

三　中国制造业融入全球价值链的路径分析

对中国制造业全球价值链长度的分析表明中国制造业正逐渐实现全球价值链上的攀升，那么，中国制造业融入全球价值链的演进路径如何呢？本节从中国制造业全球价值链地位及增值能力变化对中国制造业整体及 14 个行业 1995～2011 年的全球价值链演进路径进行研究。鉴于不同技术水平行业融入全球价值链的差异性，参照欧盟统计局《欧盟经济活动统计分类》（NACE 第 1 修订版）的标准，把 14 个制造业行业以技术水平划分为低技术、中低技术、中高和高技术三组，并对各组全球价值链地位指数及增值能力变化进行对比分析。

（一）　中国制造业全球价值链地位变化

为全面观测中国制造业各行业 1995～2011 年全球价值链地位的变化，我们同时计算了中国大陆十大主要贸易伙伴国家或地区的全球价值链地位指数作为对比参照，以期全面刻画中国制造业行业全球价值链地位的演进。其中，十大主要贸易伙伴国家或地区包括美国、日本、德国、韩国、中国台湾、澳大利亚、俄罗斯、巴西、印度和印度尼西亚，结果如表7－6和表7－7所示。

　　表7－6和表7－7分别是中国大陆及其主要贸易伙伴低技术、中低技术及中高和高技术制造业行业1995年和2011年的全球价值链地位指数。结果显示，1995～2011年，无论是哪种技术水平，中国制造业大部分行业的全球价值链地位有所提升，除了其他非金属矿物制品业（c11）有所下降，说明中国制造业大部分行业通过积极参与国际分工实现了全球价值链上的攀升。表7－6中中国低技术制造业行业全球价值链地位指数显示，与主要贸易伙伴相比，1995年中国制造业中食品、饮料和烟草加工业（c3），纺织原料及其制品（c4）行业的全球价值链地位较高外，其余各低技术行业则普遍低于其他贸易伙伴，如美国、日本、德国等发达国家，其中部分行业甚至低于巴西、印度等发展中国家。但到2011年，除纸浆、纸制品和印刷出版（c7）行业外，中国制造业其他低技术行业的全球价值链地位均超过了韩国等新兴工业化国家，甚至超过了美国、日本、德国等发达国家，说明1995～2011年中国低技术行业在全球价值链的地位出现了大幅提升，在全球价值链上的地位越来越重要。

表7－6　中国大陆及其主要贸易伙伴低技术制造业行业全球价值链地位指数

	年份	c3	c4	c5	c6	c7	c16
中国大陆	1995	0.4797	0.5382	0.2880	0.3748	0.4880	0.3047
	2011	0.6282	0.7717	0.4264	0.4930	0.5734	0.4021
美国	1995	0.4623	0.5264	0.1940	0.3990	0.6982	0.3884
	2011	0.4393	0.4035	0.2513	0.3421	0.5969	0.3958
日本	1995	0.4668	0.4552	0.3198	0.3788	0.5850	0.3488
	2011	0.4613	0.3916	0.2762	0.3244	0.5222	0.2442
德国	1995	0.4905	0.6023	0.3825	0.4926	0.6947	0.4153
	2011	0.4321	0.4579	0.3437	0.4564	0.6237	0.4014
韩国	1995	0.3649	0.4573	0.2515	0.2948	0.5196	0.3062
	2011	0.3935	0.4095	0.2521	0.2701	0.4545	0.2752

	年份	c3	c4	c5	c6	c7	c16
中国台湾	1995	0.3495	0.3879	0.3382	0.3252	0.4788	0.2962
	2011	0.2938	0.3100	0.2988	0.2708	0.3374	0.2900
澳大利亚	1995	0.3836	0.3126	0.2786	0.3715	0.4767	0.3147
	2011	0.3541	0.3222	0.2537	0.3435	0.4167	0.2799
俄罗斯	1995	0.3758	0.3675	0.2749	0.4393	0.4903	0.3354
	2011	0.3325	0.3431	0.2951	0.3953	0.4356	0.2879
巴西	1995	0.4796	0.4686	0.2791	0.4539	0.5062	0.3643
	2011	0.4594	0.4069	0.3521	0.4073	0.4779	0.3496
印度	1995	0.3970	0.4735	0.3700	0.4701	0.5596	0.2954
	2011	0.5505	0.3572	0.3178	0.4048	0.4126	0.3090
印度尼西亚	1995	0.2278	0.4348	0.2983	0.3788	0.3746	0.3849
	2011	0.2571	0.3401	0.2790	0.3200	0.3570	0.2502

资料来源：根据 WIOD 数据库计算得到。

对于中低技术制造业行业，1995 年中国制造业的全球价值链地位普遍高于巴西、印度、印度尼西亚等发展中国家以及韩国等新兴工业化国家，但除各别行业外其余大部分行业的全球价值链地位指数低于美国、德国、日本等发达国家。同期，中高和高技术制造业行业的全球价值链地位则低于美国、日本、德国等发达国家，其中个别行业也低于韩国，但普遍高于发展中国家。2011 年中国制造业的中低技术、中高和高技术制造业行业中部分行业的全球价值链地位逐渐超越了美国、德国和日本，如中低技术行业的橡胶与塑料制品业（c10），中高和高技术行业的化学工业（c9）、电子和光学仪器（c14）。

表 7-7　中国大陆及其主要贸易伙伴中低技术及中高和
高技术制造业行业全球价值链地位指数

	年份	中低技术				中高和高技术			
		c8	c10	c11	c12	c9	c13	c14	c15
中国大陆	1995	0.4797	0.4668	0.5088	0.6846	0.6019	0.5334	0.5406	0.4518
	2011	0.6075	0.6528	0.4752	0.8185	0.8062	0.6552	0.8490	0.6285

续表

年份	中低技术				中高和高技术			
	c8	c10	c11	c12	c9	c13	c14	c15
美国 1995	0.4995	0.5434	0.4415	0.7589	0.7790	0.6088	0.7555	0.6810
美国 2011	0.7140	0.4906	0.3855	0.7053	0.7640	0.5684	0.7050	0.5642
日本 1995	0.5072	0.5461	0.4280	0.7409	0.6993	0.5358	0.7067	0.6747
日本 2011	0.5194	0.5454	0.3670	0.7170	0.6592	0.4597	0.6074	0.6079
德国 1995	0.3945	0.6411	0.5495	0.8214	0.8095	0.7205	0.7617	0.6823
德国 2011	0.5214	0.6445	0.4901	0.8307	0.7612	0.7051	0.7212	0.7203
韩国 1995	0.4405	0.4206	0.3927	0.5907	0.6214	0.4291	0.5627	0.4358
韩国 2011	0.5862	0.4300	0.3594	0.6832	0.6188	0.4375	0.6364	0.5575
中国台湾 1995	0.3322	0.3138	0.3959	0.4443	0.4618	0.3028	0.2602	0.3319
中国台湾 2011	0.4851	0.3191	0.3073	0.5177	0.5531	0.3947	0.4661	0.2929
澳大利亚 1995	0.1846	0.3456	0.3358	0.5506	0.4027	0.3441	0.3509	0.4178
澳大利亚 2011	0.2332	0.2998	0.3161	0.5205	0.3620	0.2849	0.3405	0.3616
俄罗斯 1995	0.6730	0.3958	0.5285	0.6696	0.6057	0.4549	0.4841	0.5119
俄罗斯 2011	0.7756	0.3569	0.3984	0.6944	0.5837	0.4060	0.4133	0.3936
巴西 1995	0.4213	0.4111	0.3955	0.5531	0.5348	0.3600	0.4029	0.3916
巴西 2011	0.4858	0.4051	0.3745	0.5346	0.5003	0.3230	0.3663	0.3503
印度 1995	0.4124	0.3476	0.3543	0.3166	0.5833	0.2958	0.4342	0.4765
印度 2011	0.4360	0.3263	0.3379	0.2700	0.4660	0.2391	0.3593	0.4669
印度尼西亚 1995	0.4257	0.2689	0.3622	0.6181	0.4860	0.3318	0.3985	0.3814
印度尼西亚 2011	0.5092	0.2987	0.3452	0.5523	0.5207	0.3377	0.3439	0.3693

资料来源：根据 WIOD 数据库计算得到。

从中国制造业各行业的全球价值链地位指数变动幅度来看，如图 7-1 和图 7-2 所示，中国所有低技术制造业行业均增长明显，而同期主要贸易伙伴国家或地区则大多出现了降低，特别是美国、日本和德国等发达国家降幅更为明显。而发展中国家的个别行业如印度的食品、饮料和烟草加工业（c3），巴西的皮革、皮革制品和鞋类（c5）都出现了显著的提升。这反映出中国低技术行业依托行业特征优势积极融入全球国际分工，价值链地位得到了较大提升。中国中低技术、中高和高技术制造业行业中除其他非金

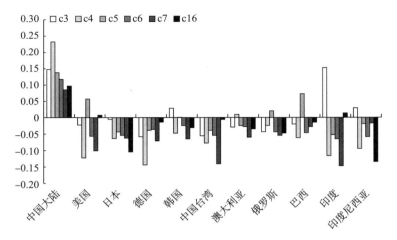

图7-1 1995～2011年中国低技术制造业行业全球价值链地位指数变动幅度

资料来源：笔者根据WIOD数据库计算绘制。

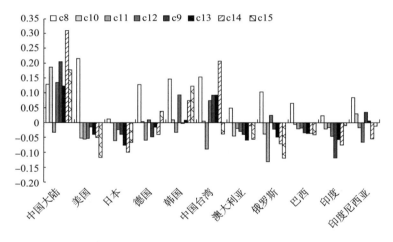

图7-2 中国中低技术及中高和高技术制造业行业全球价值链地位指数变动幅度

资料来源：笔者根据WIOD数据库计算绘制。

属矿物制品业（c11）出现下降之外，其余行业则都出现了显著提升，特别是电子和光学仪器（c14），增长幅度最大。其他国家或地区中，如韩国及中国台湾的行业也大都出现增长，而主要发达国家的大部分行业则降幅明显。

（二）中国制造业增值能力变化

特定国家部门产品的自身价值增值能力越高，则其在全球价值链的利益分配中越能占据优势地位。因此，为反映各国家部门在全球价值链上地位不同所带来增值能力的不同，我们以该部门自身价值增值幅度占全球价值链地位指数的比重表示该特定行业的价值链增值能力，即 GVC Value – Adding Capacity Index（VC 指数）。该指数越大，表明该行业自身增值幅度在全球价值链中的比重越大，获利能力越强。

中国制造业各行业增值能力的变化如图 7 – 3 所示，我们分别选取了 1995 年、2001 年、2008 年和 2011 年四个年份的增值能力指数作为基础数据进行比较，可以直观反映出入世和金融危机前后中国制造业在全球价值链中增值能力的变化。结果表明，中国制造业在积极参与国际分工过程中，虽然全球价值链地位有所提升，但行业增值能力普遍下降。具体体现在以下方面。（1）增值能力先上升后下降的行业，即入世之后出现行业增值能力的上升，而后又开始下降。如其他制造业及可再生品（c16），其他非金属矿物制品业（c11），纸浆、纸制品和印刷出版（c7）和食品、饮料和烟草加工业（c3），大多属于低技术或中低技术行业。这说明入世以来中国较低技术行业依托劳动力成本优势参与国际分工的最初优势明显，带来了增值能力的提升，但随着竞争的加剧，劳动力优势开始逐渐下降，行业增值能力也开始逐步下降，则获利能力下降。但截至 2011 年，增值能力最强的依然是低技术行业的其他制造业及可再生品（c16）。（2）增值能力逐步下降的行业。除以上四个出现先上升后下降的行业外，其余各行业的增值能力都出现了逐渐下降趋势，特别是中高和高技术行业，如电子和光学仪器（c14）是

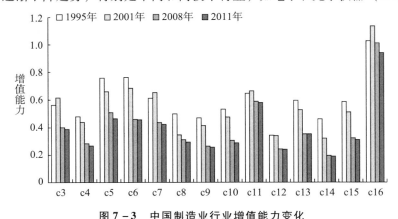

图 7 – 3　中国制造业行业增值能力变化

资料来源：笔者根据 WIOD 数据库计算绘制。

所有制造业行业中增值能力最低的行业。这反映出在较高技术行业领域，中国制造业虽然融入国际分工的程度日益深入，但增值能力日益下降。

（三）中国制造业融入全球价值链的路径演进

以上对中国制造业全球价值链地位及增值能力变化的分析表明，不同技术水平的制造业存在较大差异，因此，我们同时考虑行业的全球价值链地位和增值能力对中国制造业融入全球价值链的路径进行了刻画。图7-4刻画了中国低技术行业的全球价值链融入路径变化。如图所示，食品、饮料和烟草加工业（c3），纺织原料及其制品（c4），纸浆、纸制品和印刷出版（c7）开始时均出现了增值能力和全球价值链地位的同时提升，说明入世时以行业特征优势参与全球价值链确实给这些行业带来了良好的发展机遇，但之后随着国际分工的深入、竞争的加剧，行业在全球价值链的地位虽然仍在不断提升，但增值能力在下降。皮革、皮革制品和鞋类（c5），木材及其制品（c6）行业则出现了全球价值链地位提升而增值能力急剧下降的情况，表明中国低技术行业在下游的增值能力较强，但随着在全球价值链地位的提升，其增值空间被其他国家竞争对手所挤压。其他制造业及可再生品行业（c16）的增值能力最高，但全球价值链地位却偏低，无论是增值能力还是全球价值链地位都呈现先上升后下降趋势。

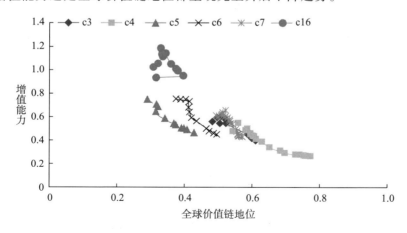

图7-4 中国低技术制造业行业融入路径

资料来源：笔者根据 WIOD 数据库计算绘制。

中低技术及中高和高技术行业融入全球价值链的路径如图 7－5 所示。具体来看，其他非金属矿物制品业（c11）和金属制品业（c12）两个行业的全球价值链路径均出现"N"形的变化轨迹，即行业全球价值链地位先下降后上升，但总体呈现下降趋势，而行业增值能力则出现先上升后下降趋势，总体也出现下降态势。但金属制品业的全球价值链地位高于其他非金属矿物制品业，其他非金属矿物制品业的增值能力超过金属制品业。机械设备制造业（c13）、运输设备制造业（c15）和石油加工、炼焦及核燃料加工业（c8）则出现倾斜的"Z"形轨迹，无论是全球价值链地位还是增值能力都是在波动中变化的，全球价值链地位整体呈现上升趋势，增值能力整体则呈现下降趋势。橡胶与塑料制品业（c10）、电子和光学仪器（c14）行业则呈现向下倾斜的直线，表明两行业的全球价值链地位在不断提升的同时，增值能力却在不断下降，特别是电子和光学仪器（c14）行业的全球价值链地位最高，但增值能力最低，说明中国电子和光学仪器行业在生产过程中进口了大量的中间产品，属于本国的增加值较少，因此出现了位置高而增值能力低的现象。

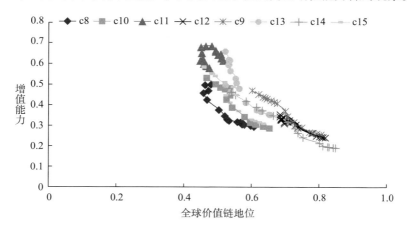

图 7－5　中国中低技术及中高和高技术制造业行业融入路径

资料来源：笔者根据 WIOD 数据库计算绘制。

上述分析可知，行业特性不同决定了其融入全球价值链位置的不同，各行业全球价值链地位及增值能力演变路径差异也很大。总体而言，低技术制造业行业最初融入全球价值链时增值能力较强，但下降幅度也最为剧烈，反映出中国低技术制造业行业竞争优势的减弱。而中低技术、中高和高技术制造业行业增值能力整体不如低技术行业，但所处的全球价值链地位要普遍高于低技术行业，说明中国中低技术、中高和高技术制造业行业生产中依然包含了大量的国外增加值，因此出现所处全球价值链地位高而增值能力却很低的现状。

第三节　中国制造业全球价值链地位的影响因素分析

一　模型设定

借鉴 Fally（2011）、Antràs 等（2012）等的研究，本节进一步对影响中国制造业全球价值链地位的主要因素进行了实证研究，构建计量模型如下：

$$Y_{it} = \alpha_0 + \alpha_1 RD_{it} + \alpha_2 Productivity_{it} + \alpha_3 Capital_{it} + \alpha_4 LC_{it} + \alpha_5 LS_{it} + \alpha_6 Imi_{it} + \alpha_7 Dvar_{it} + \varepsilon_{it}$$

$$(7.8)$$

其中，Y_{it} 为模型的被解释变量，下标 i 和 t 分别代表行业和年份。被解释变量随考察问题的不同而变化，分别为全球价值链地位 GS 指数、前向关联长度 GFL 指数和后向关联长度 GBL 指数。

所涉及的解释变量主要有以下几个。（1）行业研发强度 RD，以行业研发支出总额占总销售产值的比重表示。Acemoglu 等（2010）认为创新型的行业较成熟行业对外包的依赖性更小。行业研发强度越大，越倾向于位于全球价值链的上游，预期行业研发强度正向影响全球价值链地位指数。（2）行业劳动生产率水平 Productivity，以特定行业的人均总产出表示，并以对数形式进入模型。衡量行业的劳动生产率对其全球价值链地位的影响，预期会产生正向作用。（3）资本密集度 Capital，以人均总固定资本额的对数进入模型，反映了该行业的资本密集程度。（4）劳动力成本 LC，以人均劳动报酬表示。劳动力成本的大小会影响企业融入全球价值链的位置，劳动力成本越低的行业越倾向于位于生产链的下游。（5）劳动力投入结构 LS，反映行业整体劳动力技术水平。以行业的熟练劳动力的投入时间和非熟练劳动力的投入时间之比表示，其中熟练劳动力指高技术水平劳动力，非熟练劳动力包括中低技术和低技术水平劳动力。（6）中间投入比重 Imi，衡量行业生产过程中中间投入的比重大小，以行业中间投入占总产出的比重表示。(7) 国内增加值比重 *Dvar*，反映该行业的国内增加值的带动能力。

二　数据来源说明及模型估计方法

本节数据主要来源于世界投入产出数据库（WIOD）中的世界投入产出表（WIOT）及社会经济账户（SEA）数据。鉴于社会经济账户中的部分指标 2010 年及 2011 年的数据缺失，经过计算，本节选取了中国制造业 14 个行业、时间跨度为 1995 ~ 2009 年的面板数据。此外，行业研发强度数据中的研发支出和行业销售总额数据来源于历年《中国科技统计年鉴》和《中国工业经济统计年鉴》，对于工业销售产值缺失的年份以中国工业企业数据库进行替代。国内增加值比重则根据第三章的分解方法利用投入产出表计算得到。在对上述计量模型进行了普通最小二乘法、固定效应和随机效应回归检验之后，豪斯曼检验（Hausman Test）显著拒绝了原假设，因此可以判定一些无法观测到的因素和解释变量间的相关性，故采取了固定效应进行模型估计。为验证模型的稳健性，采取逐次加入相关解释变量的方法对计量模型进行回归分析，结果发现相关解释变量的显著性和符号均未发生实质性的改变，足以说明模型的稳健性。相关变量的统计性描述如表 7 - 8 所示。

表 7 - 8　变量的统计性描述

变量名称	变量缩写	均值	标准差	最小值	最大值
全球价值链地位	*GS*	0.6174	0.1028	0.4518	0.8298
前向关联长度	*GFL*	1.8221	0.9689	0.8077	4.7771
后向关联长度	*GBL*	0.9789	0.0052	0.9674	0.9862
行业研发强度	*RD*	0.0173	0.0110	0.0035	0.0486
资本密集度	*Capital*	9.8433	0.6113	8.4143	11.0334
行业劳动生产率水平	*Productivity*	12.3704	0.6377	11.0627	13.4133
劳动力成本	*LC*	9.9845	0.4262	9.0981	10.7557
劳动力投入结构	*LS*	0.5558	0.0182	0.0262	0.0946
中间投入比重	*Imi*	0.7548	0.0420	0.6573	0.8386
国内增加值比重	*Dvar*	0.7744	0.0685	0.5967	0.8685

资料来源：笔者根据 WIOD 及其他相关数据库计算得到。

三 实证结果及分析

(一) 全样本回归结果

表7-9是对中国制造业全球价值链地位、前向关联长度及后向关联长度的影响因素进行总体样本的回归结果。结果显示,行业研发强度、行业劳动生产率水平、劳动力投入结构、中间投入比重和国内增加值比重对中国制造业全球价值链地位及前向关联长度的提升均呈现显著正向促进作用。行业研发能力、劳动生产率以及劳动力水平越高,越能提供高端中间产品并被其他国家部门所利用,从而提高其在全球价值链上的地位及前向关联长度。国内增加值比重越高代表行业在全球价值链中的获利能力越强,而全球价值链中,位于上游的行业获利能力一般高于下游。因此,较高的国内增加值比重意味着靠近全球价值链的上游,而全球价值链地位越高,被其他国家进口作为中间投入的可能性越大,因而前向关联度也越大。中间投入比重表明行业产品从最初生产到最终需求之间所需要的中间投入越多,则可能经历的生产阶段越多。对于前向关联长度和后向关联长度,中间投入越多,关联长度越长,这从表7-9中间投入比重的正向促进影响作用可以看出。但两者长度变长所代表的全球价值链地位变化方向却截然相反,前向关联长度的延长反映出全球价值链地位的上升,而后向关联长度则相反。因此,中间投入比重的提升对中国制造业全球价值链地位提升的正向促进作用反映出其对前向关联长度的促进作用超过了对后向关联长度的抑制作用。

表7-9 全样本回归结果

	(1) GS	(2) GFL	(3) GBL
RD	2.810*** (5.96)	21.30*** (4.53)	0.0241 (0.87)
Capital	-0.0286*** (-3.13)	0.421*** (4.63)	-0.00203*** (-3.79)

续表

	（1） GS	（2） GFL	（3） GBL
Productivity	0.000000205 ***	0.00000550 ***	5.27e－09 **
	（4.68）	（12.57）	（2.05）
LC	－ 0.00000272 ***	－ 0.000105 ***	－ 1.43e－08
	（－3.26）	（－12.64）	（－0.29）
LS	3.264 ***	46.84 ***	0.0103
	（8.61）	（12.39）	（0.47）
Imi	0.278 ***	3.642 ***	0.0107 *
	（2.64）	（3.47）	（1.73）
Dvar	0.586 ***	6.599 ***	0.0821 ***
	（5.53）	（6.25）	（13.23）
_cons	－ 0.0386	－ 11.32 ***	0.942 ***
	（－0.23）	（－6.91）	（97.92）
N	210	210	210
R²	0.843	0.828	0.864
Hausman 值	823.24 ***		

注：括号内数字为稳健性 t 值，*** 、** 和 * 分别表示 1% 、5% 和 10% 的显著性水平。

行业资本密集度对中国制造业全球价值链地位及后向关联长度呈现显著的负向抑制作用，而对前向关联长度则是正向促进作用。因此，资本密集度高的行业后向关联长度会越短，资本密集度高的行业提供高质量中间产品的能力越强，因而促进其前向关联长度的增加。劳动力成本的增加无疑会增加行业生产成本，降低其产品竞争力，从而不利于全球价值链地位的提升以及减少被其他国家部门用作中间投入的可能。此外，行业研发强度、劳动力投入结构对后向关联长度的作用都不显著，表明行业研发强度及劳动力投入结构并未对中国制造业行业本身生产产品阶段起到提升作用。

（二）行业技术水平分组回归结果

鉴于行业技术水平不同时中国制造业融入全球价值链路径的差异，表 7－10 以技术水平为分类标准进行分组回归。模型（1）~（3）是低技术水平制造业行业回归结果，模型（4）~（6）及模型（7）~（9）则分别表示中低技术、中高和高技术水平行业回归结果。可以看出，行业技术水平不同时各因素对中国制造业全球价值链地位、前向关联长度及后向关联长度的影响存在较大差异。从不同技术水平行业全球价值链地位的影响效应来看，行业研发强度和劳动力投入结构对中低技术及中高和高技术行业的全球价值链地位呈现显著促进作用。但行业研发强度对低技术行业全球价值链地位作用并不明显，劳动力投入结构对低技术行业全球价值链地位产生负向抑制作用。资本密集度、劳动力成本和行业劳动生产率水平对中低技术行业的全球价值链地位产生显著作用，行业劳动生产率水平明显促进全球价值链地位的提升，而资本密集度和劳动力成本的增加则起到明显抑制作用。中间投入比重会显著推动低技术、中低技术行业的全球价值链地位，国内增加值比重的增加则会显著推动低技术行业的全球价值链地位，对中低技术、中高和高技术行业的影响并不显著。

行业前向关联长度的影响效应回归结果表明，行业研发强度只对中低技术制造业产生显著正向促进作用；行业资本密集度促进低技术及中低技术行业的前向关联长度增加的效应显著，而对中高和高技术行业作用却不明显；行业劳动生产率水平和劳动力成本对三种技术水平制造业均有显著效应，但行业劳动生产率水平明显促进行业前向关联长度的增加，劳动力成本的增加则对其起到明显抑制作用；劳动力投入结构的优化有利于中高和高技术行业前向关联长度的增加；中间投入比重和国内增加值比重对低技术行业的前向关联长度促进作用最为明显，对中高和高技术行业次之，对中低技术行业的效应并不显著。行业后向关联长度影响作用结果显示，国内增加值比重的增加对所有制造业行业的后向关联长度均产生显著促进作用，其中对低技术行业的推进作用最大，反映出1995~2009年中国低技术制造业劳动力投入优势的体现。这也可以从劳动力成本和劳动力投入结构的作用效应中有所体现，劳动力成本促进了低技术和中低技术行业产品生产阶段的延长，同时对中高和高技术行业后向关联长度产生抑制作用；劳动力投入结构显著抑制低技术行业后向关联长度的增加，对中低技术行业的效应不明显，而对中高和高技术行业则产生显著促进作用。其余各因素，行业研发强度对中低及中高和高技术制造业行业在10%的水平下产生抑制作用，说明本国制造业行业研发强度越强，所需要的产品生产阶段越少；中间投入比重只对中高和高技术制造业行业后向关联长度产生促进作用，反映出中国中高和高技术制造业行业产品生产过程中需依赖其他国家高技术中间投入的事实；行业资本密集度的后向关联长度效应均显著，但只对中高和高技术行业制造业产生推进作用，显示出随着中国低技术和中低技术制造业行业资本密集度的提升，自身行业提供中间产品的能力越来越强；行业劳动生产率水平的提升只对中低技术行业后向关联长度产生显著负向作用，但从系数符号来看，均是抑制作用，表明中国制造业行业劳动生产率水平的提升，会提升本国提供中间投入的能力，减少进口中间投入，从而缩短产品生产阶段数。

综上所述，在中国对内面临改革关键期，对外大力推进区域经济合作背景下，全球价值链地位的提升对中国制造业转型升级具有重要意义。但同时，也要正确面对近年来中国人口红利消失、劳动力成本上升给中国制造业参与全球价值链地位提升带来的负面抑制作用，以及不同技术水平行业所面对的提升全球价值链地位时存在的差异。鉴于行业研发强度、劳动力投入结构、行业劳动生产率水平、国内增加值比重以及中间投入比重对中国制造业全球价值链地位提升的重要促进作用，中国制造业行业应积极加强研发投入推动自主创新，提升行业国内增加值比重；促进行业劳动生产率水平的提升，增强提供高质量中间产品的能力；增加对人力资本的投入和培育，促进劳动力投入结构的升级，从而从多方面推进制造业全球价值链地位的提升，完成中国制造业的转型升级。但也要充分重视不同技术水平行业全球价值链地位提升影响因素的差异性，如对于中低技术及中高和高技术制造业行业，加大创新投入、提升劳动力投入结构水平、降低劳动力成本无疑是有效的促进途径，但对低技术行业的全球价值链地位提升并不能产生明显促进作用，甚至会产生抑制效应。因此，在制定提升中国制造业行业全球价值链地位的相关措施时，不仅应关注制造业行业的共有特征，还应对不同技术水平行业的提升措施进行差异化对待，才能最大化地实现有限资源的最大化配置，有效推进中国制造业全球价值链地位的整体提升。

表 7－10 行业技术水平分组回归结果

	(1) GS_L	(2) GFL_L	(3) GBL_L	(4) GS_M	(5) GFL_M	(6) GBL_M	(7) GS_H	(8) GFL_H	(9) GBL_H
RD	-0.120 (-0.06)	-0.0938 (-0.00)	0.0887 (0.87)	5.891** (2.34)	55.86*** (3.22)	-0.128* (-1.74)	1.481*** (3.07)	4.248 (1.01)	-0.0476* (-2.03)
Capital	0.00409 (0.42)	0.358*** (3.75)	-0.00240*** (-4.89)	-0.0323** (-2.11)	0.539*** (5.09)	-0.00268*** (-6.00)	-0.0393 (-1.15)	-0.108 (-0.36)	0.00583*** (3.52)
Productivity	0.000000329 (1.48)	0.00000779*** (3.57)	-1.59e-08 (-1.42)	0.00000442*** (6.01)	0.0000687*** (13.54)	-1.91e-08*** (-8.94)	0.000000138 (0.83)	0.00000831*** (5.70)	-2.17e-09 (-0.27)
LC	0.00000222 (0.93)	-0.0000500** (-2.14)	0.000000345*** (2.88)	-0.0000780*** (-6.02)	-0.000133*** (-14.82)	0.000000379*** (10.05)	-0.00000288* (-1.88)	-0.000138*** (-10.39)	-0.000000260*** (-3.50)
LS	-2.239** (-2.41)	-13.75 (-1.51)	-0.210*** (-4.49)	2.977* (1.97)	15.23 (1.46)	0.0420 (0.96)	6.133** (2.15)	66.18** (2.66)	0.712*** (5.14)
Imi	0.513*** (5.41)	5.659*** (6.07)	-0.00566 (-1.18)	0.490* (1.77)	-2.244 (-1.17)	0.00611 (0.76)	-0.279 (-0.88)	5.361* (1.94)	0.0400** (2.60)
Dvar	0.589*** (4.47)	7.949*** (6.12)	0.111*** (16.67)	0.0999 (0.50)	0.769 (0.56)	0.0398*** (6.88)	0.0999 (0.43)	4.529** (2.21)	0.0672*** (5.89)
_cons	-0.504** (-2.59)	-12.98*** (-6.77)	0.917*** (93.20)	0.311 (0.94)	-2.534 (-1.11)	0.971*** (101.18)	0.790 (1.63)	-7.081 (-1.68)	0.828*** (35.19)
N	90	90	90	60	60	60	60	60	60
R²	0.957	0.885	0.953	0.871	0.933	0.985	0.969	0.980	0.979

注:括号内数字为稳健性 t 值,***、** 和 * 分别表示 1%、5% 和 10% 的显著性水平。L、M、H 分别表示低技术、中低技术、中高和高技术水平制造业行业。

第八章　结论、启示与进一步的研究展望

国际分工的深化和中间产品贸易的迅猛发展带动中国制造业高速增长成为全球制造中心的同时，也成为全球遭受反倾销和反补贴指控最多的国家，而这源于传统贸易统计方式在全球生产模式下的不适用性引起的"统计幻象"夸大了中国对外贸易差额及所获利益。增加值贸易统计方式的发展为正确认识中国制造业出口增加值的现状和贸易利得，为寻求揭示出口规模巨大而所获增加值较小背景下提升中国制造业出口增加值的途径提供了分析的工具和方法。基于这一研究动机，本书以增加值贸易为视角从宏观和微观两个层面，建立了以出口产品最终吸收为标准的双边国家、双边国家部门及一国对外总出口增加值宏观层面的分解框架和基于工业增加值和出口增加值内在联系的微观核算模型，并从时间、空间和部门三个维度对中国制造业出口增加值的现状、影响中国制造业出口增加值的机制及中国制造业参与全球价值链地位的动态演化和提升路径进行了研究，为客观认识中国制造业出口现状提供理论模型依据和实证经验，从而揭示中国制造业出口可能存在的问题及影响机制，寻求中国制造业出口增加值的提升路径和着力点。

第一节　研究结论

本书在构建以出口产品最终吸收为标准的国家部门层面增加值宏观分解框架以及工业增加值和出口增加值内在关联基础上的微观核算模型之后，从特征事实和实证检验两部分对中国制造业出口增加值进行了研究。特征事实分析从宏观和微观两个层面，从时间、空间和部门三个维度全面

呈现了中国制造业出口增加值的现状，进而揭示中国制造业出口增加值演变过程中存在的问题。基于此，本书又从宏观和微观两个层面对影响中国制造业出口增加值变化的影响机制开展了计量实证研究，确定影响中国制造业出口增加值的关键因素。最后，把中国制造业放入全球价值链背景下，从事前和事后两个维度评判和寻求提升中国制造业出口增加值的可能性路径。主要得出以下结论。

一　中国制造业出口规模巨大，出口增加值较低，整体呈现"高出口额，低增加值"的增长特征

一方面，中国制造业出口额增长迅速，但整体出口增加值率出现下降。首先，中国制造业出口总量经历了迅速增长过程，自 2009 年以来连续成为世界最大货物出口国。制造业的出口增加值在绝对量上也呈现迅速增长的态势，但增长幅度低于出口总额的增长幅度。出口规模不代表出口增加值，出口规模的迅猛增长并未带来出口增加值的相应幅度增长。其次，中国制造业出口增加值率整体出现下降，但具体呈现波动中先下降后回升的非对称"V"形变化轨迹。无论是宏观层面的出口分解，还是微观数据分析，核算结果都显示中国制造业出口增加值仍然是中国整体出口获利的主要来源，但下降趋势明显。

另一方面，传统贸易统计方式对出口规模及结构的扭曲是中国制造业出口规模大而出口增加值低的表层原因。跨国生产和国际分工的深入发展带来了多次跨越国境的中间产品贸易的盛行，使得以是否越过边境为标准的传统贸易统计方式无法全面真实反映新型分工模式下的贸易事实。1995 ~ 2011 年中国制造业出口中年均增长率达到 32.87% 的重复计算部分反映出传统贸易统计方法和新型增加值贸易统计方式下的贸易统计结果存在较大差异且偏差越来越大，掩盖了中国制造业巨大出口规模下低增加值的特征。以中美双边贸易为例的增加值贸易研究表明，无论是从国家层面，还是从初级产品和资源产品、制造业及服务业三大类产业层面，以增加值贸易核算的中美贸易规模均小于传统贸易统计方式，传统贸易统计方式确实高估了中美双边贸易失衡，其中有 25% 左右的夸大成分，且高估程度出现不断扩大趋势，其中制造业贸易顺差是中美贸易顺差被夸大的主要原因。这种表层原因对于正确认识中国制造业出口现状、寻找表象下低出口增加值的真实原

因，进而制定合适的贸易政策至关重要。

二　出口增加值增长结构逐步优化，新增长点基本形成但尚未成熟

一方面，无论是宏观层面还是微观层面的分析都表明，中国制造业出口增加值增长结构逐渐优化的趋势明显。首先，最终产品出口仍是出口拉动国内增加值和国外增加值的主要来源，但中间产品出口拉动作用越来越大。无论是对国内增加值还是对国外增加值的贡献程度，中国制造业出口中 1/2 以上由最终产品出口拉动，但所占比重逐步下降；而中间产品出口拉动增加值的比重增长迅速，正逐渐成为出口拉动增加值的主要来源。此外，中国进口需求拉动国外增加值的快速增长表明中国内需不断增大，经济增长结构不断优化，内需对其他国家获利能力的拉动作用逐渐加强。其次，劳动密集型制造业是中国制造业出口增加值的主要来源，知识密集型制造业竞争优势形成。从行业要素密集度角度分析显示，劳动密集型制造业依然是中国制造业出口增加值的主要来源。但传统劳动密集型和资本密集型制造业出口拉动国内增加值的贡献率不断降低，知识密集型制造业的获利能力不断上升。拉动国内增加值增长的主要行业由依赖传统劳动密集型制造业向知识密集型制造业的转变，表明中国制造业出口结构不断优化，竞争优势已经从劳动密集型制造业转移到了知识密集型制造业。各行业拉动国外增加值的比重变化也表明中国以劳动密集型制造业优势参与国际分工的模式逐步转化为了以知识密集型制造业优势参与国际分工，且知识密集型制造业参与全球分工的程度日益深化。再次，低技术和中低技术制造业行业出口增加值出现明显下降，中高和高技术制造业行业出口增加值则上升显著。中国制造业低技术行业和中低技术行业的出口增加值比重整体呈明显下降趋势，而中高和高技术行业则上升态势明显，且低技术和中低技术行业与中高和高技术行业拉动国内增加值贡献间的差距越来越大。中高和高技术行业逐渐超过低技术行业成为中国制造业出口获利的主要领域，成为中国制造业出口拉动国内增加值的主要竞争优势所在。中高和高技术行业参与全球生产链程度的不断加深带动了其他参与国获利能力的不断提升，也反映出中国中高和高技术行业在全球价值链上的地位不断攀升，但同时对国外的依赖程度也在不断加强。从次，不同贸易方式下对

中国制造业企业出口增加值率的研究表明，一般贸易方式企业出口增加值率虽然呈现微弱上升的趋势，但加工贸易方式企业出口增加值率整体呈现下降趋势，且下降幅度大于一般贸易方式。最后，内资企业依然是中国制造业企业出口增加值的主要来源，尤其是集体企业和国有企业，而外资企业对中国出口增加值率的推动作用有限。私人企业数量比重最大，且其出口增加值率仅次于集体企业和国有企业，因此私人企业在推动中国制造业企业出口增加值提升的作用不容小觑。

另一方面，中国制造业出口增加值行业结构逐渐优化，优势行业增值能力的承接性尚不完善。首先，中国制造业出口除了部分行业依然具有较强获利能力外，大部分行业的出口获利能力都在不断下降，这也是中国制造业整体出口增加值下降的主要原因。其次，制造业各行业国内增加值折返变化显示，劳动密集型制造业折返份额不断下降的趋势表明中国以劳动力成本参与全球生产链的优势正不断消失；资本密集型和知识密集型制造业行业折返份额则不断上升，其中知识密集型制造业折返比重上升明显大于资本密集型行业，说明中国知识密集型制造业行业在全球价值链的地位不断攀升，其中间产品被别国进口所占的比重越来越大。最后，制造业出口呈现的出口增加值率整体下降趋势表明，虽然中国制造业出口增加值的行业竞争优势结构已发生变化，新的国内增加值增长点已经形成，但以知识密集型制造业出口的国内增加值增长点还不足以弥补传统劳动密集型和资本密集型制造业贡献率的下降。因此，寻求继续增强新出口增加值增长点的同时，如何促使传统行业升级进而提升其出口增加值的拉动作用依然是中国制造业提升竞争力的关键问题。

三　对外开放广度加深，外贸发展更加均衡，获利能力却持续下降

一方面，国外增加值的国别来源表明，发达国家（地区）是中国制造业出口国外增加值的主要来源国（地区），但传统主要贸易伙伴国美国和日本的增加值份额整体下降，反映出中国对外贸易政策的调整。其次是新兴工业经济体也逐渐成为中国大陆制造业增加值的重要来源国（地区），然后是新兴市场国家和其他发展中国家。虽然这些国家的增加值份额并不大，但都整体呈现快速上升趋势，且其他新兴市场国家增加值增长率普遍

大于发达国家，反映出中国对外开放的广度不断加深，外贸发展更加均衡。

另一方面，中国制造业出口增加值宏观和微观层面的分解都表明中国制造业出口获利能力不断下降，贸易利益分配形势日趋恶化。在对中国和主要贸易伙伴国美国间的贸易利益进行深入研究后发现以下方面。首先，制造业虽仍然占据中美贸易关系的主导地位，但出口获利能力均出现明显下降，知识密集型制造业已经成为中美双边制造业贸易的主要战场，"此消彼长"的比重变化及贸易利益分配也反映出中美两国之间存在明显的相互竞争关系。其次，服务业获利能力的不断提升显示中美双边贸易结构不断优化，但中国对美国服务业出口和美国对中国服务业出口国内增加值所占比重及获利能力的同时增加表明利益分配在中美两国服务业之间呈现较强互补性。再次，中国对美国出口不仅拉动了美国自身增加值的增加，还带动了其他参与国获利能力的很大提升，形成了"你中有我，我中有你"的全球制造模式下的"多赢"格局，且中国对美国出口相比美国对中国出口更能拉动其他国家的价值增值，这是中国经济发生外溢性的表现，因此以各种理由采取的限制中国出口的贸易政策对世界各国都是有害无益的。最后，中美双边贸易关系中中国的获利能力不仅低于美国，且获利能力在减弱，贸易利益分配形势越来越不利于中国。美国服务业国内增加值的大幅提升抵消了制造业获利能力的下降，保证了美国对中国出口中获利能力的基本不变；而中国对美国出口中制造业获利能力大幅下降的同时，服务业潜在增值点却未形成规模是造成中国国内增加值下降的主要原因。

四　外资进入和汇率是影响中国制造业出口增加值的重要微观因素

本书通过构建反映企业行为决策的出口增加值决定模型进而对影响企业出口增加值的机制进行推演，并基于微观企业数据建立融合行业特征、企业异质性的计量模型进行实证检验后发现，外资进入和汇率通过影响进口中间投入与国内直接中间投入的相对价格进而对企业的出口增加值产生重要影响。

首先，外资进入确实促进了中国制造业企业出口增加值率的提升，外资进入速度则抑制了企业出口增加值率的提升，而外资进入不规律性越强反而推动了企业出口增加值率的提升；关注东道国市场的发达国家外资进入显著促进中国制造业企业出口增加值率的提升，而倾向于投资劳动密集型行业从事出口的港澳台外资进入对中国内地企业出口增加值率的影响并不显著；行业技术水平是影响中国制造业企业出口增加值率的重要因素，但行业技术水平对外资存在影响企业出口增加值率整体起到负向调节作用，其中对发达国家外资存在影响企业出口增加值率产生负向调节作用，而对港澳台外资存在则表现为正向促进作用。

其次，劳动力成本、资本成本上升以及研发的投入都显著抑制了中国制造业企业出口增加值率的提升，反映出 2001～2007 年中国制造业企业出口增加值率提升的途径并非通过劳动力和资本等要素投入或企业创新投入的增加，而是通过外资出口贸易溢出效应影响企业生产过程中的中间投入变化，进而影响企业出口增加值率，且中国制造业企业的研发投入并未真正促进企业出口增加值率的增加，反而占用了企业资源从而抑制企业出口增加值率提升的事实。

最后，实际有效汇率的上升通过改变进口中间投入和国内中间投入的相对价格从而对中国制造业企业出口增加值率产生显著推进作用。汇率的上升会增加进口中间投入的成本，促使企业减少进口中间投入的动机，转而采用更多相对低廉的本地中间投入，从而来提升企业出口增加值率。

五 贸易成本对中国制造业出口增加值变化具有较好的解释力

基于国际投入产出模型对全球生产模式下一国出口增加值变化的影响机制进行推导后发现，贸易成本是影响一国出口增加值变化的关键宏观因素。

一方面，增加值视角的贸易成本测度方法揭示出传统贸易统计中的重复计算问题带来的"虚高"贸易额致使中国制造业贸易成本测度整体偏低，扭曲现象存在。这种测度偏差的存在反映出增加值贸易统计方式下的贸易成本并不如传统贸易统计方式下降得如此迅速，对出口增加值的促进作用也相对较弱。对中国制造业贸易成本的特征分析表明：中国制造业对外贸易成本整体呈现下降趋势；传统劳动密集型制造业行业的平均贸易成本普遍高于知识密集型制造业贸易成本；中高和高技术制造业行业的平均贸易成本最低，中低技术和低技术制造业行业的贸易成本则较高；中国和主要贸易伙伴国间的贸易成本均整体呈现下降趋势，贸易伙伴国的分布表明中国对外开放度不断提升的同时，更加注重贸易的均衡发展。以上特征事实一定程度上解释了中国制造业出口表现出的"高出口额，低增加值"特征的原因，主要出口增加值来源的劳动密集型制造业行业的贸易成本相对较高，而具有较低贸易成本的知识密集型及中高和高技术制造业行业则因含有较多国外增加值而拉低了中国制造业整体出口增加值。

另一方面，实证检验表明贸易成本的降低确实对中国制造业出口增加值产生显著促进作用。通过采用贸易成本最常用的两个代理变量——距离和贸易协定分别进行实证研究后发现以下方面。首先，双边贸易国家间的距离远近是影响两国增加值贸易的重要因素，距离越远抑制作用越明显，且距离的增加值贸易弹性和总值贸易弹性均是负向显著的，说明距离的增加无论是对双边贸易国间的总贸易额，还是对增加值贸易都呈现明显的抑制作用，但对总值贸易额的抑制作用要大于对增加值贸易的作用。其次，贸易协定的签订确实推进了双边国家间的贸易额增加，也对双边国家的增加值出口起到了显著提升效应，且所签订贸易协定的深度越深和优惠力度越大，对双边国家增加值贸易的促进作用越强。因此，贸易协定的签订确实是促进中国制造业出口增加值提升的重要途径。

第二节　政策启示

以上研究结论揭示了中国制造业出口规模巨大而出口增加值较低的现状，促进企业出口增加值的增加是提升中国制造业在全球价值链中的竞争力和获利能力的关键问题。通过对中国制造业出口增加值的影响因素及提升路径的详细推演，本书对有效提升中国制造业出口增加值形成了如下政策建议。

一　主动深化新型贸易统计体系研究，完善和改进现有国际贸易统计体系，重塑全球生产模式新思维

研究发现，中国制造业出口高速增长背后是出口增加值率不断下降，出口获利能力不断降低的事实。因此，必须正确认识"高出口额，低增加

值"现况背后的原因，改变单纯追求出口规模的意识导向，强化出口获利能力的重要性，重塑全球生产模式的新思维。基于对中国制造业出口增加值的特征事实分析，本书认为应从以下几个方面重塑新思维。

首先，正视增加值贸易统计方式的优势，形成对传统贸易统计方式的有益补充。自世界贸易组织正式提出增加值贸易核算方法以来，国际组织及学者们就传统贸易统计可能对贸易事实造成的扭曲进行了大量的分析，一致认为增加值贸易统计方式能更准确地描述全球生产和贸易图景，也由此引发了增加值贸易统计方式是对传统总值贸易统计方式的改革还是改进的争议。本书在对中国制造业出口增加值核算的过程中发现，增加值贸易统计核算仍是以传统海关贸易数据为基础的，是对传统总值贸易数据的深加工，并非对后者的替代或抛弃。两种贸易统计方式从不同的侧面对全球贸易流进行了全面统计和描述，传统总值贸易统计方式为各经济体搜集海关原始数据提供了便利的统计口径，而增加值贸易统计方式则从增值的角度进一步对经济体出口背后蕴含的价值来源提供了可靠的分析途径。因此，两种贸易统计方式是相辅相成、互相补充的，应该从观念上正视增加值贸易统计方式的优势所在，使之成为传统总值贸易统计方式的有益补充。

其次，改进现有贸易统计方式，衔接国际数据贸易统计口径。本书在基于世界投入产出数据库和中国工业企业数据库对中国制造业出口增加值进行核算的过程中发现，中国现有贸易数据统计体系和国际组织数据间的统计标准存在不一致的问题。全球生产模式下，对一国出口增加值进行考察时就不可避免地采用国际贸易数据，但国际组织数据采用的标准（如国际贸易标准分类 SITC、按大类经济类别分类 BEC 标准）和中国国内提供的贸易数据（国民经济行业统计 GB/T 4754—2011、海关编码协调制度 HS）在统计标准上存在很大不一致，这就牵涉到数据的匹配问题。目前关于各种标准虽然也有相关匹配标准，但已有研究中学者们多是根据标准自行进行匹配的，而且数据匹配过程不仅耗时耗力，数据处理的异质性也可能导致研究上的偏误，从而对研究的科学性和实证研究结果的可靠性提出了挑战。因此，从数据原始采集标准入手，建立和国际接轨的贸易统计数据库，降低数据处理成本，是改进现有国际贸易统计体系，从而开展进一步深入研究的基础。

二　继续优化出口增加值行业结构，拓宽制造业价值增值的优势领域，规避贸易结构转变带来的风险

对中国制造业出口增加值的特征事实研究发现，中国制造业出口增加值增长结构优化趋势明显，但传统资源禀赋优势行业增值能力的迅速减弱和新竞争增值行业优势的缓慢上升，导致中国制造业出口增加值率的整体下降。因此，本书认为在继续推进出口增加值行业结构优化为主导思想的基础上，转变传统行业增值能力的依赖基础以保持其出口增值能力提升的同时，拓宽制造业新增值点的竞争优势领域，从而规避贸易结构转化升级过程中可能存在的贸易利益分配不利局面。

首先，转变传统劳动密集型制造业行业和资本密集型制造业行业出口增加值的增值点。对中国制造业出口增加值从生产要素收入角度的分解结果表明，中国制造业出口增加值中绝大部分来源于劳动者报酬，劳动力投入是中国制造业出口增加值的主要来源点。中国制造业曾凭借劳动力成本优势参与全球价值链下游生产环节进而融入全球国际分工，使得中国出口规模获得迅猛扩大，成为世界第一出口大国。但随着国内人口红利的消失和劳动力成本的上升，传统依赖劳动力投入行业的获利能力出现大幅下降。第五章出口增加值的微观影响机制实证检验中也证实了劳动力成本和资本成本的上升抑制了中国制造业出口增加值率的提升，同时也表明企业生产率、人力资本水平、资本密集度及行业竞争度对企业出口增加值率的提升均产生正向促进作用。因此，转变以往依赖劳动力和资本投入的增加值来源格局，创造公平的市场竞争环境，着力于企业生产率、人均资本水平和资本密集度的提高，是提升中国制造业企业出口增加值的重要途径。

其次，巩固知识密集型制造业行业出口增加值的竞争优势。通过对中国制造业出口宏观层面增加值分解研究后发现，传统劳动密集型制造业和资本密集型制造业行业出口拉动国内增加值的贡献不断降低的同时，知识密集型制造业获利能力则不断上升。中国制造业出口增加值的主要来源由劳动密集型和资本密集型制造业行业逐步转变为知识密集型制造业行业，其中中高和高技术知识密集型制造业行业的获利能力最大。因此，继续巩固知识密集型制造业行业出口增加值的竞争优势是保持中国制造业出口增加值继续稳步增长的重要领域。

最后，培育服务业价值增值新优势，保障出口增加值持续增长潜力。中国制造业出口增加值的特征事实分析表明，中国制造业出口增加值逐步减少的同时，服务业出口增加值整体呈现上升态势。以中美为例对两国贸易利益研究的结果也证实了中美双边贸易利益分配中服务业增值能力的提升幅度不足以弥补中国制造业国内增加值的下降幅度是造成中国对美国贸易中获利能力下降的主要原因。目前中国服务业出口拉动的国内增加值虽然处于上升态势，但占比较小，整体获利能力仍较低。众所周知，占据"微笑曲线"两端的服务业具有较高的增加值。因此，鼓励和发展中国服务业对外出口，积极参与服务业的全球价值链构建，培育中国服务业出口的竞争新优势，是保障中国出口增加值持续增长，获得更大贸易利得的突破点和努力方向。

三　充分发挥外资进入溢出效应，推进区域经济一体化进程，营造有利于出口增加值提升的内外部环境

对中国制造业出口增加值的微观和宏观影响机制研究发现，外资进入和贸易成本下降分别通过微观和宏观机制对中国制造业出口增加值起到明显促进作用。因此，本书主张继续发挥外资进入溢出效应的同时，继续推进区域经济一体化进程，立足于营造有利于出口增加值提升的国内和国外两种环境。

首先，继续实施外资引入政策，关注外资进入动态过程，合理安排外资引入战略。中国外贸快速发展历程中外资起到了不可缺少的作用，如何继续合理地发挥外资进入对企业出口增加值的溢出效应对加速中国从贸易大国向贸易强国的转变依然具有重要的现实意义。中国在继续实施外资引入政策的同时，还应关注外资进入的动态过程，合理安排外资引入的战略安排，对引进外资过快的行业做适时调整和限制，以增加内资企业消化吸收外资溢出效应的时间。实施差异化的引资政策，鼓励引进发达国家外资，发挥其对中国制造业企业出口增加值的带动作用。行业技术水平的影响结果表明，中国制造业和发达国家外资存在的技术差距是影响外资对企业出口增加值溢出的一个重要障碍。因此，应积极提升行业自身技术水平，缩小和外资企业间的技术差距，营造有利于外资溢出效应发挥的行业技术环境。

其次，继续推进区域经济一体化进程，降低贸易成本，打通制造业出口的对外通道。在中国经济"增长速度换挡期、结构调整阵痛期、前期刺激政策消化期"三期叠加阶段，推出实施中国和沿线国家及地区经济贸易联系，促进区域经济一体化和全球化重大举措的"一带一路"倡议，对消化中国制造业过剩产能、调整经济结构、促进产业转移无疑具有重要战略意义。出口增加值宏观研究机制和实证分析表明，贸易成本是影响出口增加值的关键因素，且贸易成本的降低对中国制造业出口增加值具有显著促进作用。因此，继续加强推进区域经济一体化的举措，可以有效降低中国对外贸易成本，为提升制造业出口增加值铺平对外道路。

四 把握中国制造业国际分工演进路径，构建安全多赢的全球价值链体系，促进中国制造业价值链地位的提升

基于国际投入产出表对一国对外出口的增加值分解结果表明，全球各经济体依据产品的全球生产链通过产业间相互关联联系起来，形成了"你中有我，我中有你"的全球价值链格局。各经济体参与全球价值链的基础依然是各国参与生产链各生产环节上的比较优势。因此，准确把握中国制造业各行业参与国际分工的优势和路径演进是有针对性地提升中国制造业整体价值链地位的前提。

首先，重视行业共有特征并兼顾行业差异，引导中国制造业行业有针对性地向高增加值环节的攀升。中国制造业融入全球价值链的程度及长度分析表明，中国制造业全球价值链长度不断变长，制造业产品被其他国家部门用作中间投入到达最终需求所经历生产阶段数的增加，即前向关联长度的增加是促使全球价值链变长的主要原因。这种变化表明中国制造业从最初作为中间产品的需求者正逐步向中间产品的提供者进行转换，也反映了中国制造业在全球价值链上不断向上游攀升的事实。但同时也应正确面对近年来中国人口红利消失、劳动力成本上升给中国制造业参与全球价值链地位提升带来的明显抑制作用。通过进一步对制造业全球价值链地位提升的影响因素分析发现，行业研发强度、劳动力投入结构水平、行业生产率、国内增加值比重以及中间投入比重对中国制造业全球价值链地位的提升具有显著推进作用。因此，中国制造业行业应积极增加研发投入推动自主创新，提升行业国内增加值比重；促进生产率的提升，增强提供高质量

中间产品的能力；增加对人力资本的投入和培育，促进劳动力投入结构的升级，进而从多方面推进制造业全球价值链地位的提升。同时，也要充分重视不同行业全球价值链地位提升影响因素的差异性，如对于中低技术及中高和高技术制造业行业，加大创新投入、提升劳动力投入结构水平、降低劳动力成本无疑是有效的促进途径，但对低技术行业的价值链地位提升并不能产生明显促进作用，甚至会产生抑制效应。因此，在制定提升中国制造业行业全球价值链地位的相关措施时，不仅要关注制造业行业的共有特征，还应正确认识不同行业的差异性，有针对性地采取措施，从而实现有限资源的最优化配置，有效推进中国制造业全球价值链地位的整体提升。

其次，构建安全多赢的全球价值链体系，营造良好的国际经营环境。研究表明中国对外出口中除了包含中国本身的增加值，还包含了越来越多的国外成分，而且出口中所包含国外增加值持续上升的态势反映出中国对外出口创造了全球价值链背景下的"多赢"格局，在获取自身贸易利益的同时，也促进了其他参与生产链国家贸易利益的提升。国际上以传统总值贸易统计为指导采取的任何"以邻为壑"的贸易政策来限制中国出口的做法不仅是有失公平的，而且是和全球经济一体化的发展趋势背道而驰的。在国内经济"三期叠加"，国外经济复苏疲软背景下，在追求本国获利能力提升时，兼顾参与国利益，构建更为安全多赢的全球价值链体系，营造良好的国际经营环境，是促进中国制造业在对外贸易分配格局中获取有利形势的外部环境保障。

第三节　进一步的研究展望

本书旨在从增加值贸易角度对中国制造业"高出口额，低增加值"现状的原因和提升路径进行分析研究，但囿于本人自身能力和时间，难免会出现不足之处，这也构成了未来进一步研究的方向。

第一，进一步完善出口增加值核算的理论分析框架。本书所阐述的出口增加值核算理论模型和方法是分别基于投入产出技术视角、微观企业视角及生产要素收入视角进行建模分析的。在分析层次上是以国家部门、企业主体两个层面平行进行的。因此，是否存在一种融合国家、部门和要素的综合分析框架，来实现基于投入产出技术和要素含量两种研究增加值贸易核算方法的统一是以后进一步努力的方向。

第二，进一步扩展增加值贸易的分析角度，考虑进口增加值。本书主要是基于出口角度对中国制造业的增加值进行了研究，是外贸中的单一方向。但全面把握一国外贸现状及参与全球价值链的地位，单纯研究出口难免具有局限性。若能既考虑出口，又考虑进口，从双向贸易流的角度分析中国制造业增加值的图景则可能更加全面。

第三，进一步扩充增加值贸易分析范畴，考虑服务业。现有增加值贸易的研究文献，无论是基于投入产出表的产业层面分析还是基于微观数据的企业层面研究，大都关注的是货物贸易。但服务贸易在全球生产链中发挥着重要的作用，服务业日益成为带动国内增加值的重要领域。虽然本书在分析制造业出口增加值时，也把服务业作为一个整体加以考虑，希望从国民经济整体准确把握中国制造业出口增加值的现状和演进历程，但本书只是简单地把服务业作为一个整体的参照物，并未详细考察服务业各行业增加值的状况。因此，同时分析服务业具体行业的增加值状况，也无疑是具有重要意义的研究方向。

参考文献

［1］ 常黎，胡鞍钢．中国制造业贸易的要素含量研究［J］．财贸经济，2011（1）：86－93．

［2］ 陈六傅，刘厚俊．人民币汇率的价格传递效应——基于 VAR 模型的实证分析［J］．金融研究，2007（4）：1－13．

［3］ 陈强．高级计量经济学及 Stata 应用（第二版）［M］．高等教育出版社，2013．

［4］ 陈锡康，杨翠红．投入产出技术［M］．科学出版社，2011．

［5］ 陈锡康．投入占用产出理论及其应用［M］．中国统计出版社，1999．

［6］ 程大中，程卓．中国出口贸易中的服务含量分析［J］．统计研究，2015（3）：46－53．

［7］ 程大中．中国参与全球价值链分工的程度及演变趋势——基于跨国投入－产出分析［J］．经济研究，2015，50（9）：4－16．

［8］ 程大中．中国增加值贸易隐含的要素流向扭曲程度分析［J］．经济研究，2014，49（9）：105－120．

［9］ 段玉婉，蒋雪梅．中欧贸易对双方经济和就业的影响分析［J］．国际贸易问题，2012（8）：29－39．

［10］ 樊茂清，黄薇．基于全球价值链分解的中国贸易产业结构演进研究［J］．世界经济，2014（2）：50－70．

［11］ 方虹，彭博，冯哲，吴俊洁．国际贸易中双边贸易成本的测度研究——基于改进的引力模型［J］．财贸经济，2010（5）：71－76．

［12］ 冯丹卿，钟昌标，黄远浙．外资进入速度对内资企业出口贸易的影响研究［J］．世界经济，2013（12）：29－52．

［13］ 高敏雪，葛金梅．出口贸易增加值测算的微观基础［J］．统计研究，

2013，30（10）：8－15.

［14］高越，李荣林．国际生产分割、技术进步与产业结构升级［J］．世界经济研究，2011（12）：78－83.

［15］葛明，林玲，赵素萍．中国附加值进出口额及其驱动因素分析——基于 MRIO 模型的实证研究［J］．国际贸易问题，2015（12）：3－14.

［16］郭晶，赵越．高技术产业国际分工地位的影响因素：基于完全国内增加值率视角的跨国实证［J］．国际商务（对外经济贸易大学学报），2012（2）：87－95.

［17］胡昭玲，宋佳．基于出口价格的中国国际分工地位研究［J］．国际贸易问题，2013（3）：15－25.

［18］胡昭玲．产品内国际分工对中国工业生产率的影响分析［J］．工业经济，2007（9）：38－45.

［19］胡昭玲．国际垂直专业化分工与贸易：研究综述［J］．南开经济研究，2006（5）：12－26.

［20］黄先海，韦畅．中国制造业出口垂直专业化程度的测度与分析［J］．管理世界，2007（4）：158－159.

［21］黄先海，杨高举．中国高技术产业的国际分工地位研究：基于非竞争型投入占用产出模型的跨国分析［J］．世界经济，2010（5）：82－100.

［22］贾怀勤．增加值引入贸易核算的概念辨识［J］．经济统计学（季刊），2014（2）：37－41.

［23］贾怀勤．中国贸易统计如何应对全球化挑战——将增加值引入贸易统计：改革还是改进？［J］．统计研究，2012（5）：10－15.

［24］江希，刘似臣．中国制造业出口增加值及影响因素的实证研究——以中美贸易为例［J］．国际贸易问题，2014（11）：89－98.

［25］金京，戴翔，张二震．全球要素分工背景下的中国产业转型升级［J］．中国工业经济，2013（11）：57－69.

［26］李金昌，项莹．中国制造业出口增值份额及其国别（地区）来源——基于 SNA－08 框架下《世界投入产出表》的测度与分析［J］．中国工业经济，2014（8）：84－96.

［27］李春顶．中国出口企业是否存在"生产率悖论"基于中国制造业企业数据的检验［J］．世界经济，2010（7）：64－81.

[28] 李晓，张建平. 东亚产业关联的研究方法与现状——一个国际/国家间投入产出模型的综述 [J]. 经济研究，2010，45（4）：147 - 160.

[29] 李昕，徐滇庆. 中国外贸依存度和失衡度的重新估算——全球生产链中的增加值贸易 [J]. 中国社会科学，2013（5）：29 - 55.

[30] 刘磊，张猛. 贸易成本、垂直专业化与制造业产业集聚——基于中美数据的实证分析 [J]. 世界经济研究，2014（4）：58 - 64.

[31] 刘维林. 产品架构与功能架构的双重嵌入——本土制造业突破 GVC 低端锁定的攀升途径 [J]. 中国工业经济，2012（1）：152 - 160.

[32] 刘维林. 中国式出口的价值创造之谜：基于全球价值链的解析 [J]. 世界经济，2015（3）：3 - 28.

[33] 刘修岩，易博杰，邵军. 示范还是挤出？FDI 对中国本土制造业企业出口溢出的实证研究 [J]. 世界经济文汇，2011（5）：106 - 120.

[34] 刘瑶. 中国制造业贸易的要素含量：中间产品贸易对测算的影响 [J]. 经济评论，2011（2）：85 - 92.

[35] 刘遵义，陈锡康，杨翠红，等. 非竞争型投入占用产出模型及其应用——中美贸易顺差透视 [J]. 中国社会科学，2007（5）：91 - 103.

[36] 路江涌. 外商直接投资对内资企业效率的影响和渠道 [J]. 经济研究，2008（6）：95 - 106.

[37] 罗长远，张军. 附加值贸易：基于中国的实证分析 [J]. 经济研究，2014（6）：4 - 17.

[38] 马风涛. 中国制造业全球价值链长度和上游度的测算及其影响因素分析——基于世界投入产出表的研究 [J]. 世界经济研究，2015（8）：3 - 10.

[39] 穆智蕊，杨翠红. 中日贸易对双方影响的比较分析 [J]. 管理评论，2009，21（5）：97 - 102.

[40] 平新乔，郝朝艳. 中国出口贸易中的垂直专门化与中美贸易 [J]. 世界经济，2006（5）：3 - 11.

[41] 钱学锋，梁琦. 测度中国与 G - 7 的双边贸易成本——一个改进引力模型方法的应用 [J]. 数量经济技术经济研究，2008，25（2）：53 - 62.

[42] 邱斌，叶龙凤，孙少勤. 参与全球生产网络对我国制造业价值链提升影响的实证研究——基于出口复杂度的分析 [J]. 中国工业经济，

2012（1）：57 – 67.

［43］沈利生，吴振宇. 出口对中国 GDP 增长的贡献——基于投入产出表的实证分析 ［J］. 经济研究，2003（11）：33 – 41.

［44］盛斌，马涛. 中国工业部门垂直专业化与国内技术含量的关系研究 ［J］. 世界经济研究，2008（8）：61 – 67.

［45］苏庆义. 中国省级出口的增加值分解及其应用 ［J］. 经济研究，2016（1）：84 – 98.

［46］苏庆义，高凌云. 全球价值链分工位置及其演进规律 ［J］. 统计研究，2015（12）：38 – 45.

［47］施炳展. 中国出口产品的国际分工地位研究——基于产品内分工的视角 ［J］. 世界经济研究，2010（1）：56 – 62.

［48］施炳展. 中国企业出口产品质量异质性：测度与事实 ［J］. 经济学（季刊），2013，13（1）：263 – 284.

［49］童剑锋. "全球价值链贸易增加值" 系列之一：世界制造与国际贸易统计制度改革 ［J］. 国际商务财会，2013（1）：9 – 11.

［50］汤二子，李影，张海英. 异质性企业、出口与 "生产率悖论" ——基于 2007 年中国制造业企业层面的证据 ［J］. 南开经济研究，2011（3）：79 – 96.

［51］唐东波. 贸易开放、垂直专业化分工与产业升级 ［J］. 世界经济，2013（4）：47 – 68.

［52］唐东波. 贸易政策与产业发展：基于全球价值链视角的分析 ［J］. 管理世界，2012（12）：13 – 22.

［53］唐海燕，张会清. 产品内国际分工与发展中国家的价值链提升 ［J］. 经济研究，2009（9）：81 – 93.

［54］田巍，余淼杰. 企业出口强度与进口中间产品贸易自由化：来自中国企业的实证研究 ［J］. 管理世界，2013（1）：28 – 44.

［55］王金亮. 基于上游度测算的我国产业全球地位分析 ［J］. 国际贸易问题，2014（3）：25 – 33.

［56］王岚，李宏艳. 中国制造业融入全球价值链路径研究——嵌入位置和增值能力的视角 ［J］. 中国工业经济，2015（2）：76 – 88.

［57］王岚，盛斌. 全球价值链分工背景下的中美增加值贸易与双边贸易

利益 [J]. 财经研究, 2014, 40 (9): 97-108.

[58] 王岚. 融入全球价值链对中国制造业国际分工地位的影响 [J]. 统计研究, 2014 (5): 17-23.

[59] 卫瑞, 张文城, 张少军. 全球价值链视角下中国增加值出口及其影响因素 [J]. 数量经济技术经济研究, 2015, 32 (7): 3-20.

[60] 文东伟, 冼国明. 垂直专业化与中国制造业贸易竞争力 [J]. 中国工业经济, 2009 (6): 77-87.

[61] 夏明, 张红霞. 跨国生产、贸易增加值与增加值率的变化——基于投入产出框架对增加值率的理论解析 [J]. 管理世界, 2015 (2): 32-44.

[62] 夏明, 张红霞. 增加值贸易测算: 概念与方法辨析 [J]. 统计研究, 2015 (6): 28-35.

[63] 谢千里, 罗斯基, 张轶凡. 中国工业生产率的增长与收敛 [J]. 经济学 (季刊), 2008, 7 (3): 809-826.

[64] 徐久香, 方齐云. 基于非竞争型投入产出表的我国出口增加值核算 [J]. 国际贸易问题, 2013 (11): 34-44.

[65] 徐毅, 张二震. 外包与生产率: 基于工业行业数据的经验研究 [J]. 经济研究, 2008 (1): 103-113.

[66] 许和连, 亓朋, 李海峥. 外商直接投资、劳动力市场与工资溢出效应 [J]. 管理世界, 2009 (9): 53-68.

[67] 许统生, 陈瑾, 薛智韵. 中国制造业贸易成本的测度 [J]. 中国工业经济, 2011 (7): 15-25.

[68] 杨汝岱, 姚洋. 有限赶超与经济增长 [J]. 经济研究, 2008 (8): 29-41.

[69] 于津平, 邓娟. 垂直专业化、出口技术含量与全球价值链分工地位 [J]. 世界经济与政治论坛, 2014 (2): 44-62.

[70] 于津平. 汇率变化如何影响外商直接投资 [J]. 世界经济, 2007, 30 (4): 54-65.

[71] 张芳. 针对加工贸易之非竞争型投入产出表的编制与应用分析 [J]. 统计研究, 2011, 28 (8): 73-79.

[72] 张杰, 李勇, 刘志彪. 出口促进中国企业生产率提高吗?——来自中国本土制造业企业的经验证据: 1999～2003 [J]. 管理世界,

2009 (12)：11 –26.

[73] 张杰，陈志远，刘元春. 中国出口国内附加值的测算与变化机制 [J]. 经济研究，2013 (10)：124 –137.

[74] 张杰，刘元春，郑文平. 为什么出口会抑制中国企业增加值率？——基于政府行为的考察 [J]. 管理世界，2013 (6)：12 –27.

[75] 张小蒂，孙景蔚. 基于垂直专业化分工的中国产业国际竞争力分析 [J]. 世界经济，2006 (5)：12 –21.

[76] 张咏华. 制造业全球价值链及其动态演变——基于国际产业关联的研究 [J]. 世界经济研究，2015 (6)：61 –70.

[77] 张咏华. 中国制造业在国际垂直专业化体系中的地位——基于价值增值角度的分析 [J]. 上海财经大学学报（哲学社会科学版），2012，14 (5)：61 –68.

[78] 张咏华. 中国制造业增加值出口与中美贸易失衡 [J]. 财经研究，2013 (2)：15 –25.

[79] 曾铮，张路路. 全球生产网络体系下中美贸易利益分配的界定——基于中国制造业贸易附加值的研究 [J]. 世界经济研究，2008 (1)：36 –43.

[80] 郑丹青，于津平. 中国出口贸易增加值的微观核算及影响因素研究 [J]. 国际贸易问题，2014 (8)：3 –13.

[81] 周琢，陈钧浩. 外资企业生产出口过程中的贸易增加值构成研究——以生产要素的国别属性为视角 [J]. 世界经济研究，2013 (5)：54 –59.

[82] 祝坤福，陈锡康，杨翠红. 中国出口的国内增加值及其影响因素分析 [J]. 国际经济评论，2013 (4)：116 –127.

[83] 祝坤福，唐志鹏，裴建锁，等. 出口对中国经济增长的贡献率分析 [J]. 管理评论，2007，19 (9)：42 –45.

[84] Acemoglu D. , Griffith R. , Aghion P. , et al. Vertical integration and technology：Theory and evidence [J]. Journal of the European Economic Association，2010，8 (5)：989 –1033.

[85] Aitken B. , Hanson G. H. , Harrison A. E. Spillovers, foreign investment, and export behavior [J]. Journal of International Economics，1997，43 (1)：103 –132.

［86］ Aitken B. J. , Harrison A. E. Do domestic firms benefit from direct foreign investment? Evidence from Venezuela ［J］. American Economic Review, 1999, 89 (3): 605 – 618.

［87］ Ali-Yrkkö J. , Rouvinen P. , Seppälä T. , et al. Who captures value in global supply chains? Case Nokia N95 Smartphone ［J］. Journal of Industry, Competition and Trade, 2011, 11 (3): 263 – 278.

［88］ Amador J. , Cappariello R. , Stehrer R. Global value chains: A view from the euro area ［J］. Asian Economic Journal, 2015, 29 (2): 99 – 120.

［89］ Amiti M. , Wei S. J. Fear of service outsourcing: Is it justified? ［J］. Economic Policy, 2005, 20 (42): 308 – 347.

［90］ Anderson J. E. , Van Wincoop E. Gravity with gravitas. A solution to the border puzzle ［J］. The American Economic Review, 2003, 93 (1): 170 – 192.

［91］ Andersson U. , Forsgren M. , Holm U. The strategic impact of external networks: Subsidiary performance and competence development in the multinational corporation ［J］. Strategic Management Journal, 2002, 23 (11): 979 – 996.

［92］ Antràs P. , Chor D. , Fally T. , et al. Measuring the upstreamness of production and trade flows ［J］. The American Economic Review, 2012, 102 (3): 412 – 416.

［93］ Antràs P. , Chor D. Organizing the global value chain ［J］. Econometrica, 2013, 81 (6): 127 – 2204.

［94］ Anwar S. , Nguyen L. P. Foreign direct investment and export spillovers: Evidence from Vietnam ［J］. International Business Review, 2011, 20 (2): 177 – 193.

［95］ Athukorala P. , Yamashita N. Production fragmentation and trade integration: East Asia in a global context ［J］. The North American Journal of Economics and Finance, 2006, 17 (3): 233 – 256.

［96］ Athukorala P. Product fragmentation and trade patterns in East Asia ［J］. Asian Economic Papers, 2005, 4 (3): 1 – 27.

［97］ Backer K. D. , Yamano N. International comparative evidence on global value chains [J]. Available at SSRN 2179937, 2011.

[98] Backer K. D. , Miroudot S. Mapping global value chains [J]. OECD Trade Policy Papers, 2013, No. 159.

[99] Baier S. L. , Bergstrand J. H. Do free trade agreements actually increase members' international trade? [J]. Journal of International Economics, 2007, 71 (1): 72 – 95.

[100] Balassa B. Tariff reductions and trade in manufacturers among the industrial countries [J]. The American Economic Review, 1966, 56 (3): 466 – 473.

[101] Baldwin R. , Lopez-Gonzalez J. Supply-chain trade: A portrait of global patterns and several testable hypotheses [J]. The World Economy, 2015, 38 (11): 1682 – 1721.

[102] Baldwin R. , Venables A. J. Spiders and snakes: Offshoring and agglomeration in the global economy [J]. Journal of International Economics, 2013, 90 (2): 245 – 254.

[103] Baldwin R. Integration of the North American economy and new-paradigm globalization [J]. CEPR Discussion Paper, No. DP7523, 2009.

[104] Behrens K. , Lamorgese A. R. , Ottaviano G. I. P. , et al. Changes in transport and non-transport costs: Local vs global impacts in a spatial network [J]. Regional Science and Urban Economics, 2007, 37 (6): 625 – 648.

[105] Bergstrand J. H. , Egger P. , Larch M. Gravity Redux: Structural estimation of gravity equations with asymmetric bilateral trade costs [J]. Unpublished Manuscript, 2007.

[106] Blyde J. , Kugler M. , Stein E. Exporting vs. local sourcing by multinational subsidiaries: Which determines foreign direct investment spillovers? [R]. mimeo, 2005.

[107] Bowen H. P. , Leamer E. E. , Sveikauskas L. Multicountry, multifactor tests of the factor abundance theory [J]. The American Economic Review, 1987: 791 – 809.

[108] Brandt L. , Van Biesebroeck J. , Wang L. , et al. WTO accession and

performance of Chinese manufacturing firms [M]. Centre for Economic Policy Research, 2012.

[109] Buckley P. J. , Wang C. , Clegg J. The impact of foreign ownership, local ownership and industry characteristics on spillover benefits from foreign direct investment in China [J]. International Business Review, 2007, 16 (2): 142 – 158.

[110] Cai H. , Liu Q. Competition and corporate tax avoidance: Evidence from chinese industrial firms [J]. The Economic Journal, 2009, 119 (537): 764 – 795.

[111] Campa J. , Goldberg L. The evolving external orientation of manufacturing: A profile of four countries [J]. Economic Policy Review, 1997 (7): 53 – 81.

[112] Cantwell J. Technological innovation and multinational corporations [J]. 1989.

[113] Caves R. E. Multinational firms, competition, and productivity in host-country markets [J]. Economica, 1974, 41 (162): 176 – 193.

[114] Chen X. , Cheng L. K. , Fung K. C. , et al. Domestic value added and employment generated by Chinese exports: A quantitative estimation [J]. China Economic Review, 2012, 23 (4): 850 – 864.

[115] Chen X. , Cheng L. K. , Fung K. C. , et al. The estimation of domestic value-added and employment induced by exports: An application to Chinese exports to the United States [C]. AEA Conference, Boston, 2004.

[116] Chenery H. B. The structure and growth of italian economy [M]. Rome: United States of America, Mutual Security Agency, 1953: 91 – 129.

[117] Daudin G. , Rifflart C. , Schweisguth D. Who produces for whom in the world economy? [J]. Canadian Journal of Economics/Revue Canadienne D'économique, 2011, 44 (4): 1403 – 1437.

[118] Davis D. R. , Weinstein D. E. An account of global factor trade [J]. The American Economic Review, 2001, 91 (5): 1423 – 1453.

[119] Davis E. P. Institutional investors, unstable financial markets and monetary policy [M]. Springer, Boston, MA, 1996: 134 – 159.

[120] Dean J. M. , Fung K. C. , and Wang Z. Measuring the vertical speciali-zation in Chinese trade [R]. Office of Economics Working Paper, No. 1, 2007.

[121] Dean J. M. , Fung K. C. , Wang Z. How vertically specialized is Chinese trade? [R]. Office of Economics Working Paper, No. 9, 2008.

[122] Dedrick J. , Kraemer K. L. , Linden G. Who profits from innovation in global value chains: A study of the iPod and notebook PCs [J]. Industri-al and Corporate Change, 2009.

[123] Dierickx I. , Cool K. Asset stock accumulation and sustainability of competi-tive advantage [J]. Management science, 1989, 35 (12): 1504 – 1511.

[124] Dietzenbacher E. , Romero I. Production chains in an interregional framework: Identification by means of average propagation lengths [J]. International Regional Science Review, 2007, 30 (4): 362 – 383.

[125] Dixit A. K. , Grossman G. M. Trade and protection with multistage produc-tion [J]. The Review of Economic Studies, 1982, 49 (4): 583 – 594.

[126] Dixit A. K. , Grossman G. M. Trade and protection with multistage produc-tion [J]. The Review of Economic Studies, 1982, 49 (4): 583 – 594.

[127] Dornbusch R. Exchange rates and prices [J]. The American Economic Review, 1987, 77 (1): 93.

[128] Dunning J. H. Internationalizing Porter's diamond [J]. MIR: Manage-ment International Review, 1993: 7 – 15.

[129] Dunning J. H. The theory of international production [J]. The Interna-tional Trade Journal, 1988, 3 (1): 21 – 66.

[130] Egger H. , Egger P. The determinants of EU processing trade [J]. The World Economy, 2005, 28 (2): 147 – 168.

[131] Ethier W. J. The general role of factor intensity in the theorems of interna-tional trade [J]. Economics Letters, 1982, 10 (3): 337 – 342.

[132] Fally T. , Hillberry R. Quantifying upstreamness in East Asia: Insights from a coasian model of production staging [R]. Mimeo, 2013.

[133] Fally T. On the fragmentation of production in the US [J]. University of Colorado Mimeo, 2011.

［134］ Fally T. Production staging： Measurement and facts ［J］. Boulder, Colorado, University of Colorado Boulder, May, 2012.

［135］ Faruqee H. Exchange rate pass – through in the euro area ［J］. IMF Staff Papers, 2006： 63 – 88.

［136］ Faust F. Retail chain in St. Louis to begin liquidation sale ［J］. Physica Status Solidi-B-Basic Research, 2004, 110 （2）： 677 – 686.

［137］ Feenstra R. C., and Wei S. J. China's growing role in world trade ［M］. University of Chicago Press, 2010.

［138］ Feenstra R. C., Hanson G. H. Foreign direct investment and relative wages： Evidence from Mexico's maquiladoras ［J］. Journal of International Economics, 1997, 3 （42）： 371 – 393.

［139］ Feenstra R. C., Hanson G. H. The impact of outsourcing and high-technology capital on wages： Estimates for the United States, 1979 – 1990 ［J］. Quarterly Journal of Economics, 1999： 907 – 940.

［140］ Feenstra R. C. Integration of trade and disintegration of production in the global economy ［J］. The Journal of Economic Perspectives, 1998： 31 – 50.

［141］ Fontagne L., Gaulier G., Zignago S. Specialisation across varieties within products and North-South competition ［J］. CEPII Working Papers, No. 6, 2007.

［142］ Gereffi G., Lee J. Why the world suddenly cares about global supply chains ［J］. Journal of Supply Chain Management, 2012, 48 （3）： 24 – 32.

［143］ Gereffi G. The global economy： Organization, governance, and development ［J］. The Handbook of Economic Sociology, 2005, 2： 160 – 182.

［144］ Girma S., Görg H. Outsourcing, foreign ownership, and productivity： Evidence from UK establishment-level data ［J］. Review of International Economics, 2004, 12 （5）： 817 – 832.

［145］ Goldberg P. K., Knetter M. M. Goods prices and exchange rates： What have we learned? ［J］. Journal of Economic Literature, 1997, 35 （3）： 1243 – 1272.

［146］ Gorg H. Fragmentation and trade： US inward processing trade in the EU ［J］. Weltwirtschaftliches Archiv, 2000, 136 （3）： 403 – 422.

［147］ Greenaway D. , Sousa N. , Wakelin K. Do domestic firms learn to export from multinationals? ［J］. European Journal of Political Economy, 2004, 20 （4）: 1027 – 1043.

［148］ Grossman G. M. , Rossi-Hansberg E. Trading tasks: A simple theory of offshoring ［J］. The American Economic Review, 2008, 98 （5）: 1978 – 1997.

［149］ Grubel H. G. , and Lloyd E. J. Intra-industry trade: The theory and measurement of international trade in differentiated products ［M］. London: Macmillan.

［150］ Guariglia A. , Liu X. , Song L. Internal finance and growth: Microeconometric evidence on Chinese firms ［J］. Journal of Development Economics, 2011, 96 （1）: 79 – 94.

［151］ Hall R. E. , Jones C. I. Why do some countries produce so much more output per worker than others? ［R］. National Bureau of Economic Research, 1999.

［152］ Hallak J. C. , Schott P. K. Estimating cross-country differences in product quality ［R］. National Bureau of Economic Research, 2008.

［153］ Hallak J. C. Product quality and the direction of trade ［J］. Journal of international Economics, 2006, 68 （1）: 238 – 265.

［154］ Hanson G. H. Market potential, increasing returns and geographic concentration ［J］. Journal of International Economics, 2005, 67 （1）: 1 – 24.

［155］ Hatani F. The logic of spillover interception: The impact of global supply chains in China ［J］. Journal of World Business, 2009, 44 （2）: 158 – 166.

［156］ Hausmann R. , Rodrik D. Economic development as self-discovery ［J］. Journal of Development Economics, 2003, 72 （2）: 603 – 633.

［157］ Hausmann R. , Hwang J. , Rodrik D. What you export matters ［J］. NBER Working Paper, No. 11905, 2005.

［158］ Head K. , Ries J. Heterogeneity and the FDI versus export decision of Japanese manufacturers ［J］. Journal of the Japanese and international economies, 2003, 17 （4）: 448 – 467.

［159］Helleiner G. K. Manufactured exports from less-developed countries and multinational firms ［J］. The Economic Journal, 1973, 83 (329): 21 - 47.

［160］Helpman E. A simple theory of international trade with multinational corporations ［J］. The Journal of Political Economy, 1984: 451 - 471.

［161］Hooper P., Mann C. L. Exchange rate pass-through in the 1980s: The case of US imports of manufactures ［J］. Brookings Papers on Economic Activity, 1989, 1989 (1): 297 - 337.

［162］Hummels D., Ishii J., Yi K. M. The nature and growth of vertical specialization in world trade ［J］. Journal of International Economics, 2001, 54 (1): 75 - 96.

［163］Hummels D., Jørgensen R., Munch J. R., et al. The wage effects of offshoring: Evidence from Danish matched worker-firm data ［R］. National Bureau of Economic Research, 2011.

［164］Hummels D., Klenow P. J. The variety and quality of a nation's exports ［J］. American Economic Review, 2005: 704 - 723.

［165］Hummels D., Skiba A. Shipping the good apples out? An empirical confirmation of the Alchian-Allen conjecture ［J］. Journal of Political Economy, 2004, 112 (6): 1384 - 1402.

［166］Hummels D. Transportation costs and international trade in the second era of globalization ［J］. The Journal of Economic Perspectives, 2007, 21 (3): 131 - 154.

［167］Humphrey J. Upgrading in global value chains ［J］. Available at SSRN 908214, 2004.

［168］Inomata S. A new measurement for international fragmentation of the production process: An international input-output approach ［J］. 2008.

［169］Isard W. Interregional and regional input-output analysis: A model of a space-economy ［J］. Review of Economics & Statistics, 1951, 33 (4): 318 - 328.

［170］Jacks D. S., Meissner C. M., Novy D. Trade costs in the first wave of globalization ［J］. NBER Working Paper Series, 2006.

［171］Jacks D. S., Meissner C. M., Novy D. Trade costs, 1870 - 2000 ［J］.

The American Economic Review, 2008, 98 (2): 529 – 534.

[172] Jara A. , Escaith H. Global value chains, international trade statistics and policymaking in a flattening world [J]. World Economics, 2012, 13 (4).

[173] Javorcik B. S. Does foreign direct investment increase the productivity of domestic firms? In search of spillovers through backward linkages [J]. American Economic Review, 2004: 605 – 627.

[174] Johnson R. C. , Noguera G. A portrait of trade in value added over four decades [J]. Unpublished Manuscript, Dartmouth College, 2014.

[175] Johnson R. C. , Noguera G. Accounting for intermediates: Production sharing and trade in value added [J]. Journal of International Economics, 2012, 86 (2): 224 – 236.

[176] Johnson R. C. Five facts about value-added exports and implications for macroeconomics and trade research [J]. The Journal of Economic Perspectives, 2014: 119 – 142.

[177] Kaplinsky R. , Readman J. Globalization and upgrading: What can (and cannot) be learnt from international trade statistics in the wood furniture sector? [J]. Industrial and Corporate Change, 2005, 14 (4): 679 – 703.

[178] Kee H. L. , Tang H. Domestic value added in Chinese exports: Firm-level evidence [J]. World Bank, 2013.

[179] Kneller R. , Pisu M. Industrial linkages and export spillovers from FDI [J]. The World Economy, 2007, 30 (1): 105 – 134.

[180] Kokko A. Technology, market characteristics, and spillovers [J]. Journal of Development Economics, 1994, 43 (2): 279 – 293.

[181] Koopman R. , Powers W. , Wang Z. , et al. Give credit where credit is due: Tracing value added in global production chains [R]. National Bureau of Economic Research, 2010.

[182] Koopman R. , Wang Z. , Wei S. J. Estimating domestic content in exports when processing trade is pervasive [J]. Journal of Development Economics, 2012a, 99 (1): 178 – 189.

[183] Koopman R. , Wang Z. , Wei S. J. Tracing value-added and double count-

ing in gross exports [R]. National Bureau of Economic Research, 2012b.

[184] Koopman R., Wang Z., Wei S. J. How much of Chinese exports is really made in China? Assessing domestic value-added when processing trade is pervasive [R]. National Bureau of Economic Research, 2008.

[185] Kraemer K., Linden G., Dedrick J. Capturing value in Global Networks: Apple's iPad and iPhone [J]. University of California, Irvine, University of California, Berkeley, y Syracuse University, NY. http://pcic. merage. uci. edu/papers/2011/value_iPad_iPhone. pdf. Consultado el, 2011, 15.

[186] Kraemer K. L., Dedrick J. Dell computer: Organization of a global production network [J]. Personal Computing Industry Center, 2002.

[187] Krugman P. R., Baldwin R. E., Bosworth B., et al. The persistence of the US trade deficit [J]. Brookings Papers on Economic Activity, 1987 (1): 1 – 55.

[188] Lall S., Weiss J., and Zhang J. K. Regional and country sophistication performance [R]. Asian Development Bank Institute Discussion Paper, No. 23, 2005.

[189] Lall S., Weiss J., Oikawa H. China's competitive threat to Latin America: An analysis for 1990 – 2002 [J]. Oxford Development Studies, 2005, 33 (2): 163 – 194.

[190] Lall S., Weiss J., Zhang J. The "sophistication" of exports: A new trade measure [J]. World Development, 2006, 34 (2): 222 – 237.

[191] Lall S. The Technological structure and performance of developing country manufactured exports, 1985 – 98 [J]. Oxford Development Studies, 2000, 28 (3): 337 – 369.

[192] Lau L. J., Chen X., Cheng L. K., et al. Non-Competitive input-output model and its application: An examination of the China-US trade surplus [J]. Social Sciences in China, 2007, 5: 91 – 103, 206.

[193] Leontief W., Strout A. Multiregional input-output analysis [M]. Structural Interdependence and Economic Development. Palgrave Macmillan UK, 1963.

[194] Leontief W. An alternative to aggregation in input-output analysis and national accounts [J]. Review of Economics & Statistics, 1967, 49 (3): 412 – 419.

[195] Leontief W. Studies in the structure of the American economy [M]. New York: Oxford University Press, 1953, 93 – 115.

[196] Leontief W. W. Quantitative input and output relations in the economic systems of the United States [J]. The Review of Economic Statistics, 1936: 105 – 125.

[197] Limao N., Venables A. J. Infrastructure, geographical disadvantage, transport costs, and trade [J]. The World Bank Economic Review, 2001, 15 (3): 451 – 479.

[198] Lin P., Saggi K. Multinational firms, exclusivity, and backward linkages [J]. Journal of International Economics, 2007, 71 (1): 206 – 220.

[199] Linden G., Kraemer K. L., Dedrick J. Who captures value in a global innovation network the case of Apple's iPod [J]. Communications of the ACM, 2009, 52 (3): 140 – 144.

[200] Liu X., Siler P., Wang C., et al. Productivity spillovers from foreign direct investment: Evidence from UK industry level panel data [J]. Journal of International Business Studies, 2000: 407 – 425.

[201] Looi Kee H., Nicita A., Olarreaga M. Estimating trade restrictiveness indices [J]. The Economic Journal, 2009, 119 (534): 172 – 199.

[202] MacDougall G. D. A. The benefits and costs of private investment from abroad: A theoretical approach [J]. Bulletin of the Oxford University Institute of Economics & Statistics, 1960, 22 (3): 189 – 211.

[203] Markusen J. R., Venables A. J. Foreign direct investment as a catalyst for industrial development [J]. European Economic Review, 1999, 43 (2): 335 – 356.

[204] Maskus K. E. A test of the Heckscher-Ohlin-Vanek theorem: The Leontief commonplace [J]. Journal of International Economics, 1985, 19 (3): 201 – 212.

[205] Maurer A., Degain C. Globalization and trade flows: What you see is

not what you get！［R］. WTO Staff Working Paper, 2010.

［206］ McCallum J. National borders matter: Canada-US regional trade patterns ［J］. The American Economic Review, 1995, 85 (3): 615 – 623.

［207］ McCarthy I. P., Lawrence T. B., Wixted B., et al. A multidimensional conceptualization of environmental velocity ［J］. Academy of Management Review, 2010, 35 (4): 604 – 626.

［208］ McCarthy J. Pass-through of exchange rates and import prices to domestic inflation in some industrialized economies ［J］. FRB of New York Staff Report, 2000 (111).

［209］ Melitz M. J. The impact of trade on intra-industry reallocations and aggregate industry productivity ［J］. Econometrica, 2003, 71 (6): 1695 – 1725.

［210］ Miller R. E., Blair P. D. Input-output analysis: Foundations and extensions ［M］. Cambridge University Press, 2009.

［211］ Moses L. N. The stability of interregional trading patterns and input-output analysis ［J］. The American Economic Review, 1955, 45 (5): 803 – 826.

［212］ Navaretti G. B., Venables A., Barry F. Multinational firms in the world economy ［M］. Princeton University Press, 2004.

［213］ Ng F., and Yeats A. Production sharing in East Asia: Who does what for whom, and why? ［M］. Springer US, 2001.

［214］ Ng F., Yeats A. J. Major trade trends in East Asia: What are their implications for regional cooperation and growth? ［J］. World Bank Policy Research Working Paper, 2003 (3084).

［215］ Noguera G. Trade costs and gravity for gross and value added trade ［J］.

［216］ Job Market Paper, Columbia University, 2012.

［217］ Novy D. Gravity redux: Measuring international trade costs with panel data ［J］. Economic Inquiry, 2013, 51 (1): 101 – 121.

［218］ Novy D. International trade without CES Estimating translog gravity ［J］.

［219］ Journal of International Economics, 2013, 89 (2): 271 – 282.

［220］ Novy D. Is the iceberg melting less quickly? International trade costs after World War II ［J］. International Trade Costs after World War II (October

2006）. Warwick Economic Research Paper, 2006（764）.

［221］ Obstfeld M. , Rogoff K. The six major puzzles in international macroeconomics: Is there a common cause? ［M］. NBER Macroeconomics Annual, 2000.

［222］ OECD-WTO. Trade in value-added: Concepts, methodologies and challenges, 2012, Available at http://www. oecd. org/sti/ind/49894138. pdf.

［223］ Perez T. Multinational enterprises and technological spillovers: An evolutionary model ［J］. Journal of Evolutionary Economics, 1997, 7（2）: 169 – 192.

［224］ Pula G. , Peltonen T. A. Global interdependence, decoupling and recoupling ［J］. 2011.

［225］ Puzzello L. A proportionality assumption and measurement biases in the factor content of trade ［J］. Journal of International Economics, 2012, 87（1）: 105 – 111.

［226］ Rahman J. , Zhao M. T. Export performance in Europe: What do we know from supply links? ［M］. International Monetary Fund, 2013.

［227］ Reimer J. J. Global production sharing and trade in the services of factors ［J］. Journal of International Economics, 2006, 68（2）: 384 – 408.

［228］ Rodriguez-Clare A. Multinationals, linkages, and economic development ［J］. The American Economic Review, 1996: 852 – 873.

［229］ Rodrik D. What's so special about China's exports? ［J］. China & World Economy, 2006, 14（5）: 1 – 19.

［230］ Ruane F. , Sutherland J. M. Foreign direct investment and export spillovers: How do export platforms fare? ［J］. 2005.

［231］ Sanyal K. K. , Jones R. W. The theory of trade in middle products ［J］.

［232］ The American Economic Review, 1982, 72（1）: 16 – 31.

［233］ Schott P. K. Across-product versus within-product specialization in international trade ［J］. The Quarterly Journal of Economics, 2004: 647 – 678.

［234］ Schott P. K. The relative sophistication of Chinese exports ［J］. Economic Policy, 2008, 23（53）: 6 – 49.

[235] Shi Y. Technological assets and the strategy of foreign firms to enter the China market [J]. Journal of International Marketing and Marketing Research, 1998, 23: 129 – 138.

[236] Spencer J. W. The impact of multinational enterprise strategy on indigenous enterprises: Horizontal spillovers and crowding out in developing countries [J]. Academy of Management Review, 2008, 33 (2): 341 – 361.

[237] Srholec M. High-tech exports from developing countries: A symptom of technology spurts or statistical illusion? [J]. Review of World Economics, 2007, 143 (2): 227 – 255.

[238] Stehrer R. , Foster N. , Vries G. Value added and factors in trade: A comprehensive approach [R]. WIOD Working Paper, No. 7, 2012.

[239] Stehrer R. Trade in value added and the value added in trade [J]. The Vienna Institute for International Economic Studies (wiiw) Working Paper, 2012.

[240] Stone S. , Cepeda R. C. , Jankowska A. The role of factor content in trade: Have changes in factor endowments been reflected in trade patterns and on relative wages? [R]. OECD Publishing, 2011.

[241] Tempest R. Barbie and the world economy [M]. 1996.

[242] Timmer M. , Erumban A. A. , Gouma R. , et al. The world input-output database (WIOD): Contents, sources and methods [R]. Institue for International and Development Economics, 2012.

[243] Timmer M. P. , Erumban A. A. , Los B. , et al. Slicing up global value chains [J]. The Journal of Economic Perspectives, 2014: 99 – 118.

[244] Trefler D. , Zhu S. C. The structure of factor content predictions [J]. Journal of International Economics, 2010, 82 (2): 195 – 207.

[245] Trefler D. The case of the missing trade and other mysteries [J]. The American Economic Review, 1995: 1029 – 1046.

[246] UNCTAD. Global value chains and development: Investment and value added trade in the global economy, 2013, Available at http://unctad. org/en/PublicationsLibrary/diae2013dl_en. pdf.

[247] Upward R. , Wang Z. , Zheng J. Weighing China's export basket: An

account of the Chinese export boom, 2000 – 2007 [J]. GEP Research Paper, 2010, 10: 14.

[248] Upward R. , Wang Z. , Zheng J. Weighing China's export basket: The domestic content and technology intensity of Chinese exports [J]. Journal of Comparative Economics, 2013, 41 (2): 527 – 543.

[249] Vanek J. Variable factor proportions and inter-industry flows in the theory of international trade [J]. The Quarterly Journal of Economics, 1963: 129 – 142.

[250] Varian H. R. An iPod has global value. Ask the (many) countries that make it [J]. New York Times, 2007.

[251] Verdoorn, R. The intra-block trade of Benelux [J]. Economic Consequence of the Size of Nations, 1960.

[252] Vermeulen F. , Barkema H. Pace, rhythm, and scope: Process dependence in building a profitable multinational corporation. Strategic Management Journal, 2002, 23 (7), 637 – 653.

[253] Wang C. , Buckley P. J. , Clegg J. The impact of foreign direct investment on Chinese export performance [C]. 28th Annual Conference of European International Business Academy, 2002, 12: 8 – 10.

[254] Wang C. , Clegg J. , Kafouros M. Country-of-origin effects of foreign direct investment [J]. Management International Review, 2009, 49 (2): 179 – 198.

[255] Wang C. , Clegg J. , Kafouros M. Country-of-origin effects of foreign direct investment [J]. Management International Review, 2009, 49 (2): 179 – 198.

[256] Wang C. , Deng Z. , Kafouros M. I. , et al. Reconceptualizing the spillover effects of foreign direct investment: A process-dependent approach [J]. International Business Review, 2012, 21 (3): 452 – 464.

[257] Wang C. , Deng Z. , Kafouros M. I. , et al. Reconceptualizing the spillover effects of foreign direct investment: A process-dependent approach [J]. International Business Review, 2012, 21 (3): 452 – 464.

[258] Wang Z. , Wei S. J. What accounts for the rising sophistication of China's

exports？［J］. National Bureau of Economic Research，No. 13771，2008.

［259］ Wang Z.，Powers W.，Wei S. J. Value chains in east asian production networks：An international input-output model based analysis［J］. United States International Trade Commission Working Paper，2009.

［260］ Wang Z.，Wei S. J.，Zhu K. Quantifying international production sharing at the bilateral and sector levels［R］. National Bureau of Economic Research，2013.

［261］ Wonnacott R. J. Canadian-American dependence：An interindustry analysis of production and prices［M］. North-Holland Pub. Co.，1961.

［262］ Wooldridge J. M. Econometric analysis of cross section and panel data［M］. MIT press，2010.

［263］ WTO and IDE-JETRO. Trade patterns and global value chains in East Asia：From trade in goods to trade in tasks，2011，Available at http://www. wto. org/english. res_e/booksp_e /stat_tradepat_globvalchains_en. pdf.

［264］ Xing Y.，Detert N. C. How the iPhone widens the United States trade deficit with the People's Republic of China［R］. ADBI Working Paper，No. 257.

［265］ Xu B.，Lu J. Y. Foreign direct investment，processing trade，and the sophistication of China's exports［J］. China Economic Review，2009，20（3）：425 – 439.

［266］ Yeats A. What can africa expect from its traditional exports？［J］. World Bank Working Paper No. 26，2002.

［267］ Yi K. M. Can multistage production explain the home bias in trade？［J］. The American Economic Review，2010，100（1）：364 – 393.

［268］ Yi K. M. Can vertical specialization explain the growth of world trade？［J］. Journal of Political Economy，2003，111（1）：52 – 102.

［269］ Zhang J.，Tang D.，Zhan Y. Foreign value-added in China's manufactured exports：Implications for China's trade imbalance［J］. China & World Economy，2012，20（1）：27 – 48.

［270］ Zhi W.，Wei S. J. What accounts for the rising sophistication of China's exports？［J］. NBER Working Paper，No. 13771，2008.

图书在版编目（CIP）数据

中国制造业出口增加值核算及影响机制研究 / 郑丹青著. -- 北京：社会科学文献出版社，2019.5
（河南大学经济学学术文库）
ISBN 978 - 7 - 5201 - 4173 - 4

Ⅰ.①中… Ⅱ.①郑… Ⅲ.①制造工业 - 出口贸易 - 研究 - 中国 Ⅳ.①F426.4

中国版本图书馆 CIP 数据核字（2019）第 016366 号

·河南大学经济学学术文库·
中国制造业出口增加值核算及影响机制研究

著　　者 / 郑丹青

出 版 人 / 谢寿光
组稿编辑 / 恽　薇　田　康
责任编辑 / 田　康　王红平

出　　版 / 社会科学文献出版社·经济与管理分社（010）59367226
　　　　　　地址：北京市北三环中路甲 29 号院华龙大厦　邮编：100029
　　　　　　网址：www. ssap. com. cn
发　　行 / 市场营销中心（010）59367081　59367083
印　　装 / 三河市龙林印务有限公司

规　　格 / 开　本：787mm×1092mm　1/16
　　　　　　印　张：15.25　字　数：247 千字
版　　次 / 2019 年 5 月第 1 版　2019 年 5 月第 1 次印刷
书　　号 / ISBN 978 - 7 - 5201 - 4173 - 4
定　　价 / 79.00 元

本书如有印装质量问题，请与读者服务中心（010 - 59367028）联系